幼儿园体育活动设计与实践
基于幼儿动作发展规律

YOUERYUAN TIYU HUODONG SHEJI YU SHIJIAN

JIYU YOUER DONGZUO FAZHAN GUILV

贾静怡　陈玉娟　李　立　王彩连　主　编

中国海洋大学出版社

· 青岛 ·

图书在版编目（ＣＩＰ）数据

幼儿园体育活动设计与实践：基于幼儿动作发展规律 / 贾静怡等主编 . -- 青岛：中国海洋大学出版社，2022.12

ISBN 978-7-5670-3371-9

Ⅰ . ①幼… Ⅱ . ①贾… Ⅲ . ①体育课—教学设计—学前教育 Ⅳ . ① G613.7

中国版本图书馆 CIP 数据核字 (2022) 第 239723 号

出版发行	中国海洋大学出版社			
社　　址	青岛市香港东路 23 号		邮政编码	266071
出 版 人	刘文菁			
网　　址	http://pub.ouc.edu.cn			
电子邮箱	yyf_press@sina.cn			
责任编辑	杨亦飞		电　　话	0532-85902533
印　　制	三河市华晨印务有限公司			
版　　次	2023 年 1 月第 1 版			
印　　次	2023 年 1 月第 1 次印刷			
成品尺寸	185 mm × 260 mm			
印　　张	14.75			
字　　数	320 千			
印　　数	1 ~ 1000			
定　　价	88.00 元			

发现印装质量问题，请致电 18133833353，由印刷厂负责调换。

编委会成员

序　言

中华人民共和国教育部（以下简称"教育部"）在颁布的《幼儿园工作规程》中规定："幼儿园的任务是贯彻国家的教育方针，按照保育与教育相结合的原则，遵循幼儿身心发展特点和规律，实施德、智、体、美等方面全面发展的教育，促进幼儿身心和谐发展。"由此可见，作为幼儿健康全面发展不可缺少的一部分，幼儿体育正逐渐受到重视。《幼儿园教育指导纲要（试行）》将"健康"放在了五个领域的首位，突出了"体育"在幼儿教育中的关键作用。教育部在2012年颁布的《3～6岁儿童学习与发展指南》中明确将动作发展列为儿童健康领域目标，分别对各年龄段儿童的动作大致可以达到什么发展水平提出了合理期望，指明了不同年龄段儿童动作学习与发展的具体目标。幼儿是祖国的未来，幼儿身体的健康和良好的成长关系中华民族的未来，关注幼儿的成长对祖国未来的发展有着重要意义。而动作发展是影响幼儿健康发展的主导因素，只有用科学的方法积极教育幼儿，才能有效促进幼儿的健康成长。

幼儿阶段是人类动作发展阶段的关键期和启蒙期。因此，欲抓好动作的发展就要从幼儿阶段开始，并在此阶段给予一定的指导与评价。就目前我国幼儿园的实际情况来看，国家并没有对幼儿园的体育教师有明确的规定，且幼儿的体育活动大多由带班教师指导完成。非专业体育教师不具备专业的体育知识，无法对幼儿进行专业的动作发展指导，也无法评价幼儿动作发展的好坏，在一定程度上阻碍了幼儿未来的动作发展。幼儿时期是动作发展的关键期、敏感期，且该阶段幼儿动作发展水平的好坏能够反映幼儿的自信心及动作熟练程度。若幼儿的某一动作发展不足，且没有在关键时间得到弥补，就会造成以后的发展障碍。这是因为成人使用的80%～90%的基本动作是在幼儿时期获得的。不仅如此，儿童发展学研究发现，儿童的认知能力发展是建立在感觉动作基础之上的，只有使儿童积累丰富的感觉动作经验，并给予其丰富、适宜的感觉、知觉刺激，才能促进其大脑神经元的连接。所以，就像瑞士心理学家皮亚杰所说："儿童的智力源于动作。"动作发展的水平与人的身体、智力、行为和健康水平密切相关。

苏联教育家马卡连柯认为，教育的基础主要是在6岁以前奠定的，它占整个教育过程的90%。一旦错过关键期，其教育效果在以后是很难弥补的，也是以后的教育难以达到的。在此阶段，教师如果能组织幼儿进行科学、全面和有效的体育活动，将对幼儿的身体形态、生理机能、身体素质、心理健康及情感认知的发展产生积极作用。皮亚杰说："人类的认识源于动作，儿童认知的发展是通过动作所获得的对客体的适应而实现的，动作是感知的源泉、思维的基础。"因此，人类所有的认识都是从动作开始的。佩恩（Payne）和艾萨克斯（Isaacs）认为动作发展对人的影响是多方面的：一方面，动作发展不仅对人的智力、情感及社会适应有一定的影响，还可以作为诊断幼儿身体发育的手段；另一方面，动作发展能为人们积极参加体育锻炼进行科学的引导。幼儿阶段的动作发展可以为其青年、成年乃至老年阶段的运动技能学习和体育活动参与提供正向的影响。幼儿基本动作技能水平对人的生命全周期体育教育、健康促进和全面发展等具有重要意义。

为了有效提升我国幼儿园体育教学的科学性，帮助更多的幼儿园教师深入了解幼儿体育教学，掌握幼儿体育教学的方式、方法、内容，本书在教育部人文社会科学研究规划基金项目"动作发展视域下幼儿园体育教学模式研究（项目编号：21YJA890011）"、中国学前教育研究会"十四五"研究项目"动作发展视角下的幼儿园体育课程教学设计与实践（项目编号：K20210916）"、河北省教育科学研究"十四五"规划项目"幼儿不良体态现状、成因及体育教学对策研究（项目编号：2103031）"、石家庄市教育科学研究"十四五"规划项目"基于运动改造大脑理论下的幼儿园体智能体育活动改革研究（项目编号：2021328）"的支持下，系统阐述了幼儿的动作发展规律、动作发展评价及促进方法，科学制定了各年龄段的体育教学内容及教学活动设计。本书图文并茂，指导性强，便于广大读者和相关从业人员掌握和实操。希望本书能够成为广大一线幼儿教师在体育教学方面的得力助手。

贾静怡

2022 年 3 月　于石家庄

目　录
Contents

第一篇　幼儿动作发展

第一章　幼儿动作发展的规律

人类动作发展研究的是人类一生中动作行为的变化、构成这些变化的过程，以及影响它们的因素。动作发展包括两个方面内容：可见的动作行为本身的变化；这些动作技能变化的过程和原因。它与身体发展、认知发展、情绪心理发展交互影响着个体的不同阶段。个体的不同动作表现受到个体身体特征、遗传基因、生长环境、具体任务的约束和影响。个体的动作发展水平与年龄密切相关，但不由年龄决定。幼儿每一年龄段的动作表现都是有依据的，没有好坏之分。人体的动作是个体进行运动的最基本组成部分。人体动作的发展是幼儿进行体育运动等身体活动的前提条件。动作变化过程就是从简单的条件反射到复杂性动作的过程。动作发展又分为粗大动作和精细动作。粗大动作是指由身体的大肌肉或肌肉群产生的动作，如行走、奔跑、跳和投掷，其主要作用是移动身体或维持人体姿势。精细动作是指由身体的小肌肉或肌肉群产生的动作，如画画、书写、使用筷子、穿针，其主要作用是促进认知系统的发展。

一、相关概念界定

1. 幼儿

不同学科对幼儿有不同的界定。《当代教育学》按照年龄段划分如下：3岁以前为婴儿期；3～6岁为幼儿期；6～12岁为儿童期。《3～6岁儿童学习与发展指南》是由教育部颁布实施的，此书将3～6岁的孩子定义为幼儿。本研究的对象主体为3～6岁的幼儿，与之相对应的幼儿园班级为小班、中班、大班，因此，本书中的幼儿定义主要采用的是《3～6岁儿童学习与发展指南》中的有关界定。

2. 动作

人类主要通过动作适应外界环境。动作代表着人类活动的基本能力，对人类的生存和身心发展都起着重要作用。不同领域对动作的定义有不同的见解，在运动学中，动作主要是指在一定的空间和时间内，肢体、骨骼、关节等身体部位共同运作的形式；神经科学领域认为动作主要受神经系统的支配；心理学认为动作是信息加工的结果与过程，是人的心理的外在表现。本书的"动作"概念源于运动学中对其的定义。

3.发展

发展在《人类动作发展概论》中的定义如下："人类一生中所经历的变化，无论在动作、智力还是其他方面的变化。"发展包括人的生长与成熟，是质变的、序列的、累积的、有自身方向的、多因素与个性化的。因此，幼儿时期的发展是为后期的发展做准备的。本书的"发展"概念源于《人类动作发展概论》中对其的定义。

4.动作发展

动作发展在运动学中的定义如下："由神经中枢、神经、肌肉协调控制的身体动作的发展。"动作发展在《人类动作发展概论》中定义如下："人类一生动作行为的变化及这些变化的过程。"动作发展是促进人类全面发展不可或缺的一部分。本书的"动作发展"概念源于《人类动作发展概论》中对其的定义。

5.体育

体育即身体的教育，是指以身体活动为手段的教育。

6.幼儿体育

幼儿体育是指遵循幼儿身体生长发育的规律，采取科学的身体活动方法，以增强幼儿体智能发展为目标的一系列身体活动。

二、人类发展的领域

人类的发展可分为身体、动作、认知、语言、情感五大领域。身体是指组成人体的骨骼、肌肉、关节等。动作是指人体那些经由有意识的努力和由高级脑中枢传出的神经冲动指令形成的动作。认知，也称为"认识"，是指对作用于人的感觉器官的外界事物进行信息加工的过程，包括感觉、知觉、记忆、思维、想象等。语言是指人类沟通所使用的指令。情感是指人体生理上一种较复杂而又稳定的生理评价和体验。这几个领域在人的一生中不断相互作用，某一领域的一个微小变化会带来其他领域的变化，并贯穿人的一生。人类动作影响人的情绪、智力能力和社会相互关系，也影响其身体本身。反过来，所有这些领域也影响人类动作。因此，在理解人类的历史性努力的过程中，只有理解了人类动作发展的复杂性以及它和其他发展领域的交互作用，才能真正理解人的教育、培养。

三、动作发展对人的影响

动作发展是一个跨越整个生命周期的复杂过程，是人能动地适应环境和社会并与之相互作用的结果，是人体神经和肌肉系统控制和改变动作变化的能力。动作发展的水平与人的身体、智力、行为和健康发展有十分密切的关系。它是评价、诊断、监测个体身心发展状况的重要指标，是幼儿进行体育运动等身体活动的前提条件。这是因为婴幼儿与环境之间最初的交互就是通过动作产生的，他们的许多发展也都是通过动作获得的。动作就像一个"桥梁"，把身体、认知、语言、情感连接在一起，促进婴幼儿各方面的发展。

1.动作发展对身体发展的影响

幼儿动作发展是幼儿神经系统发育的重要标志。动作的完成需要神经系统的调控，同时，动作训练促进神经系统的灵敏性，促进循环系统、消化系统、运动系统、呼吸系统的发展。

2.动作发展对心理的影响

皮亚杰认为人类的思维源于动作，幼儿动作和心理发展密不可分。

3.动作发展对认知的影响

幼儿在爬、坐、站立的动作发展过程中能够获得空间认识和想象能力的发展，从而促使右脑潜能得到开发。

4.动作发展对性格塑造的影响

动作发展可以培养幼儿良好的生活习惯和正确的生活态度，如遵守规则、同心协力、互相合作、尊重他人、公平竞争。

5.动作发展对情绪体验的影响

掌握了动作发展技能，幼儿就能在身体活动中获得愉悦的情绪体验。

四、影响动作发展的因素

影响人类动作发展的六大因素包括动作的质量、动作发展的顺序、动作的积累、动作的发展方向、动作的多元因素、动作发展的个体差异。动作发展不是任何单一因素所产生的结果，而是许多因素共同作用的结果，与人的遗传基因、先前经历、接受身体教育的质量、身体形态、心理因素等联系密切。这些因素的相互作用会影响人类动作发展的过程和最终的发展水平。

婴幼儿阶段最具影响力的因素是家庭。在出生后的 12 个月中，婴儿的身体动作是社会化过程的主要内容，面部表情、抓握、翻滚、坐起、爬行、行走等动作技能都会在这一时期表现出来。父母通过给婴幼儿提供可以触摸的器物和玩具能够有效引发婴幼儿的身体活动，如拍打、抓握，使玩耍成为婴幼儿生活的一部分。这种玩耍是进行更复杂的游戏和动作模式的行为基础。

家庭中的跳绳、球拍、各种各样的球有助于幼儿跳跃、投掷、接抓和做一些创造性的动作，而如果父母提供给幼儿的是视频游戏、棋盘游戏、洋娃娃、拼装游戏等，则会限制幼儿的身体活动，助长好坐的行为习惯。为有效促进幼儿的动作发展，父母应该给幼儿提供足够的玩耍空间或去附近的活动场所与幼儿一起运动，确保幼儿有机会参加足够的身体活动。父母经常打球、跑步、游泳或做其他运动，也会使幼儿对身体活动产生积极的态度。而那些在幼儿时期没有得到积极参与身体活动激励的人，更可能认同静坐少动是正确的生活方式。

在幼儿园中，体育的地位、幼儿园的文化氛围、教师的专业化水平、体育场地器材设施的多少、气候环境以及幼儿所在班级数额的大小、班级内男女生的性别比例等，都会影响幼儿动作的发展。在具体的学习环境中，幼儿个体的身体形态、机能状况、心理发展水平、学习内容的适宜度、体育经历、教学和学习环境（包括师幼关系、幼儿的共同学习关系、伙伴实践关系）等都会促进或制约幼儿动作的发展。所以说，幼儿动作的发展是众多因素共同作用的结果。

环境对人一生的动作发展的影响是非常大的，如运动场草地的状况、体育馆木质地板的表面光滑程度，都会影响幼儿跑步动作技能的发展程度；大小不同的球会影响幼儿接球动作的发展。所以，教师可以通过改变和控制任务及环境因素来影响幼儿的动作技能发展。

第二节 幼儿动作发展与生长发育的关系

动作发展对幼儿的健康生长发育是极为重要的，特别是有规律的、适度的动作发展和运动，可以有效促进神经、肌肉、骨骼、内分泌系统的健康发育。但过量的运动对幼儿是有害的，特别是大力量训练会使幼儿的骨骼受到损伤，即骺板受损，从而导致幼儿生长发育迟缓。

一、动作发展可以有效促进肌肉、骨骼系统的生长发育

肌肉的重量占人体体重的 30% ～ 40%，人体用于活动的肌肉有 200 多块，肌肉的增长主要表现在肌肉细胞数量的增加和体积的增大上。人体的所有动作（运动）都需要以肌肉为动力、以骨骼为杠杆、以关节为枢纽来完成。因此，动作发展可以很好地促进肌肉系统的发展，而肌肉发展所产生的张力和机械力应作用于骨骼，能有效促进人体骨骼的生长发育。反过来，骨骼的生长发育又能够促进动作发展。

二、动作发展可以有效促进神经系统的生长发育

人体所有的动作都需要在神经系统的支配下完成。负责协调动作和基于输入的感觉信息形成的思维，能够为身体各部分之间的信息交流提供渠道，而动作发展又可以促进神经系统的发育。从出生开始，婴儿大脑的重量就持续地稳步增长，这正是神经元发育的结果，其中包括神经元体积和长度的增加以及神经元联结的增加。此外，神经元的发育还会影响动作的功能与控制。"运动改造大脑"的过程就是动作和神经相互作用发展的过程。

三、动作发展可以有效促进内分泌系统的发展

动作发展可以有效促进神经系统的发育，神经系统又可以有效促进内分泌系统发展。人体的生长发育受遗传、激素、外在因素（营养、运动、压力等）三者交互作用的

调控。其中，对幼儿的生长发育起主要作用的激素有三种，即垂体生长素、甲状腺素和胰岛素。在幼儿时期，垂体生长素通过促进蛋白质的合成代谢和组织的发育进而影响人体的生长发育。甲状腺素在人体生长发育过程中起着重要作用，它通过促进骨骼中钙的生成来影响骨骼发育。胰腺内的胰岛素负责碳水化合物的新陈代谢，为使垂体生长素能正常发挥功能，胰岛素必须维持一定的量。在幼儿时期，非正常的胰岛素量会对蛋白质的合成产生负面影响，并对人体的发育有持续的副作用。

第三节　幼儿各时期动作发展的规律

　　动作是人类赖以生存和发展的基本技能，婴幼儿动作发展是否充分对其今后运动能力的发展至关重要。动作发展呈现出由简单到复杂、由低级到高级、由宽到窄、由易到难、由慢到快的规律。也就是说，粗大动作发展先于精细动作发展，粗大动作发展是动作发展的基础。动作发展影响婴幼儿感知、认知、神经系统和社会性发育。

一、动作发展的阶段

　　人类动作的发展按照生理年龄可划分为 4 个时期，10 个阶段：反射动作期，包括信息编码阶段（受孕后～4 个月）、信息解码阶段（受孕后 4 个月～出生）；预先适应期，包括反射抑制阶段（出生～1 岁）、预先控制阶段（1～2 岁）；基本动作模式期，包括动作启蒙阶段（2～3 岁）、动作初级阶段（4～5 岁）、动作成熟阶段（6～7 岁）；竞技技能期，包括普遍过渡阶段（7～10 岁）、具体专一化阶段（11～13 岁）、专业竞技阶段（14 岁及以上），如图 1-1 所示。

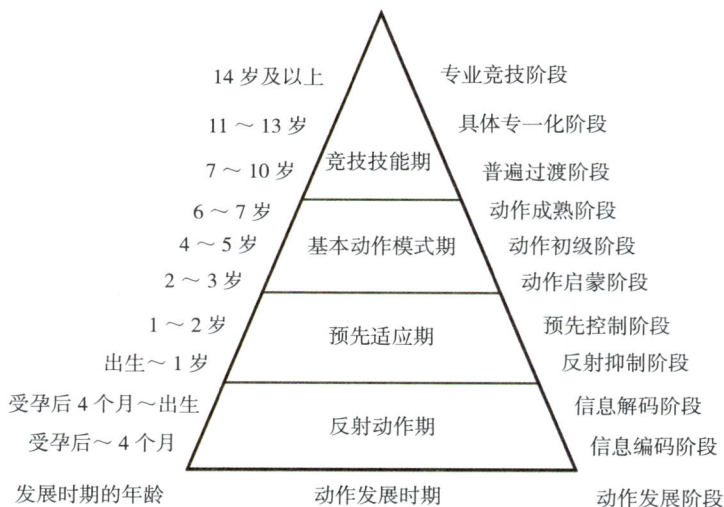

图 1-1　动作发展的阶段

1.反射动作期

反射是对外来特定刺激产生的不自主的、刻板的动作反应。一般认为婴儿期反射的一个重要目的是生存和自我保护（当婴儿俯卧时，他的呼吸有可能被支撑面堵塞，迷走神经反射能够使婴儿伸张颈部，从而改变头的位置，以保持呼吸顺畅）。健康的足月新生儿在出生时就拥有一系列的反射，以保证自己能够生存，如觅食反射和吸吮反射。对于活动能力非常有限的婴儿来说，反射也是婴儿与外界进行交流的一种方式。大多数姿势反射被认为与以后的姿势和移动的控制发展有关，如在早期"练习"走路反射的婴儿要比那些在早期没有"练习"的婴儿先学会走路。婴儿行走动作的发展经历了从纯粹的反射动作，到紊乱的步行动作，再到最终获得独立行走的能力的过程。

反射时期始于妊娠的第三个月，婴儿在出生两年即获得自主控制动作的能力后，这些反射变弱并且逐渐消失，但保护性反射在整个生命期间一直保持着。这是因为反射是动作发展的核心基石，并且常常用于检查婴儿神经系统的完整性。自发动作不同于后来获得的自主动作，但二者在动作发展上是相关的连续体。

2.预先适应期

预先适应期动作的发展始于自主动作的出现（出生后第二周或第三周），并贯穿生命的第一年，直到婴儿能够独立行走和进食（大约一岁半）。这个时期动作发展的主要目标是获得独立的功能。这个时期的动作是预先适应的，但不是预先决定的，并且需要一些环境的支持来保证它们的出现。仅仅需要一点特定环境的支持，正常发育的婴儿就能以一种可预测的、普遍的、一致的顺序获得他们的基本动作技能。这些基本的动作技能被称作"动作的里程碑"，每个动作在婴儿动作发展中都是标志性事件。

3.基本动作模式期

随着幼儿行走动作的开始，预先适应期大肌肉群的动作发展就结束了，接下来开始下一时期的发展，即基本动作模式期。这个时期是2～7岁，幼儿需进一步掌握第一年获得的基本动作技能，习得以后动作技能发展所必须的动作协调模式。这个时期发展形成的基本动作技能可以分为位移技能（走、跑、跳、攀、爬、滚、钻、躲闪、转体），非位移技能（平衡、下蹲、缓冲、悬垂），操作技能（投、踢、接、拍、挥击）。幼儿通过获得身体协调动作模式为后面的竞技活动、舞蹈、游戏、比赛等打下动作技能的基础。

4.竞技技能期

这一时期个体已经具备一定的专项能力，但还不够熟练。对幼儿来说，整个竞技技能期都是一个动作技能不断提高的过程，直到其获得最高的技能水平。这一时期会存在一个代偿期，即随着年龄、运动损伤、个体身体功能变化等因素体现出的生物代偿现象。比如，肌肉功能发展不平衡，薄弱的肌群无法适应竞技运动过程中的高强度动作，为了完成就可能动员其他肌肉参与以弥补不足，由此出现代偿现象。所以，幼儿在这一时期应从事各种各样的体育活动，参与更多的体育项目，使身体全面发展，以便为14

岁以后参与专业竞技运动奠定基础。

二、动作发展的原则

人类动作发展的基础原则包括发展方向性原则（由头至尾、由中心到远端），个性化的成熟发展原则，交互发展原则，自律变异发展原则，功能性不平衡发展原则。这些原则具有重要意义，在教育幼儿方面可以指导动作行为发展设置的领域范围、序列和平衡。

（1）动作的发展方向性原则，即由中心到远端。幼儿个体在最初得到的功能中是靠近身体中心区的，随着年龄的增长，身体外围区的功能才逐步发展到可以通过四肢感知并作用到领域范围。比如，幼儿在年幼时，更容易接住一个扔向其身体中心区的轻的软球，但是无法接住一个被扔到他们身体中线以外或任意一边的球；随着其神经系统等的相对完善，他们会逐渐感知并能初步、完全完成身体中心区之外的动作行为方式，这就是发展方向由中心到远端的成熟发展过程。

（2）个性化的成熟发展原则，是指不同幼儿到了一定的年龄自然就能具备一定能力。这种能力使每个幼儿都以不同的速度，按照自身发展的个性化方式通过相同的发展阶段。但是，有效地促进可以使幼儿掌握得更好。有一个著名的试验，即双生子爬楼梯实验，揭示了单一成熟因素是环境影响动作行为中的重要变量。

（3）交互发展原则，反映在动作行为中表现为螺旋式上升的发展趋势。

（4）自律变异发展原则，主要涉及发展过程中的障碍问题，是个体会以不同方式改变正常发展模式而发展的一种特殊的发展。当个体某一系统出现障碍或功能下降时，整体生长或发展就会停下来；当机体恢复或功能达到正常阈值时，个体的生长速度或发展速度多数（90%以上的个体）会超过以前正常生长发育或发展的速度。

（5）功能性不平衡原则，是指当幼儿的某一个系统会比其他系统超前发展一段时间。当该系统发展到一定程度时，会停下来等其他系统慢慢发展赶上其功能水平，先发展的系统在其他系统的发展过程中起引导的作用，其他系统的平衡会因先发展的系统而变得不平衡，从而促进幼儿的整体发展。

幼儿个体的动作发展具有阶段性，不同的阶段具有不同阶段的任务，个体如果在前一阶段得到了完满的发展，在其后续的阶段就会得到更加完善的发展。如果在幼儿的发展过程中加入额外的任务而抽空后面的发展任务，就违背了人的自然发展原则。

三、动作发展的类别

1.精细动作

婴幼儿的精细动作是指在神经系统和肌肉逐渐成熟的条件下，通过自身进化与遗传反射发展出的使小肌肉或小肌肉群起重要作用的动作，主要表现为吸吮手指、抓握、觅食反应、眼睛追踪物体和表情回应等。一般而言，新生儿双手握拳来到这个世界，生长到 1 个月大时，受到刺激双手握拳会更紧；2 个月后，婴儿握拳的紧实程度逐渐降低；3 个月起，婴儿的手开始出现不随意抚摸和企图抓握东西的动作；6～10 个月时，婴儿能有意识地用双手传递物体，拇指能配合其余四指抓取物体；10～12 个月时，婴儿能握笔涂鸦或翻书；2～3 岁以后，婴幼儿能垒 6～10 块方木、逐页翻书、临摹直线和画简单符号等；3～4 岁时，幼儿能到处任意活动，能自己洗脸、洗手，能在家长协助下穿脱简单衣服，这个年龄的幼儿由于脑功能及小肌肉发育日趋完善，手指变得灵活起来，可以做出使用筷子、扣纽扣、画图形、折纸、剪贴等精细动作；4～5 岁时，幼儿可以很好地洗脸、刷牙、擦鼻涕，能独立穿衣服，能很好地使用筷子，可以简单画出人的几个部位，包括头、躯干、四肢等，能画三角形、正方形等；5～6 岁时，幼儿的手指动作更精巧，会用小刀削铅笔、会投球、会画比较完整的人物、能书写 10 以内的阿拉伯数字及简单的汉字，手工能力有了进一步的提高。精细动作是指手指使用小肌肉做出的手部动作，需要高度准确，通常需要眼手协调配合才能完成，是个体其他方面发展的重要基础，是衡量神经系统发育的一个重要指标，如表 1-1 所示。

表1-1　精细动作发展标准对照表

月龄／月	精细动作发展标准对照
0～1	手会紧握拳头。
1～2	躺着时手臂会挥动。
2～3	双手不再长时间紧握成拳。
3～4	会取物放入口中。
4～5	双手会各自抓物。
5～6	会玩玩具上的绳索、会敲打玩具。
6～7	会将玩具由一只手交到另一只手。
7～8	会用大拇指与其他手指来拾捡物品、会自己拿饼干吃。
8～9	会用食指触碰按钮、开关。
9～10	会拍手。
11～12	会用拇指和食指捏拿葡萄干、会拉下袜子。
12～14	单手能同时捡起两个小东西。
14～16	会拧开瓶盖、会拿笔涂鸦、会拿杯子喝水、会拿汤勺进食。
16～19	会叠积木（3 块）、会仿画直线、会脱下没鞋带的鞋子。
19～21	会仿画圆形、会拉下拉链、会剥开糖果的包装。
21～24	会把 6～7 块积木叠高、会脱下没扣扣子的外套。
24～27	惯用手已形成，会仿画横线，上厕所时会脱下裤子。
28～31	会叠积木（8 块），取物不易失手掉落，丢接球没有困难，玩玩具不会显得笨手笨脚，会穿上没鞋带的鞋子。
32～36	会依样画图形、会解纽扣。
36～42	握笔姿势正确，会仿画"十"字、会脱套头衣服、会穿衬衫。

月龄／月	精细动作发展标准对照
42～48	会仿画"X"、会自己洗脸刷牙。
48～54	会用剪刀剪直线、会用筷子夹菜吃饭。
54～60	会画"□""△"、会扣扣子、会穿袜子。
60～66	会写字、会穿衣服。
60～72	会系鞋带、会使用剪刀。
72～78	能把字写工整。

2. 粗大动作

粗大动作主要是指身体大肌肉群及四肢的活动，表现为俯卧位匍匐、侧卧位翻身、交替踢腿、双臂支撑上身并微抬头、单独坐、成人搀扶跳跃、从四肢爬行到独自行走，以及随年龄增长出现的两脚交替上下楼梯等。新生儿的动作是未经分化的大肌肉群动作，1 个月的婴儿在俯卧位就会出现反射性的匍匐动作，能略微抬头但是时间很短暂；2～4 个月的婴儿能抬头与床面成 45° 角甚至更大的角；5 个月的婴儿单独坐时，身体会前倾，扶坐时能挺直躯干；5～6 个月的婴儿可在大人搀扶腋下时双腿上下跳跃；7～8 个月的婴儿能使上身离开地面做到被扶着站立；8 个月的婴儿可用上肢向前爬；1 周岁前后的婴儿才能熟练地手膝并用，四肢爬行。大多数婴幼儿在 15～16 个月时能够独立行走，于 2 岁左右掌握双足跳跃及单足独立的技能，3 岁时能自由地双脚交替上下楼梯，如表 1-2 所示。

表1-2 粗大动作发展标准对照表

月龄／月	粗大动作发展标准对照
1	俯卧，双臂放在头两侧，能自行抬头，下巴离开床面 1～2 s。
2	俯卧可自行抬头，面部离开床面 45°。
3	俯卧可自行抬头，面部离开床面 90°。
4	俯卧，能用伸出的双手或前臂支撑抬起头部和胸部。
5	扶幼儿站在桌面上，慢慢松手，不要完全放开，幼儿的腿能支持体重 2 s 以上。
6	幼儿独坐在床上，不用支撑能独坐 1 min 以上。
7	能匍匐爬行：依靠腹部着地左右蠕动来移动身体。
8	能用胳膊和膝盖支撑成爬的姿势往前爬行；能扶着硬物（桌、椅、围栏等）站起。
9	能用四点跪地的姿势自如地爬来爬去。
10	扶幼儿站稳后松手，能独站 2 s 以上。
11	扶着栏杆、桌椅、床沿或小推车，能来回移步走。
12	能独站 10 s 以上，能独立行走 2～3 步。
13～15	步行自如，不会左右摇摆，能弯腰捡起玩具。

续　表

月龄／月	粗大动作发展标准对照
16～18	会举手过肩并抛球，上楼梯可双手扶栏上 1～2 个台阶。
19～24	会朝一定的方向踢球，能向成人的方向跑 2 m，但还不会自己停下来。
25～30	能双脚一阶连续上 2～3 个台阶，跑得平稳，会自己停下来；可模仿成人双脚同时跳离地面 2 次以上。
31～36	能双脚离地跳远后站稳，不扶物独脚站立 5 s 以上；能够双脚交替上下楼梯，上楼梯时一步一个台阶，下楼梯时两步一个台阶。

第四节　基于动作发展规律开发幼儿园体育课程的重要意义

教育是育人的事业，培养什么样的人受到本国的政治、经济、文化、社会发展等诸多因素的影响。很多学者在如何对待幼儿体育基础知识、基本技术、基本技能的学习问题上存在着激烈的争论。现实中，幼儿体育成了体育游戏。出现这些争论和问题的根本原因在于幼儿体育教学研究者没有建立起对幼儿动作发展规律的科学认知。只有掌握了人类动作发展的基本规律，才能知道幼儿各个年龄段最适合发展的运动技能，也就能清晰地认识到幼儿运动技能的发展应遵循怎样的规律。因此，只有依据动作发展、生长发育规律制定的各时期幼儿体育课程的教学内容才是科学的、系统的。

一、基本动作是体育教学的基础

语文教学先教拼音，然后教汉字，再教组词、造句、写作文；数学教学先教数字，然后教加、减、乘、除，再教方程。因此，幼儿体育的教学如果直接教幼儿足球、幼儿篮球、幼儿武术等，一定是不科学的，会对幼儿的生长发育造成很多不良影响。体育教学的基础就是基本动作，包括走、跑、跳、投、攀、爬、滚、钻、踢、接、拍、下蹲、缓冲、躲闪、转体、平衡、悬垂、挥击 18 个基本动作。基本动作的学习是一个由不会到逐步掌握的过程，是在体育课堂上不断积累的运动财富，使幼儿具备一定的运动技能。培养幼儿的运动兴趣是幼儿体育教学的终极目标。显然，幼儿体育教学的首要任务是发展其基本的动作技能，这些动作技能是他们将来乃至终身运动的基础。如果幼儿可以在各种环境中成功地使用他们的基本动作技能，他们对体育运动的兴趣就会逐渐建立起来，就能像成人一样找到他们喜爱的运动。

二、基本动作需要学习才能掌握

人体基本动作技能不会随着身体的自然生长而获得，需要经过学习和练习。虽然年龄是一个衡量幼儿动作发展阶段特征的参照点，但是时间对个体的动作发展不起任何作用，起作用的是个体积极主动地在特定环境下进行学习、练习。动作是非基因遗传的，是后天通过学习才能够掌握的。很多家长认为幼儿的走、跑、跳、投、踢、接等基本动作是随着成长自然获得的，无须特意学习，直到学习专业运动技能时才需要体育教师的指导。这种观念是对幼儿生长发育的错误认知，幼儿的基本动作行为表现并非生长发育所致，而是幼儿在成长过程中从环境中学习获得的。

三、只有符合幼儿基本动作发展规律的教学，才能有效促进幼儿的全面发展

基本动作的发展需要个体具备一定的生理、心理基础，不要设置超出幼儿生理年龄的体育教学内容，否则会给幼儿带来不好的影响。例如，观察一个 3 岁的幼儿立定跳远，在起跳前，他可能没有或只做了很小幅度的摆臂动作。假如你把幼儿的这个动作和成人立定跳远的标准动作进行比较，就会认为幼儿是错误的。但是，如果你掌握了动作发展的规律，就会知道这种情况是正常的，就不会进行错误的评价。幼儿体育教学只有按照动作发展规律特征进行课程内容设置，才不会出现教学内容前置或滞后的现象。

幼儿动作发展的变化是与生理年龄相关的，但不是由年龄决定的。了解在某一动作发展序列中个体所达到的动作技术水平，要比知道该个体的生理年龄重要得多。在体育教学评价中，除了成熟的动作，其他发展不成熟的动作均被视为需要纠正的"错误动作"。教师应该用发展的视角看待体育教育中个体的不成熟动作，将之视为检验该个体正处于哪个发展阶段的依据。教师只有掌握了幼儿身体发展、动作发展、认知发展和情绪心理发展的相关特征，才能以发展的视角进行体育教学。有质量的体育教学是以身体行为和动作技能发展为中心的。

四、通过幼儿基本动作发展规律可以有效了解幼儿动作发展水平

首先，教师要掌握各动作发展序列的特征；其次，要能根据个体的具体动作表现判断其动作发展的阶段水平；最后，要根据掌握的动作发展特征和个体所处的发展阶段制订个体化的教学促进方案。

如果教师认为幼儿动作技能（如奔跑、跳跃）不经过有组织的学习就能自然出现，那么他／她可能会把动作技能未如期出现归为个体发育缓慢，而不去调查可能的原因。教师只有了解了动作发展的规律，才可以实时地掌握幼儿动作发展的水平，从而更高效地实施教学。例如，在发展投掷这一动作时，幼儿最初是不会向前迈步的；之后通过学习，幼儿会迈出一步，但是迈出的腿和投掷的手在同侧；最终，经过反复学习和练习，幼儿能够获得成熟的动作模式，即向前迈步，并且迈出的腿和投掷的手是异侧的。掌握了该规律的教师在看到 3 岁的幼儿做出同侧迈步时，就会认为该幼儿的行为属于该年龄段正常的动作发展过程，而不会将其和成熟的动作做比较，更不会认为这是错误的动作。这样的教师所组织的教学和练习就属于基于动作发展规律的教学、练习。教师只有根据幼儿动作表现出的特征，准备相对应的教学内容，才能有效促进教学效果的提升。

五、动作发展水平是评价体育教学效果的金标准

在体育教育运动技能学习过程中，评价不仅涉及数量与远度，还包括动作的形式。如果幼儿动作的形式不符合个体生物力学的特征，那么即使幼儿展示出较大的数量或远度，也是不标准、不规范的。动作形式的错误可能是体能的超前发展造成的，若不及时弥补动作技能缺陷带来的损失，在个体由幼儿发展到成年的过程中，其基本动作协调性、平衡性的欠缺就会逐渐显现，永远达不到同龄个体具备的良好动作形式的运动技能表现。基于基本动作发展特征确定幼儿动作发展的成熟水平，在教育评价上是非常有效的。教师能够通过评价幼儿在某个阶段的动作典型特征，选取最有效的方式来提高教育的效果。

总体而言，基于动作发展规律的幼儿体育教学设计，对幼儿的基本动作技能发展是必要的。动作技能的学习不单为了在动作行为中得以体现，更为了站在终身体育的角度奠定终身锻炼的基础。如果忽略了动作技能的学习，仅发展体能或提高体质水平，那么幼儿长大后或许就不喜欢参加体育活动了。因为只有幼儿具备扎实的基本动作技能基础，才能在今后的生活中拥有更多的锻炼机会和意愿。另外，基于动作发展规律开发的幼儿体育课程，不仅会科学设置各年龄段的体育活动内容，还会选择有效的体育教学方法和教学效果评价标准，从而彻底解决幼儿体育教师不知道教什么、怎么教、教得怎么样的问题。

第二章 幼儿动作发展与体质、身体姿态的关系

一、体质的概念

体质能反映人体质量的高低，是人体在先天的遗传性与后天的获得性基础上所表现出来的形态结构、生理机能、心理因素、身体素质、社会适应等方面综合的，相对稳定的特征。

体质是人类生命过程中独有的特性。体质最早源于构成和组成，其原始定义为"某一个体的一切生物学特征的总和"。我国学术界对体质思想的形成和理论体系的建立做了不懈的努力，形成了具有我国特色的体质思想和理论基础。"发展体育运动，增强人民体质"作为我国体育事业发展的方针，一直指导着我国体育事业的发展。体质是我国关注和研究健康问题的一个独特视角。体质和健康属于人类自身所拥有的基本属性，人类具有的先天遗传和后天生存环境均会对其产生影响。从社会发展的角度看，国民体质的强弱既是每个人身体健康的问题，又是关乎一个国家前途的战略性问题。

二、身体姿态的概念

身体姿态是指保持身体的方式，是在先天遗传变异和后天获得性的基础上所表现出来的身体外部相对稳定的特征。它是指全身各肌肉和关节在任何一种动作上的结构性联结，是身体各个部位与关节的相对位置的外部表现。从一定意义上说，先天的遗传对身体姿态起着决定性的作用。但是先天的身体形态条件好，只能称作体形好，如果姿态不正确、弓腰驼背，那么其身体姿态也不会好。因此，后天的生活习惯及科学的训练对身体姿态的影响是至关重要的。如果一个人站立时含胸、探颈、塌腰、翘臀，久而久之就会形成不良的身体习惯。这些不良的身体习惯不仅影响美观，还会对身体健康造成威胁。

三、体质与身体姿态的关系

体质的概念中第一个提到的就是形态结构，形态结构包含身体姿态，所以身体姿态属于体质的重要组成部分。结构决定功能，良好的身体姿态是优良体质的基础，身体姿态是体质的外在表现。二者是紧密联系、不可分割的。

第二节 幼儿动作发展与体质的关系

幼儿时期是基本动作技能形成的关键期，也是动作发展的敏感期。良好的动作发展对幼儿的全面发展至关重要，可以在整个生命周期中对认知和社会行为的发展产生深远的影响。幼儿的基本动作技能水平与习惯性体育活动存在显著的相关性，与中高强度的体力活动更相关，幼儿的大肌肉动作水平与身体活动水平呈正相关。动作发展水平高能够有效促进幼儿身体活动的增加，进而有效地减少幼儿的久坐行为，预防超重和肥胖。幼儿动作发展水平与体质健康水平呈正相关，即幼儿动作发展水平越高，其体质健康状况越好。因此，在什么阶段发展什么是幼儿教育工作者必须了解和关注的，错过这一重要阶段是很难再弥补的。3～6岁的幼儿正处于动作敏感期和关键阶段，教育专家应针对这一情况设计出符合该年龄的动作指标，指导其动作发展。目前，我国对幼儿健康状况的评价普遍采用国民体质监测体系，从幼儿身体形态及运动机能等方面进行评价，但只注重了对动作结果的评价，忽视了对动作过程的评价，这对有效促进幼儿的体质健康是不利的。

第三节 幼儿动作发展与身体姿态的关系

一、动作发展对身体姿态的影响

婴幼儿时期是身体姿态发育的第一关键期，原因是正常的孩子出生时都是O型腿（图2-1）、平足，脊柱也类似一条直线（图2-2），没有颈曲、胸曲、腰曲和骶骨。按照婴幼儿动作发展的规律，前3个月婴儿主要平躺在床上，会通过蹬腿、摆动手臂、摇头、抬头等运动不断发展自己的力量，这一阶段主要发展的是婴儿躯干前侧的肌群链；3个月时婴儿可以翻身了，翻身后婴儿会抬头，这是躯干后侧肌群链发展的开始，也是颈曲逐步形成的开始；6个月时婴儿会坐了；7个月时婴儿会滚动了；8个月时婴儿会爬行，爬行能够非常好地促进婴儿脊柱生理曲度的形成，所以要想孩子脊柱发育好，就一定要让孩子在婴儿期多爬行；10个月时婴儿可以扶着物品站立起来；快12个月时婴儿可以行走，这时婴儿"头重脚轻根底浅"，容易跌倒，很多家长怕孩子磕着碰着，会把孩子放到"学步车"里，殊不知这时是孩子腿部力量和感觉统合系统不断发展和平衡、腿型自我矫正、脊柱曲度进一步形成的关键期，过度保护孩子可能会造成孩子后续生长发育的一系列问题，如 O 型腿、X 型腿、脊柱侧弯、八字脚、感觉统合失调。

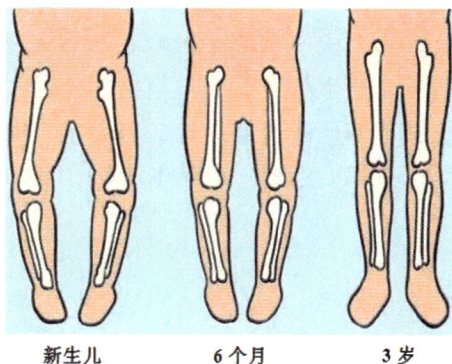

图 2-1　腿型发展趋势

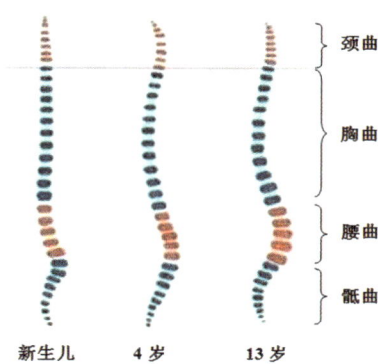

图 2-2　脊柱发展趋势

　　婴儿姿势的控制发展先从颈部开始，婴儿对颈部、躯干、手臂和腿的自主控制是随年龄的增长逐渐改善的。婴儿身体姿态的发展是随着动作发展逐步发展和强化的。例如，俯卧位时，头部抬起就是颈曲形成的开始。翻滚是身体从一个位置翻滚到另外一个位置，需要头、躯干以及四肢之间的协调配合。翻滚是脊柱功能发展的重要阶段。坐是人类获得的第一个直立姿势，也是促使脊柱颈曲、胸曲、腰曲形成的重要过程。爬行是在俯卧位时手臂和腿的交互动作。在出生后大约 7 个月时，婴儿会第一次表现出腹部与支撑面保持接触情况下的爬行动作，也称为匍匐爬行；如果婴儿能较好地控制躯干和腿，在 8 个半月左右，其就能够使腹部脱离支撑面并用手和膝部爬行。在早期的爬行中，婴儿由于肌肉力量不足，脊柱胸椎段易出现前凸的问题；随着婴儿逐渐增加对躯干和腿部的控制，其后背胸椎段会逐渐平坦。站立是很多后来出现的动作技能的根本，如行走和跳跃。为了使头重脚轻的身体在很小的支撑面（双脚）上保持平衡，婴儿在重力环境中移动时，必须掌握身体多个部位的控制和协调。婴儿在能够独立行走之前，必须先学会双脚着地保持直立的姿势。

　　行走是人类最重要和最有意义的物种特性之一。行走时不仅要保持身体直立的姿势，还要不停地将重心由一侧转移到另一侧，并保持一只或两只脚始终与地面接触。这就需要婴儿不断地调整平衡，发展下肢力量，平衡下肢力量。独立行走不仅需要足够的肌肉力量和强度，以便在重力的作用下支持整个身体，还是多个系统（感觉统合系统、神经系统、肌肉与骨骼系统、认知系统）协同发展的结果。当婴儿尝试独立行走时，其步伐会很不稳定，身体会摇晃，会经常摔倒，这一过程就是感觉统合系统、神经系统、肌肉与骨骼系统发展的重要过程。随着对行走控制的继续发展，婴儿的步态会更加稳健。12 个月的婴儿在站立和行走时都挺着小肚子，这是骨盆前倾的重要特征，是婴儿先天大腿前侧的股直肌、髂腰肌过紧造成的。随着年龄的增加，奔跑、跳跃动作的发展，前侧股直肌、髂腰肌会不断地被拉伸舒展，后侧臀大肌、腘绳肌亦会不断地得到增强，膝关节周围的韧带也得以发展增强，骨盆前倾自然会被矫正，膝关节超伸的问题也不会发生。但是由于生活方式的改变，运动不足等不良行为习惯造成了很多孩子力量发展不平衡，无法完成自我矫正，形成了不良的体态。

由此可见，婴幼儿动作发展会对其身体姿态的形成产生重要影响。一个人在婴幼儿时期身体发育得是否良好，直接影响甚至决定着其一生的身体成长轨迹。人在婴幼儿时期一旦出现较为严重的不良身体姿态问题，形成了畸形的骨架结构，势必会影响其正常的身体发育轨迹，甚至造成无法纠正的畸形体态，直接影响其身体健康、自信心和竞争力。

二、身体姿态对健康的影响

人体的骨架由 206 块骨骼构成，每块骨骼的位置主要由肌肉、韧带、关节囊固定。当原动肌和拮抗肌发展不平衡或韧带、关节囊松弛时，就可能造成骨骼排列位置或形状发生改变。不良身体姿态一旦出现，就会影响幼儿关节、肌肉、韧带的正常发育，诱发躯体疼痛和机能退化，进而影响体质水平和运动能力，甚至带来心理问题，降低生活质量。原因是当幼儿的身体姿态正常时，其身体各关节受力均匀，肌肉放松、平衡，运动时高效且安全；当幼儿身体的某部位出现不良体态时，其身体的平衡就遭到了破坏，需要"补偿"来获得新的平衡，但新的平衡往往是通过肌肉持续性收缩或骨骼变形来实现的，所以会出现结构和功能性障碍，影响幼儿的生长发育。良好体态的重点是"一柱两腿三面"不出问题。"一柱"是指脊柱。脊柱要柔软健康，要保持正常的四个生理弯曲，即颈曲向前、胸曲向后、腰曲向前、骶曲向后。因为人体的神经是通过脊柱发散到人体各部位的，心、肝、脾、肺、肾全部悬挂在脊柱之上，所以脊柱一定要健康。"两腿"是指人的两条腿。因为腿是用来支撑人体骨盆的，两条腿一旦发生形变，不仅会严重影响一个人的运动能力，代偿还会造成上体骨骼结构的坍塌。人体结构是一个整体，会相互影响，所以大部分人身上往往会同时出现三四种不良体态。"三面"是指双足、骨盆和双肩。双足是人体的第一个平面，是人体的根基。双足一旦出现足内翻、外翻、扁平足等问题，都会向上影响骨架结构或形状。骨盆是人体的第二个平面，支撑着脊柱，如果这个平面发生倾斜，躯干的骨架结构就会发生坍塌。双肩是人体的第三个平面，支撑着头部，一旦出现高低肩、圆肩等问题，头部的正常位置会受到影响。

第三章 幼儿动作发展与智力、感觉统合系统的关系

运动不足会影响幼儿大脑的发育。眼下许多幼儿宁愿待在房间里玩玩具、画画，也不愿意出去运动，但是这样对他们的大脑发育非常不利。运动能力和智力水平乃至创造力息息相关。第一，增加幼儿的运动量能够对他们的专注程度、记忆力和课堂表现产生积极影响；第二，运动可以增强幼儿的智力、创造力、专注力及计划能力。

一、智力的概念

智力由言语语言智能、数理逻辑智能、视觉空间智能、音乐韵律智能、身体运动智能、人际沟通智能、自我认识智能、自然观察智能构成。智力是人认识、理解客观事物并运用知识、经验等判断、解决问题的能力，包括记忆、观察、想象、思考、判断等。

二、感觉统合的概念

感觉统合理论由美国南加州大学临床心理学博士爱尔丝于1969年率先系统提出。感觉统合是人体通过视觉、听觉、嗅觉、触觉、深感觉、平衡觉等最基本的感觉与外界接触，形成运动—知觉—认知功能高层次行为模式，对事物产生一个全面的、完整的认识，从而指挥机体去完成各项活动。简单来说，感觉统合是指大脑将人体各个器官接收到的感觉信息进行分析处理，实现对事物的总体知觉，如图3-1所示。

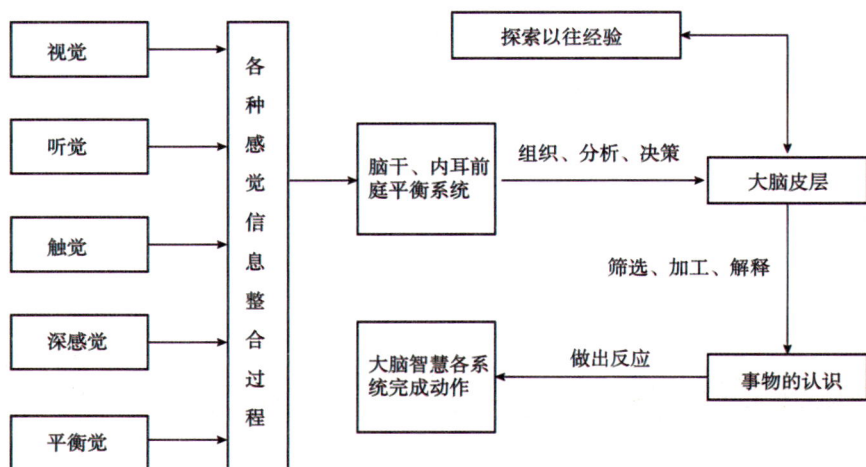

图 3-1　感觉信息的整合过程

　　平衡觉、深感觉、触觉是感觉统合的基础。平衡觉（视觉、听觉、嗅觉）的发展对于判断自身所处的空间位置非常重要。在现实生活中，开车时判断与其他车辆的距离、打篮球时判断球与篮筐之间的距离，以及精确判断自己在所处三维空间中的位置等都与平衡觉密切相关。深感觉是指根据内部环境辨别身体各部位的位置和动作的能力，与从体外接收信息的平衡觉、触觉不同，深感觉主要接受来自身体肌肉、肌腱、关节的感觉信息。深感觉可以有效感受自己肢体所处的位置和自身的重量、力量、速度和加速度。良好的深感觉可以有效提升身体意识、空间意识、方位意识、前庭意识和节奏意识。这些意识彼此紧密相连，在大多数的动作情况中不可分割。触觉是指探测和解释皮肤感觉信息（皮肤上或皮肤里）的能力。触觉能力的很多方面与动作发展是紧密联系的，如抓握反射、巴宾斯基反射（用钝尖物体由婴儿脚跟部向前划足掌外侧缘所引起的拇趾背屈、其余四趾跖屈及扇形展开的反射性动作）动作都是触碰刺激引发的，并依赖婴儿的触觉能力。平衡觉、深感觉、触觉在动作发展中往往同时发挥作用，组成一个完整的系统——感觉统合系统，指导动作的高质量完成。例如，在平衡木上行走时，幼儿需要把平衡觉获取的位置信息、双脚触觉反馈的信息及深感觉反馈的信息整合来指导动作的完成。

三、幼儿智力发展的特点

　　幼儿的智力和成人的智力存在很多的不同。首先，幼儿的智力正处于发展过程中，认知能力也处于较低的水平，此阶段的任务是如何促进他们的智力发展。其次，认知能力的发展是幼儿智力发展的重要组成部分，对幼儿智力的评价要建立在幼儿年龄特点和其成熟水平基础之上，这也是和成人智力明显不同之处。最后，幼儿的智力发展是在与外部世界的相互作用中不断发展的，应通过充分调动各种感官发挥作用去建立经验，记忆、思维、想象等高级心理活动并不是幼儿智力发展的重点。

四、幼儿感觉统合发展的特点

婴儿最初是通过手和嘴的触觉信息来感知、认识这个世界的，他们调动自己的视觉、嗅觉、听觉来认识周围的环境和人，逐步建立和外界的联系。3 岁之后是幼儿个体感觉统合发展的关键期，也是识别幼儿是否存在感统失调的重要时期。在这一阶段，幼儿的各种感官都会得到发展，与外界沟通的方式也越来越多。研究表明：0 ～ 3 岁是幼儿感觉统合发展的最佳时期；3 ～ 6 岁是幼儿感觉统合能力发展最快的时期，也是对幼儿进行感觉统合训练的最佳时期。

五、感觉统合训练可以有效促进幼儿的智力发展

儿童发展学表明：幼儿认知能力的发展建立在感觉动作的基础之上，人的大脑只有具备了一定的感觉处理功能，才能发挥"处理器"作用。人们只有在幼儿期积累了丰富的感觉动作经验，才能为智力的发展打好基础。系统的感觉统合训练能通过丰富、适宜的感觉和知觉刺激，助力大脑神经元的连接，促进大脑的发展，使幼儿在注意力、理解力、记忆力、学习能力、人际交往能力、做事速度、动作灵活性、情绪、自信心等方面有明显改变。感觉统合能力是婴幼儿认识世界的基础，也是婴幼儿进行知觉、思维、情感等高级心理活动的基础。幼儿出现阅读、拼写等学习方面的困难，往往由于其感觉统合能力欠佳。通过动作任务训练，如平衡训练（图 3-2，图 3-3）、眼手协调训练（图 3-4，图 3-5）、双侧任务训练、视听为线索的精细动作训练，就可以提高感知—动作能力，进而提升幼儿的学习能力。

图 3-2 静态平衡训练

图 3-3 动态平衡训练

图 3-4 眼手协调训练

图 3-5 眼手协调训练

第二节　幼儿动作发展与智力的关系

德国精神运动学学者蕾娜特·齐默尔指出："童年是一个运动的阶段。没有哪个生命阶段，运动会如在童年阶段一样承担如此重要的作用。特别是 2～6 岁这个阶段，惊人的活动量和运动欲、永不停歇的发现欲和持续的尝试是这个阶段的标志。幼儿通过动作发现自己和世界，通过自己的身体和感官去适应他（她）周围的世界。"动作是人类最重要、最基本的能力，也是个体思维能力和实践活动不可缺少的重要元素。动作发展与智力之间有强有力的直接联系。很多研究表明，智力差的幼儿积极参与涉及眼手协调、平衡性的运动训练可以有效提高其感觉统合系统能力，提升智力水平。所以，智力不足可以通过感觉统合训练进行补救，而感觉统合训练就是动作训练，能够促进幼儿智力的发展。

一、幼儿动作发展可以有效促进智力发展

婴儿的大脑结构与功能的发展具有很强的可塑性。衡量大脑发育的一个方法是看神经元的生长速度和信息处理速度。神经元的生长速度在婴儿和幼儿期的增长最为显著，在 15 岁达到峰值。幼儿通过学习、练习等行为获得其原本不具备的能力。这种能力是大脑不会自动具备的，只有通过学习才能获得，这就反映了大脑功能的可塑性。现代脑科学研究证明，动作学习可以使脑的结构和功能发生改变，即改变神经元、突触、脑的激活方式，提升智力、感知、协调等能力。皮亚杰以"感知运动阶段"来形容儿童认知发展的最初阶段。在皮亚杰看来，感知运动智力正是个体智力的最初表现形式。他认为心理运算和它所支持的智力成就都源于内化的动作。苏霍姆林斯基说："儿童的智慧在他的手指头上。"大量研究也证明，手指的精细动作能充分刺激大脑皮层，增强大脑的灵活性，手脑并用能使婴幼儿心灵手巧。并且，婴幼儿在做动作时要靠神经的支配和调节，肌肉中的神经将各种刺激传入大脑，从而促进大脑的功能，使大脑对动作反应更加灵敏、协调。从生理学角度看，动作练习可以促进血液循环，加大携氧量，供给脑细胞更多的养料和氧气，这对婴幼儿大脑的发育有很大的益处，能够促进婴幼儿的智力发展。

二、幼儿智力发展可以有效促进其动作发展

运动看似简单，然而对大脑来说，即使最简单的运动也需要精确地计算物体的速度和轨迹。捡起一枚棋子的运算能力要远远大于决定一步棋的运算能力。但是就运动时大脑的处理能力而言，运动并未获得应有的重视，运动本身就是一种智能形式。

聪明的幼儿可能会表现得比较"调皮"，他们会花大量的时间不断地提升自己的某项技能。这一过程不仅要创造神经通路，还要建一条"宽带"，即围着神经元包裹的髓鞘涂层。它会给予幼儿大脑更快的反应速度和效率。而根据动作发展规律进行有效的粗大动作和精细动作练习会使大脑发展进入快捷模式，加快髓鞘质的发育，增强神经的可

塑性。训练的内容和质量对大脑的发展至关重要。要不断变化训练内容，在同一动作上花成千上万个小时进行练习，只能使幼儿成为那个动作的专家，对大脑的发展几乎毫无作用。要根据幼儿掌握的程度不断增加训练的难度，舒适区的训练毫无意义。不断地增加难度可以在有效点上生成新的神经细胞间的联系，并且会加强这种联系，从而打通神经通路。研究发现，动作难度增加时，神经可塑性会通过更改突触上神经递质和神经末梢的数目起作用，使一个神经元更容易把信息传递给它的邻居（这就是一起放电的神经元为何会逐渐形成一个回路）。不过，还有另一种更容易传递信息的方法——改变大脑内神经递质的整体平衡。

在动作练习中，幼儿会被迫减速，会犯错，然后改正，这一过程就像在爬一座覆盖着冰的山，打着滑，跌跌撞撞地前行，但只要不放弃，就会发现幼儿的动作会在不知不觉中变得敏捷、协调、优雅。这正是大脑不断发展的表现。组织练习的方法也会影响神经的可塑性，水平参差不齐的幼儿集中练习，更能有效促进大脑的发展。原因是对比会迫使水平差的幼儿离开舒适区，进入学习的有效点。

对神经可塑性来说，运动是最好的催化剂。过去人们低估了运动对大脑的影响。运动可以有效解决抗压、焦虑、抑郁，并能使学习和记忆能力大幅度提高。运动对于神经可塑性的影响源于运动使脑源性神经营养因子的蛋白质含量激增，它能使神经元生长，并启动神经突触的可塑性。《运动改造大脑》一书的作者约翰·瑞迪把运动视为"大脑神奇的生长肥料"。运动不仅可以使大脑有关运动区域的脑源性神经营养因子含量增加，还会使参与新记忆形成的海马体的脑源性神经营养因子含量增加。研究人员还发现，愉快的运动可以促使大脑释放多巴胺，多巴胺能增强脑神经的可塑性，帮助大脑巩固已经学过的记忆。

幼儿的大脑就像一块海绵，能尽可能地吸收更多的信息，即使幼儿自身没有留意，大脑也会根据刺激做出改变，这就是神经系统科学家所称的"临界期"，即大脑可塑性的"黄金期"。"临界期"解释了人类为什么在年幼时学习语言更容易，以及为什么在年幼时不太可能有口音，还解释了幼儿为什么能从出生时的一无所知发展到会走路、会说话和能理解抽象的概念。基底核是大脑深处参与注意力集中的一组神经元，在"临界期"，它异常活跃，使孩子从出生到十一二岁都能轻而易举地进行学习。一旦基底核被关闭，大脑发展的"黄金期（临界期）"就会结束；但运动可以有效增加脑蛋白的含量，从而大大提高神经元发新枝的速度，促进大脑的发展。

三、婴幼儿手指精细动作发展的几个重要时期

1. 出生后 4 ～ 12 个月的抓握动作发展

婴儿手指的精细动作在出生后的第 4 个月开始发展，这时的婴儿可以完成很多独立的手指动作和抓握动作。婴儿最早的抓握动作是尺侧掌抓握（包括手掌和除拇指之外的其他手指，如图 3-6 所示），之后发展为掌抓握，如图 3-7 所示。

图 3-6　尺侧掌抓握（4 个月左右）　　图 3-7　掌抓握（5 ～ 6 个月）

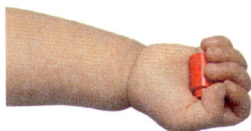

　　6 个月左右，婴儿的抓握动作发展为拇对掌式的抓握（其余四指与拇指相对），也称为"桡侧掌抓握"，如图 3-8 所示；8 个月左右，抓握动作发展为三指抓（中指、食指与拇指相对），如图 3-9 所示；11 个月左右，出现手指钳捏式抓握（食指和拇指相对），如图 3-10、图 3-11 所示。

图 3-8　桡侧掌抓握（6 ～ 7 个月）　　图 3-9　三指抓（8 ～ 9 个月）

图 3-10　抓捏（11 个月左右）　　图 3-11　食指抓握（11 个月左右）

　　从出生时的抓握反射到 12 个月左右能依据物体形状随意调节手部动作，此时婴儿的抓握动作已经演变成随意的、具有适应性的行为。这种基本的手指和手之间的协作，保证了婴儿能够得到和操作各种大小、形状的物体。在此基础上，各种各样生活中需要的精细动作逐步发展起来。

　　2. 12 ～ 15 个月使用勺子进食的动作发展

　　勺子是一种常用的餐具，通常也是婴儿使用的第一个工具。当婴儿长到第 6 个月，成人通常会使用勺子给婴儿喂饭；9 个月左右，婴儿喜欢在吃饭时碰触勺子；12 个月左右，婴儿能够以多种方式来把玩勺子，如把勺子从一只手放入另一只手中或者偶尔放进嘴里；12 ～ 15 个月，大多数幼儿开始自己吃饭，这时候最普遍的抓握动作是手掌式抓握，掌心向下，勺柄位于拇指和食指之间，如图 3-12 所示，此时的幼儿还需要在成人的帮助下完成吃饭。随着经验的增长，幼儿进食的行为变得越来越熟练，并受到视觉良好的监控，眼和手的配合越发成熟。婴儿抓握勺子的动作逐渐发展为拇指腹侧式抓握，已类似成人抓握，如图 3-13 所示。

图 3-12　手掌式抓握　　　　　　　图 3-13　拇指腹侧式抓握

用勺子吃饭看似简单，但对于神经系统尚不完善的婴儿来讲是十分困难的事情。通过观察就会发现，婴儿刚用勺子进餐时，盛食物都是非常困难的，好不容易盛好了食物，在往嘴边运送的过程中会洒落大半，甚至全部掉光，这时婴儿会很着急，有的家长就会喂孩子，可这样做不利于婴儿手指精细动作的发展。这一时期的精细动作发展对于婴儿的大脑发展是十分重要的。

3. 15 个月～7 岁涂鸦、书写的动作发展

在婴幼儿早期的发展中，握持书写工具（铅笔、画笔等）并画出有意义的符号也是精细动作发展的重要方式。15 个月左右，婴儿开始尝试以涂鸦的方式来绘画；2 岁时，婴幼儿可以在指导下画出粗糙的曲线、垂直线、水平线；3 岁时，幼儿可以临摹圆形；4 岁时，幼儿可以写"十"字；4 岁半时，幼儿可以临摹正方形；5 岁时，幼儿可以临摹三角形；6 岁时，幼儿可以临摹菱形。最开始，幼儿用整只手来抓住书写工具，也称为"全手掌抓握"。其特点是用四指和拇指将铅笔完全握住；在不断进行书写和绘画的过程中，拇指和其他四指的功能逐渐区分开来，开始根据不同的任务来控制和调节拇指和其他手指的位置。7 岁左右，幼儿握持书写工具的姿势发展成熟，可以完成细小的、高度协调的手指动作。书写动作的熟练程度会极大地影响幼儿在这一时期的各种发展成果。

对幼儿来说，用书写工具拼写字母和数字会比绘画更富有挑战性。幼儿的书写能力在 2 岁时开始发展；4 岁时，大多数幼儿能够写出一些可以辨认的字母；5 岁时，许多幼儿可以写出自己的名字；6 岁时，幼儿基本可以写出 26 个字母表、0～9 数字和一些简单的汉字。这时可以根据幼儿书写是否规范、文字的结构是否正确、文字的大小是否均匀、书写的力量是否稳定、文字是否排列整齐，来判断幼儿精细动作能力的发展水平。精细动作发展不佳的幼儿写的字都比较大，占用的空间也不固定，但随着练习的累积，他们会写得越来越小，写字速度也越来越快。

四、眼手配合动作、平衡动作训练是提升智力发展的最有效手段

感觉是指身体感受器受到来自内外环境的物理能量的刺激。例如，眼睛的视网膜对光线（感觉输入）做出反应，并将该信息转化为神经冲动，神经冲动再沿知觉通路传至大脑，大脑对这些刺激做出不同的分析和反应。对信息的分析是基于已有的经验和认知

的判断而来的。视觉是最重要的感觉通道，它可以从外界环境获取最丰富的信息，占体外感觉信息的80%，视觉通路在决定参考点和判断物体运动上至关重要，也提供动作时外部世界的时空信息。就动作方面而言，视觉信息输入是动作行为得以组织和执行的主要信息来源。幼儿主要利用视觉信息来形成动作程序、监控动作活动及提供反馈，以便及时纠错。视觉信息输入在动作过程中占主导地位，以致即便其他信息更有用，人体仍然倾向于依靠视觉信息来做出判断。普通人使用眼睛时只能发挥其全部潜力的50%，因此，锻炼视力的特定方面能提高个体发挥潜力的百分比，在某些情况下，还能改善个体的生活质量。对于动作发展最重要、最复杂的感觉能力就是对移动目标的探测、跟踪和拦截。当目标开始在空间运动时，个体所面临的就是动态物体，此时对视觉系统的要求会非常高。能够将视觉与身体动作协调一致的能力被称为"视动协调"。这类能力需将视觉和肌肉运动两种感觉与控制协调身体动作的能力结合起来，通常包括眼手协调和眼脚协调。视力是练出来的。

另外，所有动作技能的成功执行都依赖个体获得和维持平衡的能力。平衡觉为个体提供身体重力相关的信息及头部位置的信息，人体的平衡能力主要依赖平衡觉的发展完善程度。平衡包括三种类型：姿势平衡、静态平衡、动态平衡。姿势平衡是指个体基于基本反射功能的相对下意识的平衡，包括使个体保持直立姿势、头部正直等。静态平衡是指个体处于相对静止，保持一个想要的姿态的能力，常用单脚站立或平衡板上保持平衡的方式来进行测试。动态平衡是指运动中维持和控制姿势的能力，在各种需要动作技能的活动中都会用到这种平衡，常常通过测试在不同宽度和高度的平衡木上行走的能力来加以评估。平衡觉功能障碍往往表现为完成平衡任务能力的下降。静态平衡不佳的孩子的专注力、注意力、记忆力也会不佳。因此，前庭觉不好的孩子，其学习成绩不会好。所以，强化眼手配合动作、平衡动作训练，可以有效促进孩子的智力发展，提升其学习能力。

第三节　幼儿动作发展与感觉统合系统的关系

1826年，英国生理学家查尔斯·贝尔揭示并确定了感觉或知觉与运动的解剖学基础：在大脑与肌肉之间存在一个神经的环路，即腹根将大脑的指令传输给肌肉，而背根将有关肌肉状况的信息传给大脑。贝尔认为这些信息包括对位置、运动的感觉，还包括其他肌肉收缩引起的感觉。1887年，英国病理学家和解剖学家亨利·巴斯蒂安提出了"动觉"的概念，将其定义为身体运动导致的诸多感觉。通过这种复杂的感觉，人们能够认识到肢体的运动及所在的空间位置，能够区分出不同程度的阻力和重量。大脑会通过动觉对人体的动作进行有意识的指导。1906年，英国生理学家谢灵顿提出了"本体感觉"的概念。他根据感受器所在的位置与刺激的来源，将人体的感觉分为外感受、远感受、本体感受和内感受，本体感受的刺激源于人体的肌肉骨骼系统，他将本体感受器定义为"肌肉骨骼系统中专门感受并传输机械性刺激信息的传入神经末梢"。亨利·巴斯蒂安提出的"动觉"在注重运动感觉的同时，还包括了位置觉或其他肌肉的感觉。鉴于二者之间微小的差别，国外学者多认为亨利·巴斯蒂安的"动觉"与谢灵顿的"本体感觉"是同义词。这些研究奠定了动作发展与感觉统合关系的理论基础。

一、动作教育可以有效促进感觉统合系统的发展

婴幼儿感觉统合能力的发展受两方面因素影响：一方面是婴幼儿自身机能的发展；另一方面是婴幼儿受到的外界的环境刺激。良好的感觉和知觉能力能使幼儿充分认识和理解世界，更好地与外界进行交往，不断提高自己的能力。动作是幼儿与外界环境相互作用的主要媒介，是锻炼感知觉能力的主要手段。幼儿早期由于动作发展不成熟，其个体认知主要来自感知觉能力；随着年龄增加，动作与感知觉交互作用加强，动作熟练程度对幼儿认知的影响逐渐提升，并且对感知觉信息加工过程产生一定影响。卡雷格尔经过研究发现，幼儿在完成动作的过程中，需要整合视觉、触觉、平衡觉等多个感觉通道，从而确定环境中客体的空间特征，并根据活动目标灵活地改变运动方向和运动路线，最终提高准确感知物理空间关系特征、整合多感觉通道信息协调动作、灵活调整自身行为、抑制无效行为等能力。

培养运动技能的过程就是通过目标练习提炼个体的动作行为的过程，主要包括感觉系统构建联系，即视觉、听觉、触觉、嗅觉的神经联系，大脑神经系统的中枢构建联系，以及动作机制方面涉及的感觉输入、中枢协调的控制行为构建联系。运动技能包括三个范畴，即个体的运动技能主要体现在三个方面：认知技能、知觉技能和动作技能。认知技能也称为个体动作的智力技能，可以促进动作完成过程中的判断和执行。例如，在足球比赛中，迅速、有效地做出决策是一种典型的个体动作质量技能。知觉技能是通过理解和整合个体感觉信息去判断最佳的运动行为效果的技能，其中，个体的注意能力和以前的运动经验会影响知觉技能。例如，个体在打篮球时，对防守者和队友的位置进行判断后，决定是否传球或自己运球到达目标，注意能力受个体当时在场上获得的知觉信息的影响。动作技能主要包括适合运动的身体因素，即个体协调四肢产生运动行为的相关因素。例如，个体运动技术、自身肌肉力量、速度、关节活动范围等身体功能因素。动作技术的学习过程是指从开始动作学习的多余动作阶段，通过不断地重复练习—巩固—强化—提炼—完善的过程，达到技术成熟的自动化阶段，这是神经网络不断构建完善的过程。在该过程中，大脑中和认知相关的指标不断增长，最后，使得个体神经网络重塑成一个成熟的神经网络。这一过程也是感觉统合系统不断发展完善的过程。

二、感觉统合教育可以有效促进动作的发展

动作控制涉及神经肌肉系统和感觉统合系统之间连续且动态的相互作用。幼儿必须发展出能产生适当的动作反应的能力。这种反应能力就是能够根据从环境中感知到的关

于身体的位置和动作的感觉信息，产生适当的动作反应。感觉统合系统是幼儿发展的重要基础，是正常大脑必须具备的功能，是人体对外界信息输入的接收、处理、输出的过程。幼儿对感觉刺激的接收、调节、组合、运用的过程主要体现在动作能力、情绪调节和日常行为表现上。感统失调是指外部的感觉刺激信号无法在幼儿的大脑神经系统中进行有效的组合，而使机体不能和谐运作，久而久之形成各种障碍，最终影响身心健康，突出表现为动作不协调、平衡能力差、空间及方位感差。众所周知，幼儿动作发展包括粗大动作和精细动作，但无论是粗大动作还是精细动作的发展都和感统发展密切相关。比如，深感觉可以感受到动作中的肌肉、关节及韧带的松紧、拉伸等，为大脑皮质运动行为进行复杂的综合分析创造条件。如果幼儿的深感觉良好，就能很好地维持身体姿势、调节动作和平衡。又如，平衡觉主要接收视、听、嗅、味、触等感觉通道的信息，并做好过滤再传入大脑；同时，掌管人体的平衡和空间方位的感应。提升幼儿的感觉统合能力能在很大程度上提升幼儿动作的发展水平。由此可见，幼儿动作发展和感觉统合发展呈现螺旋上升的趋势，二者相互促进、共同发展。

由上面的理论可知，动作表现从根本上说是依赖对感觉信息接收和分析的能力。人类的感觉统合系统有持续不断地接收来自外部世界和自身内部环境的感觉信息的能力，动作的功效必须依赖感觉统合系统、神经系统、骨骼肌肉系统的发展而发展。

第二篇　幼儿园体育教学活动

第四章　幼儿园体育教学活动的目标和任务

　　《幼儿园教育指导纲要》指出："开展丰富多彩的户外游戏和体育活动的同时，还要用幼儿感兴趣的方式发展基本动作，提高动作的协调性、灵活性。强健的体质、愉快的情绪、良好的生活习惯和基本的生活能力是幼儿身心健康发展的重要标志，也是幼儿得以在其他领域学习与发展的基础。幼儿体育课程中要求掌握的'基本动作'是指幼儿在日常生活和社会实践活动中所必需的身体运动技能，进而使幼儿具备基本动作练习和发展基本活动的能力。这既是实现幼儿体育活动任务的重要手段，又是幼儿体育活动的目标和任务。"

第一节　幼儿园体育教学活动的目标

一、体育教学活动的目标

（1）认识身体各部位名称及基本的身体结构。

（2）了解健康的体态，知道如何保持正确的站、坐、行走姿势等。

（3）知道运动中要注意的安全问题，学习自我保护的方法。

（4）通过活动逐步建立规则意识，乐于遵守游戏规则。

（5）培养幼儿对体育活动的兴趣，使幼儿逐步养成健康的运动习惯。

（6）培养幼儿的自信心，坚强、勇敢、不怕困难的意志品质及乐观的态度。

（7）掌握基本的运动技能，提高运动能力。

（8）促进幼儿的生长发育，增强其协调性、灵活性及平衡能力，提升感觉统合水平。

（9）通过体育活动，逐渐提高幼儿的环境适应能力和抵抗能力。

（10）通过不同的情绪体验，逐渐学会恰当表达和调控情绪的能力。

二、各年龄段体育教学活动的具体目标

各年龄段体育教学活动的具体目标如表4-1所示。

表4-1 各年龄段体育教学活动的具体目标

年龄	3～4岁	4～5岁	5～6岁
认知	1. 初步认识身体各部位名称。 2. 在成人的提醒下能站直、坐直。 3. 初步了解各项活动简单的规则要求。 4. 在体育活动中不推挤、碰撞他人。 5. 认识几种常用的运动器械。	1. 认识身体各部位名称，初步了解身体的基本结构。 2. 在成人的提醒下能保持正确的站、坐和行走姿势。 3. 初步了解各项活动规则的意义，并能在活动中遵守规则。 4. 在教师引导下学习掌握简单的队列队形。 5. 知道运动中要注意的安全问题，学习自我保护的方法。 6. 知道常见运动器械的名称和简单的使用方法。	1. 认识身体的基本结构，了解结构的基本功能。 2. 能保持正确的站、坐和行走姿势。 3. 理解规则的意义，能与同伴协商制定游戏和活动的规则。 4. 能够根据口令和信号做出相应的动作。 5. 掌握一定的安全知识，学会自我保护的方法。 6. 知道各种运动器械的名称，并能表达其使用方法。
情感	1. 有初步的规则意识，不争抢、能够等待。 2. 喜欢参加体育活动。 3. 在活动中有比较强烈的情绪反应时，能在成人的安抚下逐渐平静下来。 4. 想加入同伴的活动时，能友好地提出请求。 5. 在老师的指导下，能够整理体育器械。 6. 在成人的鼓励和帮助下取得尝试新的体育活动的快乐。 7. 初步体验与同伴分享运动器械的快乐。	1. 有规则意识，在活动中学会谦让、帮助他人。 2. 能体验体育活动的快乐，积极参加体育活动。 3. 在活动中有比较强烈的情绪反应时，能在成人的引导下安静下来。 4. 喜欢与同伴一起进行体育活动，体验合作和交流的乐趣。 5. 能与同伴一起收拾小型体育器械。 6. 初步探索运动器械的不同玩法。 7. 愿意与同伴分享运动器械。	1. 在活动中自觉遵守规则，互相谦让、互相帮助。 2. 热爱体育活动，能积极主动地参加体育活动，养成良好的运动习惯。 3. 能够调整自己的情绪，表达情绪的方式比较适度，不乱发脾气。 4. 在活动中能够互相合作，有较好的团队协作意识。 5. 乐于尝试器械的不同玩法，善于主动脑创造新游戏。 6. 能互助将各种体育器械分类整理。 7. 能主动分享经验、器械，并能邀请同伴加入自己的游戏。
能力	1. 能在较热或较冷的户外环境中活动。 2. 能自然、协调、上身直立地一个跟着一个走。 3. 能迈开步子跑起来，保持身体平衡和稳定。 4. 能听到口令后，沿着指定路线分散跑，并能躲避他人的碰撞。 5. 掌握简单的跳跃动作，能从25～30cm高度跳下，能连续进行双脚跳。 6. 能绕地面直线或各在较矮的低物体上走2m。 7. 学习正面钻，能做到低头弯腰。 8. 掌握手膝、手脚等多种爬行动作，有一定的速度，能较好地控制方向。 9. 掌握双手向上抛的姿势，能双手向上抛球。 10. 能单手将沙包向前投掷2m以上。 11. 初步学习拍球。 12. 能尝试做单脚站立5～10s和原地旋转的动作。 13. 能攀爬上比自己身高矮10cm的平台。	1. 能在较热或较冷的户外环境中连续活动30min。 2. 能保持正确的走姿，能听信号，有节奏地走。 3. 能掌握正确的跑步姿势，能前脚掌着地，双臂能前后摆动。 4. 能在一定范围内四散自然地走、跑、躲避障碍物跑。 5. 能向前跳或能双脚跳直线两侧向前跳，立定跳，单脚跳等。 6. 能通过助跑跨越较矮的低物体跳过低栏。 7. 能较好掌握低姿爬行的方法。 8. 掌握多种钻爬行动作，能够协调地屈膝，屈髋进行运动。 9. 能连续拍球，基本掌握双手互接球。 10. 能单手将沙包向前投掷4m以上。 11. 能单脚平稳站立20～30s。 12. 能在原地平稳进行自身旋转的动作。 13. 通过助跑，能攀爬上和自己身高相同的平台。	1. 能在较热或较冷的户外环境连续活动30min以上。 2. 能根据口令整齐地走，并能在行进中变换队形。 3. 能根据口令变速跑、行进跑，跑时前腿能够充分折叠高抬，后腿能够充分蹬伸。 4. 熟练掌握跳跃方式，学习向前和不同方向变换跳等多种跳跃，可以连续完成5个循环跳。 5. 能在斜坡、汤桥或有一定间隔的物体上平稳行走。 6. 能用手脚协调配合的方式安全地攀爬登架、网等。 7. 掌握跳绳的方法，能连续跳绳10次以上。 8. 掌握双脚立定跳远的动作要领，距离不少于1m。 9. 进一步提高钻爬能力，仰卧爬动作，速度快而灵活。 10. 能躲避他人滚过来的球或扔过来的沙包。 11. 能连续在行进中拍球，能灵活手握互抛接球。 12. 能手投掷小沙包等轻物大约5m以上。 13. 能双臂侧平举单脚站立40s以上。 14. 通过助跑，能攀爬上比自己身高高10cm的平台。

第二节　幼儿园体育教学活动的任务

（1）遵循幼儿身心发展规律，让幼儿在快乐的环境下健康成长。

（2）开展丰富多彩的体育活动，锻炼幼儿的身体，促进其正常生长发育，提高其对自然环境的适应能力，增强其体质。

（3）培养幼儿机智、勇敢、不怕困难的意志品质，主动、乐观、合作的态度，遵守纪律、规则等的优良品德和活泼开朗的性格。

（4）有针对性地发展幼儿的基本动作能力，使其动作灵敏、协调。

（5）通过集体项目，锻炼幼儿的沟通、合作、应变等能力及团队意识。

（6）通过科学的身体运动，促进幼儿神经系统、运动系统、感觉统合系统的协调发展，为其智力发展奠定坚实的基础。

（7）使幼儿有信念、有信心，自我效能感强，勇于尝试挑战性的任务。

（8）激发幼儿的身体潜能，塑造幼儿的性格品质，增强其社会交流能力。

第五章　幼儿园体育教学活动的运动强度和运动量

一、幼儿的生理特点

幼儿正处于生长发育的初级阶段，各器官组织的发育并不完善，具有以下特点：脊柱柔软，整体骨骼短，承重能力弱，软骨丰富，柔韧性好，但容易出现各种变形；关节软骨较厚，韧带等结缔组织和肌肉少、韧性低，所以关节相对灵活，但稳定性差；肌纤维不够粗，肌肉组织的韧性不够强，所以肌肉力量不强，肌肉整体协调性不够好，耐力自然不强，容易疲劳损伤，无法进行需要太大力量或者太复杂的动作；肺活量小，不能进行连续性强度过大且时间过长的运动，也不适合憋气的运动；血液和淋巴液有活力，但保护身体的能力相对较弱，所以对幼儿要特别注意防止其感染；大脑皮层的细胞功能非常容易兴奋，自我调节能力差，容易激动，也容易疲劳，所以很难长时间集中注意力。

二、幼儿的心理特点

幼儿处于个体刚刚独立的生活阶段，自我意识逐渐产生，但独立性差，所以很容易好奇，很活跃，也爱模仿别人，看别人玩什么，他们也玩什么，别人有什么，他们也想要什么。在幼儿的体育教学安排上，体育教师一定要注意幼儿好奇、主动、善于模仿的心理特征，要对幼儿持有足够的耐心，利用幼儿的心理特点引导幼儿做体育活动，从而使其保持非常好的身心状态。由于幼儿的身心发展不完善，所以他们对自我的心理控制能力很差，也特别容易受到外界因素的影响，会表现出一系列的不稳定现象，如情绪激动、固执和以自我为中心。一些小的环境变化就会对幼儿产生很大影响，会使他们变得过度紧张和害怕。幼儿的认知和感官特征使他们在接触和认识新事物的时候非常直观，他们的分析和理解能力有限，只能够依靠自己对事物的直观感受。

第二节　幼儿体育教学运动强度及运动量的控制

一、运动强度、运动量的概念及关系

运动强度是指单位时间内的运动量，反映负荷对机体的刺激深度。运动量是指运动时间×运动强度，反映负荷对机体刺激的数量特征。运动强度和运动量在大多数情况下是通用的，必要时要分开使用。现实中，往往通过心率高低表示运动强度大小。很多研究发现，心率高低与运动强度之间存在线性关系。运动强度与运动量既相互促进又相互制约。运动强度反映负荷对机体刺激的深度，其大小通常用速度、高度、远度、单个练习的负重量等衡量。运动量反映负荷时机体的数量特征，其大小通常用练习时间、距离、总数量、总次数等衡量。运动量很大，但强度达不到要求；或运动强度很大，但运动量达不到要求；或运动量很大，运动强度也大，都不能产生良好的运动效应。只有当运动强度和运动量符合机体负荷能力的最佳值时，运动效果才会最好。

二、运动强度、运动量对体育教学的重要性

很多人认为，教学中运动次数越多、强度越大，教学效果就越好，实则不然。没有强度的体育教学只是消耗体力的无效教学。原因是运动强度过小时，幼儿不用动员内脏器官的潜力，就可以轻而易举地负担这一运动强度，达不到提高内脏器官功能的目的；但运动强度过大，就会超过幼儿生理负荷的极限，使幼儿长时间处于无氧区，不仅不利于幼儿的生长发育，还会增加运动损伤概率。运动强度和运动量的关系密不可分，离开运动量的体育教学缺乏科学性，离开运动强度的体育教学不足以促进幼儿的身体机能提升，只有将二者结合起来，落实到教学中，才能达到事半功倍的教学效果。

三、运动强度、运动量的控制

体育教学是比较复杂的教学过程，它除了包含教学的一般规律，还有其特殊性。运动强度和运动量在课程中的合理安排就体现了体育课与其他课的区别。尽管幼儿的年龄、智力水平可能是接近的，但幼儿的身体素质、身体机能、心理状态、兴趣爱好等方面往往有很大的差异。这种差异的存在有碍教学的统一性。运动强度和运动量是决定教学生理负荷大小的两个关键因素。幼儿能够承受多大的运动强度和运动量是体育教学中非常重要的一个问题。

机体对外界刺激产生适应现象是生命活动的基本特征。例如，长期处于寒冷条件下的人，体脂会大大增加；长期处于高原缺氧环境中的人，血红蛋白会增加，其对氧的亲和力会加强。这些机体的变化使人能够适应环境的刺激，保持内环境的相对恒定。在运动中，人体对运动刺激也会产生适应性。若机体长期、系统、有计划地承受一定的运动强度和运动量，机体也会逐渐适应这一运动强度，运动就变得轻松愉快。所以，人体机

能能力提高的过程就是通过运动负荷不断对机体进行刺激，使其从不适应到逐步适应的过程；体育教学是有计划地提高人体机能能力的实践活动，其基本途径就是对练习者不断施加运动强度和运动量，有意识地打破机体内环境的相对平衡，使之建立更高的平衡，使身体机能不断提高和发展。

运动强度和运动量给予人体的刺激反映在人的生理和心理两个方面。在评定运动强度和运动量的大小时，应对运动强度和运动量进行度量，而在判定运动强度和运动量的适宜程度时，则需对幼儿生理反应和心理反应的程度进行度量。现代科学证明，体育教学的效果主要取决于适宜的运动负荷，其中，运动强度是关键。也就是说，运动强度对运动效果起着重要作用。如何在幼儿体育教学中控制好适宜的运动强度，使幼儿获得良好的运动效益是非常重要的。

衡量运动强度较为理想且简单的方法是测量心率。进行有氧运动时的心率代表了最佳运动强度。教师在体育教学中可以通过测量幼儿的心率来了解运动强度，然后再通过调节运动强度使心率长时间处于有氧运动区的范围内，这样就能将运动强度控制在最佳运动负荷强度内，从而获得良好的教学效益。运动强度可用计算运动时每分钟心率的方法来获得运动时的心率区间，从而衡量运动强度，方法如下：

（1）轻松运动：（220－年龄）×50%～（220－年龄）×60%；
（2）热身运动：（220－年龄）×61%～（220－年龄）×70%；
（3）有氧运动：（220－年龄）×71%～（220－年龄）×83%；
（4）无氧运动：（220－年龄）×84%～（220－年龄）×91%；
（5）力竭运动：（220－年龄）×92%～（220－年龄）×100%；
（6）超强运动：心率＞（220－年龄）×100%。

幼儿的心率长时间保持在有氧运动心率区间是最好的，如一个5岁的幼儿，运动时心率长期保持在（220－5）×71%～（220－5）×83%，即153～178次/分钟是最好的。每次体育运动总时间保持在25～35 min为宜。

当前比较好的心率监测方法为"实时心率监测系统"，幼儿只需佩戴腕表，大屏幕上就会显示幼儿的实时心率和运动量（消耗的热量）。该系统的应用可以让教师有效地观察并记录每个幼儿实时的运动强度，有益于实施个体差异化教学，如图5-1所示。

图5-1　心率实时监测系统

第六章 幼儿基本动作体育教学活动内容设计

英国教育家洛克提出，"健康之精神寓于健康之体魄"。法国思想家、教育家卢梭说："只有有精力的身体才能听从精神的支配，身体虚弱，精神就会跟着虚弱。"我国教育家陶行知认为，应该把儿童的健康状况当作幼儿园里第一重要的事情，幼儿园的教师应该做健康之神。这说明，身体健康是至关重要的，要想幼儿身体健康，幼儿园就必须加强对相应的体育活动内容的开发与实施。幼儿基本动作体育教学活动内容设计基本的逻辑思路是教学目的—教学目标—教学对象—教学内容—效果评价。

教学对象的身心发展特点是体育活动内容设计的基础，只有了解教学对象身体动作和心理发展的客观规律，才能遵循规律，科学地设置体育课程内容，才能有效地提升教学质量，才能有效地促进幼儿的发展。离开了这个基础，教学目标就很难落到幼儿发展的基点上；离开了这个基础，课程内容的设置就不可能科学，甚至会偏离幼儿的身心发展规律，导致幼儿身心问题的发生；离开了这个基础，体育教学内容的难易度、深广度，教学的要点、重点就很难贴近幼儿的实际情况；离开了这个基础，教师选择的教材内容、采用的教学方法、进行的教学评价就很容易出现脱离幼儿发展实际的情况。

对于一般的基本动作来讲，只要 200 ～ 300 次运动强度的练习，幼儿就能基本掌握。连续的运动强度刺激可以使幼儿大脑中枢神经对这一基本动作形成一定的模型。没有足够的运动强度刺激是很难达到熟练掌握效果的。在学习跑的基本动作的过程中，要想跑得快，就必须加大步幅与提高步频。这样就必须加强高抬腿与后蹬跑的练习，在做高抬腿和后蹬跑练习的过程中，运动强度的问题就显得非常重要。比如，1 组高抬腿连续做 50 次，要求腿要抬高且腰不能弯曲，大小腿之间的夹角为 90°，每组必须在 30 s 内完成，休息 2 min 后接着再进行下一组练习，必须练习 5 组，这样才能连续刺激中枢神经，使大腿尽量高抬到一定位置并保持一定的频率成为固定的收缩动作。如果练习 1 组所用时间很长，休息时间也很长，就既不能通过连续刺激影响肌肉的收缩形式，又不能形成固定的收缩频率，从而达不到掌握基本动作的目的。

体育教育中的"以幼儿为本"意为尊重幼儿的身心发展和动作发展规律，只有尊重幼儿的身心发展和动作发展规律，才能切实地将"以幼儿为本"的理念落实到促进幼儿发展上，只有按照规律办事，才能事半功倍。

基本动作技能可以分为位移技能（走、跑、跳、攀、爬、滚、钻、躲闪、转体）、非位移技能（平衡、下蹲、缓冲、悬垂）、操作技能（投、踢、接、拍、挥击）。基本动作技能涵盖了各种各样的技能，它们是许多运动、竞赛、终身身体活动进一步发展的基础，主要包括走、跑、下蹲、缓冲、跳、投、踢、拍、接、爬、滚、钻、攀、转体、挥击、躲闪、平衡、悬垂18项。掌握基本动作技能是幼儿有效完成其他动作的基础，并且是他们探索环境、获取关于周围世界知识的重要手段和途径。在动作发展过程中，如果幼儿没有掌握正确的基本动作模式，那么他们完成由基本动作技能所构成的不同动作组合的能力将会大打折扣。

一、幼儿各年龄段动作发展特点

小班：3～4岁，幼儿的身体和动作均处于迅速发展的时期。在这一时期，他们的身体和手的动作已经比较自如，可以掌握各种粗大动作和一些精细动作。爱模仿是这一时期的突出特征，他们喜欢模仿老师、家长和同学，不是消极被动地进行临摹，而是在模仿中有创造，有自己个性与情感的表达，在模仿中学习和成长。

中班：4～5岁，幼儿的身体更加结实，体力得到提高，精力充沛，动作更为灵活，不但可以自如地奔跑、跳跃、攀爬，而且可以长时间地单足站立、单脚跳，会抛接球；他们的手指动作更加灵巧，可以熟练地进行穿脱衣服、扣纽扣、拉拉链、系鞋带、折纸、拼积木等精细动作。他们的专注力得到进一步提升，动作质量明显提高，既能灵活操作，又能坚持较长时间。在家里，他们能够收拾自己的玩具，并能帮助家人收拾碗筷、衣服等。

大班：5～6岁，幼儿的动作灵活，控制能力显著提升，走路的速度基本与成人相同，平衡能力明显增强，可以进行比较复杂的动作练习，并能够根据音乐韵律有节奏地进行运动。这一时期，他们手指的小肌肉群得到了快速发展，能够轻松自如地控制手腕和手指进行活动。例如，抛接球、灵活地使用剪刀、用橡皮泥捏出各种造型。

二、幼儿各年龄段动作发展目标

小班：能够基本掌握走、跑、下蹲、缓冲、跳、投、踢、爬、滚、钻、攀、平衡的动作，认识了解拍、接、转体、挥击、躲闪、悬垂动作。

中班：能够熟练掌握走、跑、下蹲、缓冲、跳、投、踢、爬、滚、钻、攀、平衡、停止的动作；基本掌握拍、接、转体、挥击、躲闪、悬垂的动作。

大班：能够熟练掌握各种走、跑、下蹲、缓冲、跳、投、踢、拍、接、爬、滚、钻、攀、转体、挥击、躲闪、平衡、悬垂18项基本动作技能。

第一节 走的体育教学活动内容设计

一、走的动作要领

上体正直，自然挺胸，肩部肌肉放松，目视前方；双臂前后自然、轻松地摆动。向前摆臂时，肘关节稍弯曲；步幅大小适宜、均匀；精神饱满，节奏感强。

蹲走

（1）公鸡走。预备时双手五指充分张开，一手置于额头，指尖向上，拇指指尖触额头作公鸡鸡冠；另一只手伸于身后，拇指指尖触骶椎，小指指尖向后作尾巴。行走时双脚轮流屈膝高抬，落地时前脚掌先落地。

（2）鸭子走。双腿半蹲，双脚分开与肩同宽，成"八"字形，上体前倾，展肩，双臂伸直在背后交叉，手指并拢掌心向后。走时上体轻微摇晃，嘴里"嘎嘎"地叫。

（3）猫走。双腿半蹲上体前倾。双手在嘴前两边作胡须，走时一腿屈膝提起后向前猫步，以前脚掌先轻轻落地，双腿交替向前行进。

（4）大象走。手脚着地，膝关节伸直，同侧手脚同时离地向前走一小步，使身体左右摇晃地向前行走。

（5）二列横队变四列横队走及还原。二列横队都有"1""2"报数，当听到口令"成四列横队走"，数"2"的幼儿左脚向后退一步，右脚向右跨一步，站在单数幼儿后面，左脚靠向右脚；当听到口令"成二列横队走"，双数幼儿的左脚先向左跨一步，右脚向前跨一步，站回原位置。

二、小班走的体育教学活动内容设计

直线走、高人走（提踵走）、矮人走（蹲走）、曲线走、绕圈走、平衡木上走。

三、中班走的体育教学活动内容设计

直线走、直线快走、曲线快走、两足一线慢走、绕障碍物走、队列走。

四、大班走的体育教学活动内容设计

直线走、原地踏步走、两人三足合作走、二列横队变四列横队走及还原、螺旋形走。

第二节　跑的体育教学活动内容设计

一、跑的动作要领

跑的动作要领，请扫码观看。本章其他动作要领，请扫相应的二维码观看。

站立式起跑　　　变向跑　　　　高抬腿跑　　　　跨栏跑

上体正直，稍向前倾；积极向前抬腿，用力后蹬，落地轻而稳；双手半握拳，双臂屈肘前后自然摆动，用鼻子或口鼻同时呼吸，自然而有节奏。

（1）站立式起跑。当听到"各就位"口令，幼儿左脚站在起跑线最近点，右脚站在距离左脚尖向后约一小腿长的位置；当听到"预备"口令，身体重心移至左腿，同时上体躬身前倾，右臂屈肘前摆，左臂屈肘后摆，左右腿弯曲；当听到"跑"的口令，右腿迅速蹬地跑出，同时右臂用力后摆，左臂积极用力前摆。

（2）加速跑。当听到"跑"的口令，幼儿的后蹬腿积极蹬地前摆，步长不要太大，着地点尽量靠近身体重心投影点，前倾的上体随着加速慢慢抬起，摆动腿着地后积极后蹬，以便获得更大的反作用力，为加速提供动力，双臂以肩为轴，积极前后摆动。

（3）变向跑。以"向右跑"变向为"向左跑"为例：跑动时变向要先减速、屈膝，降低重心，而后向准备跑的左方向移动重心，同时右侧脚的前脚掌内侧迅速蹬地，左侧脚迅速向左方向跨出，身体转动完成变向。变向跑不能停下来再改变方向，而应在运动中改变方向。

（4）鸭子跑。双脚分开与肩同宽，成"八"字形，双臂屈肘伸于躯干两侧当作鸭子的翅膀，手指自然分开，掌心向下。跑时上体左右摇晃，嘴里"嘎嘎"地叫。

二、小班跑的体育教学活动内容设计

站立式起跑、加速跑、途中跑、直线跑。

小班的幼儿还不能很好地辨别跑的方向，指定方向跑（直线跑、绕圈跑）和听信号向指定位置跑可以培养幼儿辨别跑的方向和反应能力。

三、中班跑的体育教学活动内容设计

曲线跑、接力跑、高抬腿跑、跨栏跑。

中班的幼儿跑的动作技能发展较快，对跑的方向有了较明确的认知。让幼儿在跑动中听信号、做规定动作，可以有效培养幼儿的反应能力和在运动中控制身体的能力。

四、大班跑的体育教学活动内容设计

变向跑、接力跑、弯道跑、跨栏跑。

大班的幼儿对跑的动作技能已掌握得比较成熟，跑动时控制身体的能力亦有很大发展。让幼儿在跑动中听信号变换跑的速度、改变跑的方向或做规定的动作，可以很好地提升幼儿在运动中控制身体的能力。

第三节　下蹲的体育教学活动内容设计

一、下蹲的动作要领

下蹲

双脚并拢或与肩同宽，脚尖向前，自然站立。下蹲时，屈膝、屈髋，但头到腰部的躯干要始终保持笔直伸展状态，目视前方，上体略前倾，双手抱于胸前或向前伸展。无论是半蹲还是深蹲，双脚始终全脚掌着地，膝关节始终与脚尖方向一致，膝关节尽量不要超过脚尖。

二、小班下蹲的体育教学活动内容设计

半蹲、深蹲。

三、中班下蹲的体育教学活动内容设计

半蹲、深蹲、深蹲翻转叠叠杯。

四、大班下蹲的体育教学活动内容设计

半蹲、深蹲、深蹲翻转叠叠杯。

第四节　缓冲的体育教学活动内容设计

一、缓冲的动作要领

缓冲

落地时，前脚掌先着地，而后过渡到足弓和足跟，在着地的同时迅速屈膝、屈髋、屈踝完成全身的缓冲，成半蹲或深蹲姿势。

二、小班缓冲的体育教学活动内容设计

双腿落地跳深。

三、中班缓冲的体育教学活动内容设计

双腿落地跳深。

四、大班缓冲的体育教学活动内容设计

双腿落地跳深、单腿落地跳深。

第五节　跳的体育教学活动内容设计

一、跳的动作要领

单脚跳　　跨步跳　　跳马　　跳绳　　纵跳

以立定跳远为例，立定跳远包括预摆、起跳、腾空、落地四个环节。预摆环节为双脚左右开立与肩同宽，手臂先前摆，双腿伸直，然后后摆，屈膝、屈髋下蹲，腰背挺直，目视前方；起跳环节为双脚快速蹬地，同时双臂由后向前上方摆动，跳起腾空，充分伸展身体；腾空环节为收腹举腿，小腿前伸，同时双臂用力后摆；落地环节为脚落地后屈踝、屈膝、屈髋下蹲。

（1）原地双脚跳绳。双脚并拢直立，双眼目视前方，手握跳绳柄，双臂稍弯曲，自然下垂至两胯处，跳绳置于脚后跟后侧，大臂不要向两侧张开，把手臂力量集中于手腕，顺时针摇绳，跳绳经脚后跟，跨过头部至前脚趾，双脚微微用力跳起，连续完成以上动作。注意起跳和落地都用前脚掌，膝盖微曲，呼吸自然有节奏。停绳的方法：当跳绳由后向前摇转时，一脚向前伸，脚跟着地，脚尖抬起，使跳绳中段停在脚掌下。

（2）纵跳。直接竖直向上跳跃，通常在练习者头顶上方摆放触摸目标。

（3）跨步跳。助跑几步后，起跳腿单脚起跳，用力蹬伸，方向要正，腿用力向前上方摆动，在空中瞬间滞留前弓步，摆动腿落地后，不要骤停，应继续向前跑几步。

（4）单脚纵跳。匀速助跑3～5步，在目标前单脚踏地跳起，另一条腿屈膝上提，同时与起跳腿对称的手臂向上伸直摸高。落地后继续跑2～3步，从助跑、起跳至落地，身体方向不变。

（5）青蛙跳。双脚分开成半蹲，上体稍前倾，双脚用力蹬伸往前跳，双臂由后向前摆，落地后缓冲呈半蹲姿势准备下一跳。

（6）小兔子跳。预备时双脚并拢，双腿屈膝半蹲，双臂屈肘举于头上，五指并拢成兔耳朵状，起跳向前走一步，然后屈膝半蹲，同时双臂向下摆至后斜举。起跳时双脚蹬地，向上跳起后立即屈膝提腿，双臂同时向前上方摆动，落地时双脚前脚掌同时落地，屈膝缓冲，双臂回至后下方。

二、小班跳的体育教学活动内容设计

立定跳远、小青蛙跳、跳跃小栏架。

青蛙过河的玩法：在地面上放些绳子作为"河"，引导幼儿想象自己是青蛙，然后努力跳过"河"，通过改变"河"的宽度，不断加强幼儿的跳跃能力。

三、中班跳的体育教学活动内容设计

立定跳远、双脚连续跳、单脚连续跳、双脚跳跃小栏架、单脚跳跃小栏架。

单脚跳要求练习者单脚起跳，单脚落地。对练习者的腿部力量和平衡能力要求更高。另外，在单脚着地时，必须做好缓冲动作。

初学单脚跳的幼儿的身体会处于更加垂直的位置，他们必须利用手臂来辅助腾空，利用非支撑腿来保持平衡，跳时动作范围很小，几乎是向上跳，水平移动距离非常小。这样可以使支撑腿直接置于身体下方，帮助保持身体平衡。

四、大班跳的体育教学活动内容设计

立定跳远、双脚连续跳、单脚连续跳、原地双脚跳绳。

第六节　投的体育教学活动内容设计

一、投的动作要领

上手投掷　　　　下手投掷

以右手投沙包为例，投的动作要领有如下几步。①准备：双脚前后开立，左腿在

前，后腿膝微曲，前腿伸直稳定支撑，上体稍后仰，左手臂斜向前上伸出，右手持沙包高举后引，眼看前方。②投掷：通过蹬伸右腿、转体、收腹、挥臂、甩腕一连串的连贯动作，快速将球投出，左腿始终伸直稳定支撑，左手臂向左侧摆动。③结束：身体保持直立稳定姿势，眼睛观看沙包运动轨迹。

二、小班投的体育教学活动内容设计

上手投、下手投，只练习优势手。

三、中班投的体育教学活动内容设计

上手投、下手投，左手和右手都要练习。

四、大班投的体育教学活动内容设计

上手投、下手投，左手和右手都要练习；篮球：双手投篮。

小班只练习优势手，对于这一年龄段的幼儿，强化优势手的练习有助于大脑快速发展。大中班左手和右手都要练，这有助于大脑的平衡发展。

第七节 踢的体育教学活动内容设计

一、踢的动作要领

脚背踢定位球　　脚内侧踢定位球　　脚内侧停球

以踢球为例，踢球时，一条腿主要负责支撑身体并保持身体平衡，另一条腿则用来完成踢的动作。成熟的踢球动作中，支撑腿会先向前跨出一大步作为稳定支撑，而后摆动腿向后大幅度摆动以便更有力地触球，身体向支撑腿一侧倾斜，摆动腿加速前摆将球踢出。

（1）原地（助跑）正脚背踢定位球。以右脚踢定位球为例，步骤如下。①准备：直线助跑2～3步，左脚踏在球左侧10 cm处，脚趾指向前方，膝关节微屈，眼睛注视球，重心落在左腿上稳定支撑，右脚位于球后方。②踢球：右腿大腿后摆，小腿后屈，双臂微屈，肘自然张开，协助身体保持平衡，而后大腿以髋关节为轴带动小腿积极前摆，脚背绷直，脚趾紧扣，以脚背正面击球的后中部。③结束：击球后，右腿顺势前摆落地。

（2）原地（助跑）脚内侧踢定位球。以右脚踢定位球为例，步骤如下。①准备：直

线助跑2～3步，左脚踏在球左侧10 cm处，脚趾指向前方，膝关节微屈，眼睛注视球，重心落在左腿上稳定支撑，右脚位于球后方。②踢球：右腿大腿后摆，小腿后屈，双臂微屈，肘自然张开，协助身体保持平衡，而后大腿以髋关节为轴带动小腿积极前摆，在前摆过程中髋关节外展，脚翘起，脚内侧与出球方向成90°，以脚内侧击球的后中部。③结束：击球后，右腿顺势前摆落地。

（3）带球。带球时身体自然放松，上体稍前倾，双臂自然摆动，随着身体不断向前移动，用脚背或内侧部位不断推拨足球的后中部，使之与在跑动中的人一起行进。

（4）脚内侧停球。支撑脚正对来球，膝关节微屈，停球腿屈膝外转并前迎，脚尖稍翘起，当脚与球接触前的一刹那开始后撤，在后撤过程中用脚内侧接触球，缓慢卸力，把球控制在脚下。

（5）传球。支撑脚足尖与出球方向一致，距球的横向距离为10～15 cm，膝关节微屈，双臂自然摆动，维持身体平衡；踢球腿以髋关节为轴由后向前摆动，在前摆过程中，脚迅速外转90°，脚尖稍翘起，脚掌与地面平行，以大腿带动小腿，击球时脚跟前顶，脚踝用力绷紧，以脚内侧部位击球的后中部，将球传出。

二、小班踢的体育教学活动内容设计

原地正脚背踢定位球、助跑正脚背踢定位球、原地脚内侧踢定位球、助跑脚内侧踢定位球。

三、中班踢的体育教学活动内容设计

带球，左脚和右脚正脚背踢球、脚内侧踢球。

四、大班踢的体育教学活动内容设计

左脚和右脚停球、带球、传球，左脚和右脚正脚背踢球、脚内侧踢球。

第八节　拍的体育教学活动内容设计

一、拍球的动作要领

单手拍篮球　　　　　双手拍篮球

拍球时，把球放到离身体一臂的位置，五指分开，掌心稍屈合在球表面，手心空出来，手腕、前臂恰当用力拍球，所有手指一起用力，利用球的弹性使球弹起，球弹起时不要超过腰部，眼、手跟着球的位置移动，根据球弹起的高低调整拍球力量的大小。

（1）双手拍篮球。双脚分开与肩同宽，微微屈膝、屈髋、弯腰，双手五指分开，掌心稍屈合在球表面，双手同时手腕、前臂恰当用力拍球。球在弹跳时，手要跟着球的走向、高度，调整拍球力量的大小，将球的高度控制在腰部的位置；拍球的时候，眼睛和双手要始终跟着球移动，眼手动作协调一致。

（2）单手拍球（以右手为例）。双脚分开与肩同宽，微微屈膝、屈髋、弯腰，左手臂屈肘平抬，右手五指分开，掌心稍屈合在球表面，用手腕、前臂恰当用力拍球；球在弹跳时，手要跟着球的走向、高度，调整拍球力量的大小，将球的高度控制在腰部的位置；拍球的时候，眼睛和手要始终跟着球移动，眼手动作协调一致。

（3）运球。运球动作是由身体姿势、手臂动作、球的落点、眼—手—脚协调配合四个环节组成。①身体姿势。在运球时要保持双脚前后自然开立，双膝微屈，上体稍前倾，头抬起，眼睛平视；非运球手臂屈肘平抬，用以保护球，脚步动作的幅度和下肢各关节的屈度随运球速度和高度的不同而有所变化。②手臂动作。在运球时，五指张开，用手指和指根以上部位及手掌的外缘触球，掌心不触球。低运球时，主要以腕关节为轴，用手腕、手指的力量运球；身前高运球和变向高运球时，主要以肘关节为轴，用前臂和腕、指的力量运球；拍球时，手应随球上下迎送，尽量延长控制球的时间，这样有利于保护球；拍球的部位是由运球的方向和速度来决定的，原地运球时，拍球的上方，向前运球时，拍球后上方。③球的落点。运球时注意控制球的落点，使球完全保持在所能控制的范围内，以便随时利用自己的上体、臂、腿来保护球；运球时还要使移动速度和运球速度协调一致，保持合理的动作节奏。④眼—手—脚协调配合。能否保持脚步动作和手部动作协调一致，关键在于按拍球部位、落点选择和力量大小运用；脚步移动越快，拍按球的部位越靠后下方，落点越远，拍球及反弹起来的力量越大；运球时，手拍按球和脚步动作要保持一定的比例关系和节奏；直线运球时，一般拍一次球跑两步。

二、小班拍的体育教学活动内容设计

双手拍篮球。

三、中班接的体育教学活动内容设计

双手拍篮球、单手拍篮球。

四、大班接的体育教学活动内容设计

双手拍篮球、单手拍篮球、运球。

第九节　接的体育教学活动内容设计

一、接的动作要领

双手胸前接篮球　　双手胸前接网球与单手接网球

（1）原地双手胸前接篮球。面对来球，双臂自然伸出迎球，手指自然分开，两拇指成"八"字形，朝着来球的方向；手指接触球的同时，双臂要随球缓冲，将球引至胸前抱住。

（2）双手胸前接网球。面对来球，调整位置，双臂自然伸出迎球，手指自然分开，两拇指成"八"字形，朝着来球的方向；球下落时，积极伸出双手把球接住。

（3）单手接网球。面对来球，调整位置，接球手臂主动伸出迎球，手指自然分开，当手掌与球接触后，五指紧握，把球接住。

二、小班接的体育教学活动内容设计

篮球双手自抛自接、两人间篮球双手弹接球、两人间篮球双手抛接球。

三、中班接的体育教学活动内容设计

网球双手自抛自接、两人间网球双手弹接球、两人间网球双手抛接球。

四、大班接的体育教学活动内容设计

网球单手自抛自接、两人间网球单手弹接球、两人间网球单手抛接球。

第十节 爬的体育教学活动内容设计

一、爬的动作要领

跪爬（手膝爬）　俯爬（匍匐前进）　熊爬　　毛毛虫爬　　螃蟹爬　　蚂蚁爬　　背爬

爬的动作主要有跪爬、俯爬、熊爬、毛毛虫爬、螃蟹爬、蚂蚁爬、背爬。

（1）跪爬。要求双膝跪地，双手与肩同宽着地支撑身体，爬行时，异侧手膝交互更替向前爬行。

（2）俯爬。全身俯卧，屈肘；爬行时左臂前伸，五指张开全掌按地，右腿屈膝前移，用左手的前臂和右脚的膝内侧同时支撑，使胸、腹稍抬离地面，右脚前蹬伸直，使躯干向前移动，注意胸、腹着地，然后右臂前伸，左脚屈膝前移，反复前行。

（3）熊爬。双手双脚撑于地面，双膝不着地，前进时异侧手脚移动（左手右脚或右手左脚），前进动力主要放在双脚上，手主要起平衡作用。

（4）毛毛虫爬。站位体前屈，双手落地，双手向前小幅度、高频率爬行，同时身体重心下降，爬行至手臂极限时稳定不动，腿部保持伸直，双脚同样以小幅度、高频率向前爬行至极限，而后双手再向前，手脚交替前行。

（5）螃蟹爬。双手双脚撑于地面，双膝不着地，向左侧前进时，左侧手和右侧脚同时向左移动 5～8 cm 着地，而后右侧手和左侧脚同时向左移动 5～8 cm 着地，反复向左移动；向右侧前进时，异侧手脚配合向右移动。

（6）蚂蚁爬。背部朝向地面，四肢撑地，让臀部抬离地面，向脚的方向前进，前进时异侧手脚移动（左手右脚或右手左脚），另外的手和脚支撑身体，运动中主要保持身体平衡。

（7）背爬。全身仰卧，手臂放于身体两侧，向头的方向移动，头和上背部微微抬离垫子，左右大幅度摇摆，同时双腿屈膝，双脚交替后蹬，注意与上体协调配合，上体向哪侧摇摆，哪侧腿蹬伸，移动中注意方向。

二、小班爬的体育教学活动内容设计

跪爬、俯爬、熊爬。

三、中班爬的体育教学活动内容设计

跪爬、俯爬、熊爬、毛毛虫爬、螃蟹爬、蚂蚁爬、背爬。

四、大班爬的体育教学活动内容设计

跪爬、俯爬、熊爬、毛毛虫爬、螃蟹爬、蚂蚁爬、背爬。

第十一节　滚的体育教学活动内容设计

一、滚的动作要领

直体侧身滚、抱胸直体侧身滚　　　前滚翻

（1）直体侧身滚。预备时挺直身体横躺于垫上，双手上举，双腿夹紧，滚动时要用腰带动身体向侧面直体滚动。注意尽量调整好身体，避免偏离方向；注意滚动时头和脚不能贴近垫子，需要稍稍抬起。

（2）双手抱胸直体侧身滚：预备时直体横躺于垫上，双手上举，双腿夹紧，滚动时要用腰带动身体向侧面直体滚动。注意尽量调整好身体，避免偏离方向；注意滚动时头和脚不能贴近垫子，需要稍稍抬起。

（3）双臂体侧直体侧身滚。预备时直体横躺于垫上，双臂贴于身体体侧，双手伸展，五指并拢，双腿夹紧，滚动时要用腰带动身体向侧面直体滚动。注意尽量调整好身体，避免偏离方向；注意滚动时头和脚不能贴近垫子，需要稍稍抬起。

（4）前滚翻。一蹲（双脚与肩同宽，屈膝、屈髋、弯腰下蹲）、二撑（双手比肩略宽，屈臂，靠近身体支撑）、三低头（抬臀低头，使头向双腿间靠近），四蹬腿，向前滚动似圆球（使后脑、肩、背、腰、臀依次着地，当背部着地时，屈膝团身，双手抱小腿，上体迅速跟紧大腿向前滚动成蹲立）。

（5）团身滚。由蹲立开始，双手抱小腿，低头、团身后倒，经臀、腰、背、肩、头后部依次触垫向后滚动，当头后部触垫时，双手压小腿往回向前滚至开始姿势。

二、小班滚的体育教学活动内容设计

直体侧身滚、双手抱胸直体侧身滚。

三、中班滚的体育教学活动内容设计

直体侧身滚、双手抱胸直体侧身滚、双臂体侧直体侧身滚、前滚翻。

四、大班滚的体育教学活动内容设计

直体侧身滚、双手抱胸直体侧身滚、双臂体侧直体侧身滚、前滚翻。

第十二节　钻的体育教学活动内容设计

一、钻的动作要领

正面钻、侧面钻　　　　　俯身钻过障碍物

钻的动作主要有正面钻、侧面钻、俯身钻。

（1）正面钻。要求面向障碍物，屈膝下蹲，低头弯腰，紧缩身体，双脚交替向前移动，从障碍物下钻过。

（2）侧面钻。要求身体侧对障碍物，屈膝下蹲，一侧腿先从障碍物下伸过，然后低头弯腰，蹬伸另一侧腿，移动重心，从障碍物下钻过。

（3）俯身钻。全身俯卧，俯爬钻过，爬行时左臂前伸，五指张开全掌按地，右腿屈膝前移，用左手的前臂和右脚的膝内侧同时支撑，使胸、腹稍抬离地面，右脚前蹬伸直，使躯干向前移动，注意臀部不要抬得太高，以免触碰障碍物。

二、小班钻的体育教学活动内容设计

正面钻、侧面钻。

三、中班钻的体育教学活动内容设计

正面钻、侧面钻、俯身钻。

四、大班钻的体育教学活动内容设计

正面钻、侧面钻、俯身钻。

第十三节　攀的体育教学活动内容设计

一、攀的动作要领

攀登跳箱

攀登攀登架

攀登时身体要自然放松，重心要随攀登动作的转换移动，这是攀登能否稳定、平衡、省力的关键。攀登时上肢、下肢要协调舒展，要掌握节奏，上拉、下蹬要同时用力，身体重心一定要落在脚上。

（1）攀登跳箱。双手抓住跳箱上面，手臂用力向上攀爬，下肢一条腿蹬地，另一条腿用力高抬，摆动到跳箱上面支撑住，另一条腿再向上，攀登上跳箱。

（2）攀登攀登架。身体靠近攀登架，双手交替向上攀爬，双脚交替向上攀登，攀登时双手向上拉、双脚下蹬踩稳。达到最高点时，稳定住，骑着攀登架转身向下。

二、小班攀的体育教学活动内容设计

攀登跳箱。

三、中班攀的体育教学活动内容设计

攀登跳箱、攀登攀登架。

四、大班攀的体育教学活动内容设计

攀登跳箱、攀登攀登架。

第十四节　转体的体育教学活动内容设计

一、转体的动作要领

原地转体　　　　　　　　原地三面转法

转体是身体绕自身的纵轴向左或向右做转动，整个身体以一只脚或双脚为支撑点，绕垂直头部或躯干的身体纵轴向左右转动。转动时，相邻的部位固定，以形成稳定的支点（如转头固定肩、转上体固定髋），肢体平行转动。

（1）原地转体。双脚开立与肩同宽，双脚稳定支撑不动，上体各环节协调向左或向右转动，保持身体平衡。

（2）向左（右）转。以左（右）脚跟为轴，左（右）脚跟和右（左）脚掌前部同时用力，使身体协调一致向左（右）转90°，体重落在左（右）脚，右（左）脚取捷径迅速靠拢左（右）脚，成立正姿势。转动和靠脚时，双腿挺直，上体保持立正姿势。

（3）向后转。以右脚跟为轴，右脚跟和左脚掌前部同时用力，使身体协调一致向右转180°，体重落在右脚，左脚取捷径迅速靠拢右脚，成立正姿势。转动和靠脚时，双腿挺直，上体保持立正姿势。

二、小班转体的体育教学活动内容设计

原地转体。

三、中班转体的体育教学活动内容设计

原地转体、向左转、向右转。

四、大班转体的体育教学活动内容设计

原地转体、向左转、向右转、向后转。

第十五节　挥击的体育教学活动内容设计

一、挥击的动作要领

打排球  打定点垒球

挥击动作主要指上肢徒手或持有器械对物体进行精准击打的技术，如打排球、网球、垒球。

（1）打排球。击球时，要提肩挥臂，手臂充分伸直，动作要迅速，加快前臂的挥动速度，并有明显的鞭打动作，猛甩手腕，以全手掌击打球，借以加大对球的击打力度。

（2）打定点垒球。眼睛盯住球，挥棒时髋关节的转动必须先于挥棒动作，手腕和前臂动作要爆发式发力，挥动路线尽可能控制在水平方向上，全身用力要协调一致、恰到好处；在触球瞬间，手腕要稍向前压一压，以增加击球的力量。

二、小班挥击的体育教学活动内容设计

徒手挥击定点球。

三、中班挥击的体育教学活动内容设计

徒手挥击球。

四、大班挥击的体育教学活动内容设计

徒手挥击球、打定点垒球。

第十六节　躲闪的体育教学活动内容设计

一、躲闪的动作要领

躲闪动作是指面对移动向自己的物体或人，为了避免碰撞，通过移动身体（跑、跳、转体等）或改变身体姿势（下蹲、侧身、低头等）避开物体或人的身体动作。要求注意力集中，观察和判断准确，反应迅速、敏捷。

二、小班躲闪的体育教学活动内容设计

躲避滚球。

躲闪

三、中班躲闪的体育教学活动内容设计

躲避滚球、躲避沙包。

四、大班躲闪的体育教学活动内容设计

躲避沙包、抓尾巴。

第十七节　平衡的体育教学活动内容设计

一、平衡的动作要领

过平衡木

单脚站立

瑜伽砖上行走

（1）过平衡木。上体保持正直，腰腹收紧，目视前方，双臂侧举，脚步稳健，身体稳定。

（2）单脚站立。单脚（左脚、右脚都可以）支撑身体，膝关节稍弯曲，收腹挺胸，双眼平视，双臂侧举，另一脚抬起，放于站立腿侧方，呼吸均匀，保持稳定平衡。

（3）瑜伽砖上行走。拿7～12块瑜伽砖纵向一条直线排开，瑜伽砖之间间隔5～10 cm，让幼儿一步一块地由上面行走通过，单块上只能放一只脚。要求幼儿上体保持正直，腰腹收紧，目视前下方，双臂侧举，脚步稳健，身体稳定。

二、小班平衡的体育教学活动内容设计

单脚站立、过平衡木（长300 cm×宽15 cm×高20 cm）、瑜伽砖上行走（间距5 cm）。

三、中班平衡的体育教学活动内容设计

单脚站立、头顶沙包过平衡木（长300 cm×宽15 cm×高30 cm）、瑜伽砖上行走

（间距 7 cm）。

四、大班平衡的体育教学活动内容设计

单脚站立、过平衡木（长 300 cm × 宽 15 cm × 高 40 cm）、瑜伽砖上行走（间距 10 cm）。

第十八节　悬垂的体育教学活动内容设计

一、悬垂的动作要领

双手抓杠悬垂　　双手抓绳悬垂　　　爬杠　　　　爬绳

（1）双手抓杠悬垂。双手抓住超过自身伸手高度的横杠，借助手臂力量使身体悬空吊起，要求双手与肩同宽，紧紧握住横杠，身体保持稳定。

（2）双手抓绳悬垂。双手向上伸展抓紧绳索，双腿悬垂或绕住绳索，保持悬垂姿势。

（3）爬杠。先是双手抓住超过自身伸手高度的连续横杠，借助手臂力量使身体悬空吊起，而后一只手抓杠悬垂身体，另一只手抓住前面的横杆，双手交替向前爬行。

（4）爬绳。双手向上伸展抓紧绳索，一条腿绕住绳索，同时手臂上拉，让膝盖向胸移动，而后双脚松开向上移动，夹住绳索向上蹬伸，双手向上抓握，手脚交替向上爬行。向下时，松脚，双手上下握住绳索下滑。

二、小班悬垂的体育教学活动内容设计

双手抓杠悬垂。

三、中班悬垂的体育教学活动内容设计

双手抓杠悬垂、爬杠。

四、大班悬垂的体育教学活动内容设计

爬杠、爬绳。

第七章　幼儿园体育活动教学方法、教学计划及教学设计

第一节　幼儿体育活动教学方法

人是教育的中心，也是教育的目的；是教育的出发点，也是教育的归宿；是教育的基础，也是教育的根本。以人为本的体育教学观的最终目标是培养既健康又聪明的人。为了很好地达到这一目标，在体育教学中常用的教学方法如下。

一、体育游戏教学法

幼儿的个性特征鲜明，对新颖内容的感兴趣程度较高，容易被新鲜事物吸引。因此，在体育教学过程中融入体育游戏教学，能有效解决体育教学方法单一、枯燥的问题。体育游戏教学是一种以游戏为载体，把动作技能学习融入其中的教学方法。该方法寓教于乐，能够让传统的、枯燥的体育教学内容更加生动、形象，从而非常好地调动幼儿参与的积极性。例如，在幼儿学习跑的基本动作的过程中，如果只一味地让幼儿练习跑，那体育教学就会变得枯燥无味，幼儿不喜欢参与，体验感也不好。如果在教学中把跑的基本动作学习融入游戏，通过游戏"小小特警队"，把情境带入教学，再通过敏捷栏设置障碍，不仅可以大大提高教学的趣味性、幼儿参与的积极性，还可以有效培养幼儿勇敢、机智的品质，大大地提升教学效果，如图7-1（a）、（b）、（c）所示。

（a）

（b）

（c）

图 7-1　小小特警队

二、因材施教教学法

幼儿阶段的孩子年龄小，好奇心重，喜好模仿、竞争，但是注意力集中的时间不长，身体素质也不尽相同。教师应当采用因材施教的教学方法，结合幼儿的身心发展规律、个体身体素质水平和注意力集中情况设计课堂教学，使体育教学符合幼儿的身心发展规律和实际情况，充分调动幼儿的主观能动性，激发幼儿的体育学习兴趣和课堂参与度，促进课堂教学活动有效开展，使教学内容适应每个幼儿的身体条件，让每个幼儿在体育教学中都有所收获，达到较好的教学效果。例如，在跑栏的教学中，身体素质较差的幼儿，可以使用低栏，要求其掌握基本的跑栏姿势、技能即可；而身体素质好的幼儿，就可以使用高栏，除了要求其掌握基本的跑栏姿势、技能，还要求他们尽可能地快速完成，如图 7-2 所示。

图 7-2　因材施教

三、多媒体引入教学法

要提高幼儿体育课堂教学效率，教师可以把多媒体教学引入体育课堂，把教学内容以视频形式呈现出来，降低单纯讲解教学的枯燥感，提升教学活力，实现体育课堂教学创新，增强体育教学对幼儿的吸引力，激发幼儿的学习兴趣。例如，讲篮球运动技巧时，教师可以利用视频资源，在课上播放给幼儿看，引发幼儿学习的兴趣；待幼儿学习的积极性被调动起来后，再把幼儿带到操场上，教授幼儿动作，这样幼儿的学习热情自然会高涨，教学效率也随之提高，如图7-3所示。

图7-3　多媒体引入

四、讲解教学法、直观教学法

讲解教学法的特点是教师通过精心讲解与分析设计一套教学程序，有计划、有步骤地帮助幼儿取得预定的学习效果。直观教学法就是让幼儿通过自己的感官直接接触客观事物或现象的信息而获得知识与技能的教学方法。直观教学法对理解动作有着极为重大的影响，能决定幼儿的思维内容和结构。直观教学法不能孤立于语言的教学方法之外，它是伴随着讲解和分析进行的。在体育教学中，教师常用讲解教学法与直观教学法相结合的教学方法。例如，在学习前滚翻时，教师先讲解该动作的要领：半蹲，双臂与肩同宽，稳定支撑，双脚同时用力蹬地，低头，后脑勺着地，向前滚动。教师讲解完动作要领后进行动作示范，在示范过程中让幼儿通过自己的感官获得知识与技能，如图7-4、图7-5所示。

图 7-4　前滚翻动作示范

图 7-5　跳高动作示范

五、启发式教学法

幼儿好奇心重，乐于探索，有一定分析问题和解决问题的能力，正处于大脑发展的黄金期。因此，教师应在活动中适时地向幼儿提出问题，激发幼儿的学习兴趣，积极培养幼儿的判断和语言表达能力。在组织教学时，教师应有意留些问题让幼儿去回味、去思考、去寻求结论。例如，在学习爬的基本动作时，教师可以引入以下场景："小朋友们，我来问大家一个问题，看看谁能够回答出来。大家现在都是英勇的小战士，要炸掉敌人的'碉堡'，要想不被敌人发现，应该怎么靠近'碉堡'呢？"幼儿可能给出各种各样的答案，以此来启发幼儿思考问题，等幼儿答出"爬"着靠近时，教师应引导幼儿学习各种爬的基本动作，如图 7-6 所示。

图 7-6　炸"碉堡"

六、幼儿示范教学法

俄国教育家乌申斯基说："对儿童幼小的心灵来说，榜样与示范的作用就像太阳光一样重要。"幼儿爱模仿，好学榜样，教师在体育活动中可以将能力不同的幼儿分在一起，让幼儿教育幼儿。能力较强的幼儿往往能很快做出反应；能力较弱的幼儿在一遍遍地观看后，也会模仿，在模仿过程中能逐渐提高运动技能。像这样幼儿互为榜样的方法，对能力较强的幼儿来说，能使其产生自豪感，为自己帮助了别人而感到愉悦；而对能力较弱的幼儿来说，他们也没有负担，不必担心有人会歧视自己，如图7-7所示。

图7-7　幼儿示范

七、正面鼓励教学法

意大利幼儿教育家蒙台梭利说："如果孩子们成长于鼓励他们自然、顺序地发展的环境中，他们会突破性地进入学习，他们将变成自我激励者、自我学习者。"幼儿年龄小，缺乏正确、客观评价自己的能力，他们对自己的认识多数取决于成人尤其是教师的评价。因此，教师应坚持对幼儿进行启发、诱导的正面鼓励，使幼儿树立自信心，保持对后继学习的成功期望。教师要以欣赏的态度，尽量用启发式的语言，引导幼儿自主探索，运用其已有的经验获得新经验，如图7-8所示。

图7-8 正面鼓励

八、直接帮助教学法

在幼儿练习动作不正确的情况下，教师可以用语言提示幼儿或手把手地帮助幼儿掌握正确的动作，如图7-9、图7-10所示。

图 7-9　直接帮助幼儿前滚翻

图 7-10　直接帮助幼儿攀登

第二节　幼儿体育活动教学计划

　　教师如何在体育教学的实践过程中制订好教学计划，使其具备科学性、教育性、艺术性，是一个极其复杂的问题。体育教学计划直接关系教学目标与任务能否顺利完成，直接影响着体育课的教学质量与效果。设计科学的、合理的体育教学计划是进行好体育教学的关键。教学计划的科学性是基础，教育性是目的，艺术性是方法。如果违背了科学性，那就谈不上体育教学的教育性与艺术性。教育性完全依赖科学性，教学计划只有建立在科学合理的基础上才能实现教育目的，才能完成教育任务。而艺术性是体育教学计划进行科学性教育的有效方法，它可以使体育教学计划在教学中得到充分发挥，可以使体育教学中的教育性得到充分展现，可以使体育教学的科学性和教育性达到完美的结合。体育教学计划制订的基础是专业理论、运动技能、教学技巧、教学环境及幼儿的实际情况。同时，教学计划要充分考虑教学内容的连续性、层次性等问题，重视运动技能完整、综合学习和运用。教学计划是教学内容集合的表述，是课程理念的具体体现。

　　幼儿小、中、大班各学期基本动作的体育教学活动计划如表 7-1、表 7-2、表 7-3、表 7-4、表 7-5、表 7-6 所示。由于动作的学习需要反复练习才可以掌握，所以一学期中每周两次课学习一个基本动作，第一次课新授，第二次课复习；每次课小班为 25 分钟，中班为 30 分钟，大班为 35 分钟；每学期每班 36 学时，全年 72 学时。

表7-1　小班第1学期基本动作体育活动教学计划

周次	课程名称	教学目标
1	走一走——走的基本练习	1. 能自然、协调，上身直立地走。 2. 学习模仿各种小动物走的方式，提高对体育活动的兴趣。 3. 有初步的规则意识，学习一个跟着一个走。

周　次	课程名称	教学目标
2	小鸡快跑——跑的基本练习	1. 掌握跑时正确的摆臂方法和站立式起跑姿势，并能按照口令做好起跑姿势和起跑。 2. 在教师的指导下，能够整理体育器械。 3. 能迈开步子跑起来，保持身体平衡和稳定。
3	快乐小萝卜——下蹲动作的基本练习	1. 基本掌握半蹲、深蹲的动作要领。 2. 初步体验与同伴分享器械的快乐。 3. 喜欢参加体育活动。
4	勇敢小士兵——缓冲动作的基本练习	1. 勇敢地完成跳深练习，并能够很好地落地缓冲。 2. 能从 25～30 cm 高度跳下。 3. 在成人的鼓励和帮助下，敢于尝试新的体育活动。
5	快乐的小青蛙——跳跃动作的基本练习	1. 掌握双脚连续跳的动作要领，基本学会立定跳远的动作要领。 2. 初步了解各项活动简单的规则要求。 3. 培养幼儿对身体锻炼的兴趣和习惯。
6	打怪兽——投掷动作的基本练习	1. 基本掌握上手投掷的动作要领。 2. 能单手将沙包向前投掷 2 m 以上。 3. 培养幼儿在体育游戏中团结合作的良好品质。
7	小球快快跑——踢的基本练习	1. 基本掌握原地正脚背踢定位球和助跑正脚背踢定位球的动作要领。 2. 有初步的规则意识，不争抢，能够等待。 3. 初步体验与同伴分享器械的快乐。
8	我会拍球——拍的基本练习	1. 基本掌握原地双手拍球的动作要领。 2. 提高动作的协调性和灵敏性，锻炼上肢的力量。 3. 培养幼儿对体育锻炼的兴趣和习惯。
9	小海狮学本领——接的基本练习	1. 基本掌握原地双手胸前接大球的动作要领。 2. 培养幼儿的眼手协调能力，锻炼手臂力量。 3. 体验与同伴一起做游戏的快乐。
10	爬爬乐——爬的基本练习	1. 基本掌握手膝着地爬、手脚着地爬的动作要领。 2. 探索尝试不同的爬行方法。 3. 愿意参加体育活动，体验多种爬的方式。
11	烤香肠——滚的基本练习	1. 基本掌握直体侧身滚、双手抱胸直体侧身滚的动作要领。 2. 通过练习，发展幼儿的四肢协调性。 3. 在体育活动中不推挤、碰撞他人。
12	小松鼠快递员——钻的基本练习	1. 基本掌握正面钻的动作要领。 2. 通过练习，锻炼身体的灵活性和协调性。 3. 学会轮流钻山洞，初步建立规则意识。
13	快乐 Party——攀的基本练习	1. 基本掌握攀登跳箱的动作要领。 2. 认识 3～5 种常用运动器械。 3. 在成人的鼓励和帮助下敢于尝试新的体育活动。
14	小小运输队——转体动作的基本练习	1. 基本掌握原地转体的动作要领。 2. 通过练习锻炼幼儿的身体协调能力。 3. 在教师的提醒下，遵守各项活动的规则要求，喜欢参加体育活动。

续　表

周次	课程名称	教学目标
15	空中击球——挥击动作的基本练习	1. 基本掌握徒手挥击定点球的动作要领。 2. 提高幼儿的反应能力。 3. 培养幼儿的合作能力，体验游戏的快乐。
16	神奇的小路——躲闪动作的基本练习	1. 基本掌握躲闪的动作要领。 2. 能听到信号后，沿着指定路线分散跑，并能躲避他人的碰撞。 3. 能了解各项活动简单的规则要求。
17	过独木桥——平衡动作的基本练习	1. 基本掌握静态平衡和动态平衡的动作要领。 2. 能在较窄的低矮物体上走。 3. 能遵守各项活动简单的规则要求。
18	爱玩的小猴子——悬垂动作的基本练习	1. 基本掌握悬垂的动作要领。 2. 通过练习，发展上肢力量和手的握力。 3. 培养勇敢顽强的品质。

表7-2　小班第2学期基本动作体育活动教学计划

周次	课程名称	教学目标
1	小小建筑师——走的基本练习	1. 听到信号后，能沿着指定路线自然、协调，上身直立地走，并能躲避他人的碰撞。 2. 能沿地面直线或在较窄的低矮物体上行走。 3. 有初步的规则意识，一个跟着一个走。
2	森林运动会——跑的基本练习	1. 掌握正确的站立式起跑姿势，按照口令做好起跑姿势和起跑，能够上肢、下肢协调配合完成加速跑和途中跑而不摔倒。 2. 在体育活动中不推挤、碰撞他人。 3. 喜欢参加体育活动。
3	猴子吃香蕉——下蹲动作的基本练习	1. 基本掌握半蹲、深蹲的动作要领。 2. 锻炼幼儿腿部肌肉力量及耐力。 3. 培养初步的规则意识，喜欢参加体育活动。
4	小动物来比赛——缓冲动作的基本练习	1. 掌握正确缓冲的动作要领，学会保护膝关节。 2. 通过跳深练习，能够很好地完成落地缓冲。 3. 在成人的鼓励和帮助下敢于尝试新的体育活动。
5	小青蛙跳跳跳——跳跃动作的基本练习	1. 学会跳跃障碍物，掌握双脚连续跳的动作要领。 2. 通过活动，加强幼儿的下肢力量。 3. 敢于尝试，培养幼儿参加体育锻炼的兴趣。
6	小小解放军——投掷动作的基本练习	1. 基本掌握上手投掷和下手投掷的动作要领。 2. 能单手将沙包向前投掷 2 m 以上。 3. 喜欢参加体育活动。
7	小脚丫传球——踢的基本练习	1. 基本掌握原地脚内侧踢定位球和助跑脚内侧踢定位球的动作要领。 2. 知道在体育活动中不推挤、碰撞他人。 3. 喜欢参加体育活动。
8	球球打地鼠——拍的基本练习	1. 幼儿熟练掌握双手拍球的基本动作要求。 2. 提高幼儿的应变能力，感受手的力量和球的关系，锻炼眼手协调的能力。 3. 初步建立规则意识，不与同伴发生争抢，体验拍球的乐趣。
9	马戏团——接的基本练习	1. 熟练掌握原地双手胸前接大球的动作要领。 2. 通过游戏提高动作的灵敏性，能双手向上抛接球。 3. 激发喜欢玩球的兴趣。

续 表

周次	课程名称	教学目标
10	爬行小能手——爬的基本练习	1.熟练掌握跪爬、熊爬的动作，学习俯爬的动作要领。 2.通过游戏发展幼儿的协调性和柔韧性。 3.愿意参加体育活动。
11	打败怪兽——滚的基本练习	1.熟练掌握直体侧身滚、双手抱胸直体侧身滚的动作要领。 2.通过练习，发展幼儿的四肢协调性。 3.喜欢参与体育活动，了解多种滚的方式。
12	小老鼠钻山洞——钻的基本练习	1.熟练掌握正面钻的动作要领，基本掌握侧面钻的动作要领。 2.通过练习，提升幼儿动作的协调和灵活性。 3.培养幼儿活动中的规则意识和安全意识。
13	摘桃子——攀的基本练习	1.熟练掌握攀登跳箱的动作要领，能攀爬上比自己身高矮10 cm的平台。 2.通过练习，锻炼幼儿的身体协调能力。 3.在教师的提醒下，遵守各项活动的规则要求，喜欢参加体育活动。
14	小猪运西瓜——转体动作的基本练习	1.熟练掌握原地转体的动作要领。 2.通过练习，锻炼幼儿的身体协调能力。 3.在教师的提醒下，遵守各项活动的规则要求，喜欢参加体育活动。
15	排球小能手——挥击动作的基本练习	1.熟练掌握徒手挥击定点球的基本动作。 2.在体育活动中不推挤、碰撞他人。 3.培养幼儿的合作意识，体验游戏的快乐。
16	保护粮食——躲闪动作的基本练习	1.基本掌握躲闪的动作要领。 2.通过练习，发展幼儿对身体的控制能力，提高身体灵活性及躲闪能力。 3.初步了解各项活动简单的规则要求。
17	萌鸡小队——平衡动作的基本练习	1.基本掌握静态平衡和动态平衡的动作要领。 2.锻炼幼儿的反应能力和耐力。 3.能够掌握各项活动简单的规则要求。
18	森林运动会——悬垂动作的基本练习	1.熟练掌握悬垂的动作要领。 2.练习上肢臂力和双手抓握能力。 3.培养幼儿对体育活动的兴趣和习惯。

表7-3 中班第1学期基本动作体育活动教学计划

周次	课程名称	教学目标
1	小小士兵——走的基本练习	1.熟练掌握走的动作要领。 2.初步了解规则意义，并能在活动中遵守规则。 3.能体验体育活动的快乐，积极参加体育活动。
2	贪吃蛇——跑的基本练习	1.熟练掌握跑的动作要领。 2.能够很好地按照指定路线跑，并能顺畅、准确完成接力物交接。 3.有规则意识，在活动中学会谦让，培养帮助他人的品质。
3	小白兔种蘑菇——下蹲动作的基本练习	1.熟练掌握半蹲、深蹲的动作要领。 2.培养耐力及勇于挑战的精神。 3.喜欢与同伴一起进行体育活动，体验合作和交往的乐趣。
4	小伞兵——下肢缓冲动作的基本练习	1.熟练掌握缓冲的动作要领。 2.了解规则的意义，并能在活动中遵守规则。 3.培养幼儿勇于挑战、不怕困难、相互协作的精神。

续表

周次	课程名称	教学目标
5	袋鼠跳——跳跃动作的基本练习	1. 熟练掌握双脚连续跳、立定跳远的动作要领，以及掌握单脚连续跳的动作要领。 2. 知道运动中要注意的安全问题，学习自我保护的方法。 3. 喜欢与同伴一起进行体育活动，体验合作和交往的乐趣。
6	打败大灰狼——投掷动作的基本练习	1. 熟练掌握左手、右手上手投掷和下手投掷的动作要领。 2. 在活动中愿意互相合作，培养团队协作的意识。 3. 能灵活躲避他人扔过来的沙包。
7	足球小将——踢的基本练习	1. 熟练掌握左脚、右脚正脚背踢球的动作要领，以及基本掌握带球的动作要领。 2. 通过游戏培养幼儿的反应能力。 3. 乐于参加体育活动，培养幼儿带球的方位感。
8	球球闯关——拍的基本练习	1. 熟练掌握双手拍球的动作要领。 2. 能连续拍球，基本掌握互抛互接球。 3. 喜欢与同伴一起进行体育游戏，体验合作和交往的乐趣。
9	抛接球大比拼——接的基本练习	1. 基本掌握原地双手胸前接网球、移动双手胸前接网球的动作要领。 2. 知道运动中要注意安全问题，学习自我保护的方法。 3. 培养幼儿的合作意识，感受合作游戏的乐趣。
10	爬行大比拼——爬的基本练习	1. 基本掌握毛毛爬、螃蟹爬的基本动作要领。 2. 发展四肢和躯干力量，增强动作的灵活性。 3. 愿意参加体育游戏，体验多种爬的方式。
11	小猪打滚——滚的基本练习	1. 熟练掌握直体侧身滚、双手抱胸直体侧身滚、双臂体侧直体侧身滚的动作要领。 2. 知道运动中要注意安全问题，学习自我保护的方法。 3. 培养幼儿对体育活动的兴趣，体验活动的乐趣。
12	小小快递员——钻的基本练习	1. 熟练掌握正面钻和侧面钻的动作要领。 2. 发展动作的协调性、敏捷性。 3. 能积极主动参加活动，遵守游戏规则。
13	小小消防员——攀的基本练习	1. 熟练掌握攀登跳箱的动作要领。 2. 了解规则的意义，并能在活动中遵守规则。 3. 能体验体育活动的乐趣，积极参加体育活动。
14	运球高手——转体动作的基本练习	1. 熟练掌握原地转体的动作要领。 2. 在成人的提醒下能保持正确的姿势。 3. 能与同伴合作收拾体育器械。
15	排球大战——挥击动作的基本练习	1. 基本掌握徒手挥击球的动作要领。 2. 了解规则，并能在活动中遵守规则。 3. 能体验体育活动的快乐，积极参加体育活动。
16	好玩的纱巾——躲闪动作的基本练习	1. 掌握躲闪的基本动作要领。 2. 能体验体育活动的快乐，积极参加体育活动。 3. 知道活动中要注意安全问题，学习自我保护的方法。
17	火烈鸟走钢丝——动作平衡的基本练习	1. 熟练掌握静态平衡和动态平衡的动作要领。 2. 能单脚平稳站立 20～30 s。 3. 有规则意识，在活动中学会谦让，培养帮助他人的品质。
18	熊熊王国——悬垂动作的基本练习	1. 熟练掌握悬垂、爬杠的动作要领。 2. 发展上肢力量，增强身体的灵活性。 3. 提高幼儿的合作能力，乐于参加体育活动。

表7-4　中班第2学期基本动作体育活动教学计划

周次	课程名称	教学目标
1	穿越迷宫——走的基本动作练习	1.熟练掌握走的动作要领。 2.知道运动中要注意的安全问题，学习自我保护的方法。 3.能体验体育活动的快乐，积极参加体育活动。
2	草原小骏马——跑的基本练习	1.掌握正确的跨栏跑的动作要领。 2.能够在上肢、下肢协调配合的情况下完成跨栏跑。 3.培养勇敢、不怕困难的品质，以及互助合作的意识。
3	小白兔种蘑菇——下蹲动作的基本练习	1.掌握半蹲、深蹲的动作要领。 2.培养耐力及勇于挑战的精神。 3.有初步的规则意识。
4	小伞兵——下肢缓冲动作的基本练习	1.熟练掌握下肢缓冲的动作要领。 2.游戏中发展幼儿的腿部力量，提高幼儿动作的协调性与灵敏性，能勇敢地完成跳深练习，做好落地缓冲。 3.克服由于高度变化而产生的胆怯心理，有自我保护意识，体验合作游戏的乐趣。
5	跳跃大闯关——跳跃动作的基本练习	1.熟练掌握双脚连续跳、单脚连续跳的动作要领。 2.有规则意识，在生活中学会谦让，培养帮助他人的品质。 3.喜欢与同伴一起进行体育活动，体验合作和交往的乐趣。
6	小小野战队——投掷动作的基本练习	1.基本掌握左手、右手的上手投掷和下手投掷动作要领。 2.能与同伴合作收拾小型体育器械。 3.培养坚强、不怕困难的品质。
7	赶着球儿跑——踢的基本练习	1.熟练掌握左脚、右脚内侧踢球的动作要领。 2.熟练掌握带球的方法，能按要求将球踢到指定方向。 3.培养幼儿不怕困难的自信心和合作的意识。
8	拍球小能手——拍的基本练习	1.掌握单手拍球的基本动作要领。 2.锻炼幼儿的眼手协调能力、动作灵敏性。 3.培养幼儿在体育游戏中的团队合作的精神。
9	帮小熊运西瓜——接的基本练习	1.熟练掌握原地双手胸前接网球、移动双手胸前接网球的动作要领。 2.初步了解规则的意义，并能在活动中遵守规则。 3.喜欢与同伴一起进行体育活动，体验合作和交往的乐趣。
10	小蚂蚁找食物——爬的基本练习	1.基本掌握蚂蚁爬、背爬的动作要领。 2.掌握多种爬的方式，能够协调地屈膝、屈髋进行运动。 3.喜欢参加体育活动，体验合作的乐趣。
11	翻滚的小士兵——滚的基本练习	1.基本掌握前滚翻的动作要领，加强幼儿的方向感。 2.知道活动中要注意的安全问题，学习自我保护的方法。 3.培养幼儿参与体育活动的兴趣，体验体育活动乐趣。
12	盖房子——钻的基本练习	1.熟练掌握俯身钻的动作要领。 2.发展动作的协调性、敏捷性。 3.能积极主动参加活动，遵守游戏规则。
13	攀登小勇士——攀的基本练习	1.基本掌握攀登攀登架的动作要领。 2.通过活动增强幼儿的臂部力量。 3.能体验体育活动的乐趣，积极参加体育活动。

续　表

周次	课程名称	教学目标
14	小小体操员——转体动作的基本练习	1. 基本掌握向左转、向右转的动作要领。 2. 能在原地平稳地进行自身旋转的动作。 3. 喜欢与同伴进行体育活动，体验合作交往的乐趣。
15	挥击小将——挥击动作的基本练习	1. 熟练掌握打定点垒球的动作要领。 2. 了解各项活动简单的规则要求。 3. 通过游戏体验与同伴合作参与游戏的快乐。
16	好玩的纸——躲闪动作的基本练习	1. 基本掌握躲闪的动作要领。 2. 知道运动中要注意的安全问题，学习自我保护的方法。 3. 喜欢与同伴一起进行体育活动，体验合作和交往的乐趣。
17	孔雀比赛——平衡动作的基本练习	1. 熟练掌握静态平衡和动态平衡的动作要领。 2. 发展身体协调能力。 3. 提高幼儿的合作能力，体验体育游戏的乐趣。
18	我是猴王——悬垂动作的基本练习	1. 熟练掌握爬杠的动作要领。 2. 发展上肢力量，增强身体灵活性。 3. 培养幼儿坚强、不怕困难的精神。

表7-5　大班第1学期基本动作体育活动教学计划

周次	课程名称	教学目标
1	勇敢小卫兵——走的基本练习	1. 能听懂口令，掌握正确的队列队形变换方法。 2. 能够根据教师口令准确地做出动作，并能按照前面幼儿的运动轨迹进行运动。 3. 乐于参与体育游戏，体验合作游戏的乐趣。
2	勇敢向前冲——跑的基本练习	1. 掌握变向跑的动作要领，动作敏捷迅速。 2. 能够很好地按照指定路线跑，并能顺畅、准确地完成接力物交接。 3. 在合作中能体会运动的乐趣，增强幼儿的竞争意识。
3	打地鼠——下蹲动作的基本练习	1. 熟练掌握半蹲、深蹲的动作要领。 2. 锻炼快速反应及语言表达能力。 3. 体验体育活动的乐趣。
4	扫"雷"小勇士——下肢缓冲动作的基本练习	1. 熟练掌握缓冲的动作要领。 2. 勇敢地完成跳深练习，并能够很好地落地缓冲保护自己。 3. 热爱体育活动，养成良好的运动习惯。
5	跳跃吧宝贝——跳跃动作的基本练习	1. 掌握双脚连续跳、单脚连续跳的动作要领。 2. 熟练掌握立定跳远的动作要领，可以轻松跳跃80 cm。 3. 能互助协作地将各种体育器械进行整理，体验合作的乐趣。
6	寻找许愿沙包——投掷动作的基本练习	1. 熟练掌握左手、右手上手投掷和下手投掷的动作要领。 2. 培养合作和竞争意识。 3. 喜欢参加体育活动。
7	足球运动会——踢的基本练习	1. 基本掌握足球左脚、右脚内侧停球的动作要领。 2. 熟练掌握左脚、右脚正脚背及脚内侧踢球的动作要领。 3. 通过练习发展动作协调能力。
8	我会拍球——拍的基本练习	1. 基本掌握原地双手拍球的动作要领。 2. 提高动作的协调性和灵敏性，锻炼上肢的力量。 3. 初步体验与同伴一起游戏的快乐。

周次	课程名称	教学目标
9	网球训练营——接的基本练习	1.熟练掌握双手胸前接网球的动作要领。 2.培养互助合作的精神，感受合作的乐趣。 3.培养空间判断力，锻炼眼手协调能力。
10	爬行比赛——爬的基本练习	1.熟练掌握跪爬、俯爬、熊爬的动作要领，学习毛毛爬、螃蟹爬的动作要领。 2.培养上肢、下肢协调能力。 3.培养幼儿合作及竞争意识。
11	轰炸"碉堡"——滚的基本练习	1.熟练掌握直体侧身滚、双手抱胸直体侧身滚、双臂体侧直体侧身滚、前滚翻的动作要领。 2.通过体育游戏锻炼幼儿的身体协调能力及方向控制能力。 3.热爱体育活动，能积极主动地参加体育活动。
12	小蛇做客——钻的基本练习	1.熟练掌握正面钻和侧面钻的动作要领。 2.热爱体育活动，能积极主动地参加体育活动。 3.尝试用不同的钻法进行游戏，提高身体的协调能力。
13	士兵突击——攀的基本练习	1.熟练掌握攀登跳箱及攀登架的动作要领。 2.锻炼肢体的协调能力及手臂力量。 3.培养幼儿对体育活动的兴趣。
14	魔法豆——转体动作的基本练习	1.熟练掌握原地转体的动作要领。 2.能熟练地听口令和信号并做出相应的动作。 3.能积极主动参与体育游戏活动。
15	小小挥击手——挥击动作的基本练习	1.熟练掌握徒手挥击球的动作要领。 2.能够遵守各项游戏的规则，养成一定的规则意识。 3.愿意积极主动参加体育活动。
16	小老鼠找食物——躲闪动作的基本练习	1.熟练掌握躲闪的动作要领。 2.培养灵活性、敏捷性、动作的协调性。 3.热爱体育活动，能积极主动地参加体育活动，养成良好的运动习惯。
17	丹顶鹤本领大——平衡动作的基本练习	1.熟练掌握静态平衡和动态平衡的动作要领。 2.能熟练地听口令和信号并做出相应的动作。 3.热爱体育活动，能积极主动地参加体育活动。
18	空中小飞人——悬垂动作的基本练习	1.熟练掌握爬杠、基本掌握爬绳的动作要领。 2.能双手抓杠悬空吊起20 s左右。 3.能主动分享经验、器械，并能邀请同伴加入自己的游戏。

表7-6　大班第2学期基本动作体育活动教学计划

周次	课程名称	教学目标
1	2人3足走——走的基本练习	1.掌握正确的行走方式，能在行走中自然、协调、迅速地调节速度，并保持身体稳定。 2.能够根据教师口令做好走的动作。 3.在活动中愿意互相合作，培养团队协作的意识。
2	飞人小健将——跑的基本练习	1.掌握弯道跑的动作要领。 2.能够在上肢、下肢协调配合的情况下完成跨栏跑。 3.热爱体育活动，能积极主动地参加体育活动，养成良好的运动习惯。
3	小蜈蚣走路——下蹲走动作的基本练习	1.熟练掌握下蹲走的动作要领，增强腿部和腰部的力量。 2.通过游戏提升幼儿辨别左右方向的能力。 3.体验游戏过程中的多人同步行走的快乐，培养幼儿的团队合作意识。

续 表

周 次	课程名称	教学目标
4	极限挑战——下肢缓冲动作的基本练习	1. 熟练掌握缓冲的动作要领。 2. 勇敢地完成跳深练习，并能够很好地落地缓冲保护自己。 3. 热爱体育活动，养成良好的运动习惯。
5	小猴跳绳——跳跃动作的基本练习	1. 掌握原地双脚跳绳的动作要领，做到手脚协调连续跳绳。 2. 感知上肢有节奏地摇绳、下肢有节奏地跳绳的动作。 3. 培养克服困难的能力，帮助幼儿树立自信心。
6	好玩的篮球——投掷动作的基本练习	1. 幼儿掌握双手投掷的动作要领。 2. 培养团结合作意识，提高自信心。 3. 发展幼儿的视觉和投掷能力。
7	小小足球运动员——踢的基本练习	1. 熟练掌握足球停球、带球、传球的动作要领。 2. 熟练掌握左脚、右脚正脚背和脚内侧踢球的动作要领。 3. 在活动中愿意互相合作，培养团队协作的意识。
8	篮球接力赛——拍的基本练习	1. 熟练掌握单手拍球及运球的动作要领，动作更加灵活。 2. 理解规则，能与同伴协商制定游戏和活动规则。 3. 通过创新玩法和合作游戏，培养幼儿勇于挑战自我及团队合作的意识。
9	小小搬运工——接的基本练习	1. 基本掌握单手接网球的动作要领。 2. 理解规则的意义，能与同伴协商制定游戏和活动规则。 3. 培养幼儿动作灵敏性。
10	小蚂蚁搬甜甜圈——爬的基本练习	1. 熟练掌握蚂蚁爬、背爬的动作要领。 2. 锻炼臂部肌肉力量，加强大肌肉动作及身体协调能力。 3. 热爱体育活动，能积极主动地参加体育活动。
11	穿越火线——滚的基本练习	1. 熟练掌握直体侧身滚、双手抱胸直体侧身滚、双臂体侧直体侧身滚、前滚翻的动作要领。 2. 锻炼手臂力量和肢体协调能力。 3. 积极参加体育活动，感受翻滚活动带来的乐趣。
12	小蚂蚁搬家——钻的基本练习	1. 熟练掌握俯身钻的动作要领，进一步提高钻爬能力，熟练掌握侧身钻、屈伸钻等动作，速度快而灵活。 2. 增进身体的协调性、灵活性，以及锻炼四肢肌肉力量。 3. 热爱体育活动，能积极主动地参加体育活动。
13	森林探险——攀的基本练习	1. 熟练掌握攀登的动作要领。 2. 通过体育游戏锻炼幼儿的手臂力量。 3. 热爱体育活动，能积极主动地参加体育活动。
14	好玩的绳子——转体动作的基本练习	1. 熟练掌握向左转、向右转、向后转的动作要领。 2. 能够快速区分左右，并听指令做出动作。 3. 锻炼身体平衡能力。
15	挥击训练营——挥击动作的基本练习	1. 基本掌握打定点垒球的动作要领。 2. 初步了解各项活动的要求。 3. 通过游戏培养幼儿的合作精神。
16	趣味躲闪——躲闪动作的基本练习	1. 熟练掌握躲闪的动作要领。 2. 通过游戏锻炼幼儿的躲闪能力。 3. 热爱体育活动，能积极主动地参加体育活动。
17	大灰狼和小白兔——平衡动作的基本练习	1. 熟练掌握静态平衡和动态平衡的动作要领。 2. 锻炼身体的平衡能力及协调能力。 3. 培养幼儿团结合作的精神。

周次	课程名称	教学目标
18	臂力大比拼——悬垂动作的基本练习	1. 熟练掌握爬绳的动作要领。 2. 锻炼臂力，促进上肢力量的提升。 3. 热爱体育活动，能积极主动地参加体育活动。

第三节　幼儿体育活动教学设计

幼儿基本动作的体育活动教学设计是按照幼儿各年段的身心发展规律、动作发展规律制订的科学、合理的体育课程的目标、任务、内容等，旨在促进幼儿的全面发展。

一、小班第 1 学期教案

表7-7　第1学期第1周幼儿园体育活动教学设计（小班）

课程名称	走一走——走的基本练习	周　次	第 1 周
课程目标	1. 能自然、协调，上身直立地走。 2. 学习模仿各种小动物走的方式，提高对体育活动的兴趣。 3. 有初步的规则意识，学习一个跟着一个走。		
走的动作要领	上体正直，自然挺胸，肩部肌肉放松，目视前方；双臂前后自然、轻松摆动；向前摆臂时，肘关节稍弯曲；步幅大小适宜、均匀；精神饱满，节奏感强。		
所需器械	标志桶 8 个。		

	教学过程	器械摆放及队列队形	组　次
开始部分 2 min	1. 集合整队，师幼问好，清点人数。 2. 情景导入。 师："今天我们来模仿小动物走路。哪位小朋友想来试一试？他模仿的是什么小动物呀？我们一起跟他学一学。" 小结：小鸭子是怎样走路的？摇摇晃晃的；小猫走路轻轻的；等等。 教师鼓励幼儿大胆表现（教师针对幼儿模仿的动物进行小结）。		
准备部分 5 min	1. 热身游戏：动物模仿操。 师："接下来我们一起跟着音乐模仿小动物吧！" 模仿小鸭子走路姿势：双腿半蹲，双脚分开与肩同宽，成"八"字形，上体前倾，双臂伸直在背后交叉，手指并拢掌心向后。走时上体轻微摇晃，像小鸭子一样嘴里"嘎嘎"地叫。		练习 1 组

教学过程		器械摆放及队列队形	组　次
基本部分 15 min	1. 动作示范及练习。 教师示范走的基本动作，幼儿练习。 2. 预设游戏：直线走。 师："前面是直直的小路，请小朋友们分为4队，我们来比一比，看谁走得直？" 游戏过程中，教师注意步态和身体姿势，及时纠正。 3. 创意游戏：曲线走。 师："请小朋友们连贯地在标志桶进行'S'形行走，不能触碰到标志桶。" 游戏过程中，教师注意步态和身体姿势，做到及时纠正。	图 1 直线走队列 图 2 曲线走练习示意	每种形式练习2组
结束部分 3 min	1. 放松游戏。 师："现在我们玩大风吹的游戏，当老师说'大风吹、吹哪里'的时候，小朋友们快速拍身体部位（以腿部为主）。" 2. 教师带领幼儿一起整理、回收器械。		
延伸部分	1. 延伸游戏：头顶沙包行走。 2. 家园互动：家长和幼儿在家模仿高人走、矮人走的游戏。		

表7-8　第1学期第2周幼儿园体育活动设计（小班）

课程名称	小鸡快跑——跑的基本练习	周　次	第2周
课程目标	1. 掌握跑时正确的摆臂方法和站立式起跑姿势，并能按照口令做好起跑姿势和起跑。 2. 在教师的指导下，能够整理体育器械。 3. 能迈开步子跑起来，保持身体平衡和稳定。		
站立式起跑的动作要领	当听到"各就各位"口令，幼儿左脚站在起跑线最近点，右脚站在距离左脚尖向后约一小腿长的位置；当听到"预备"口令，身体重心移至左腿，同时上体躬身倾，右臂屈肘前摆，左臂屈肘后摆，左腿、右腿弯曲；当听到"跑"的口令，右腿迅速蹬地跑出，同时右臂有力后摆，左臂积极有力前摆。		
所需器械	布基胶带1卷、沙袋、呼啦圈。		

教学过程		器械摆放及队列队形	组　次
开始部分 2 min	1. 集合整队，师幼问好，清点人数。 2. 情景导入。 师："今天老师扮演鸡妈妈，小朋友扮演鸡宝宝。小朋友们一起来做运动吧！"		
准备部分 5 min	热身游戏：小鸡跑一跑。 师："要想快快长大，就需要多锻炼，一起跑起来（带领幼儿跑步）。你刚才是怎样模仿小鸡跑步的（请幼儿进行示范）？" （1）教师示范跑的动作要领，幼儿学习做动作。 （2）播放音乐：幼儿分组尝试小鸡跑的动作，教师观察。		练习1组

教学过程		器械摆放及队列队形	组次
基本部分 15 min	1. 动作示范及练习。 教师示范原地摆臂、站立式起跑基本动作，幼儿练习。 2. 预设游戏：小鸡快跑。 师："请小朋友们扮成小鸡出去找食物，要小心老鹰的追赶，我们只有跑得快，才能不被老鹰追上。" 游戏过程中教师需要注意幼儿手臂的位置和摆动方向。 3. 创意游戏：小鸡吃米。 师："小鸡宝宝的肚子饿了，我们一起去找食物，在找食物的过程中，我们要保护好自己。当听到'天亮了'，小朋友们就可以出门啦。当听到'老鹰来啦'，小朋友们要快速跑回家。" 练习过程中教师需要注意幼儿手臂的位置和摆动方向。	图 1 原地摆臂教学队列 图 2 站立式起跑练习队列 图 3 小鸡吃米练习队列	每种形式练习2组
结束部分 3 min	1. 放松游戏。 师："我们成功躲避了老鹰，吃到了食物，接下来让我们一起来玩身体变变变的游戏吧！身体变成大石头、变长、变短、变高、变成泄气的大气球。" 2. 教师带领幼儿一起整理、回收器械。		
延伸部分	1. 延伸游戏：变向跑的练习。 2. 家园互动：进行亲子比赛跑及取物跑的练习。		

表7-9　第1学期第3周幼儿园体育活动设计（小班）

课程名称	快乐小萝卜——下蹲动作的基本练习	周　次	第3周
课程目标	1. 基本掌握半蹲、深蹲的动作要领。 2. 初步体验与同伴分享器械的快乐。 3. 喜欢参加体育活动。		
下蹲的动作要领	双脚并拢或与肩同宽，脚尖向前，自然站立，下蹲时，屈膝、屈髋，但头到腰部的躯干始终要保持笔直伸展状态，目视前方，上体略前倾，双手抱于胸前或向前伸展，无论是半蹲还是深蹲，双脚始终全脚掌着地，膝关节始终与脚尖方向一致，膝关节尽量不要超过脚尖。		
所需器械	布基胶带1卷、四色角锥和叠叠杯若干。		

教学过程		器械摆放及队列队形	组次
开始部分 2 min	1. 集合整队，师幼问好，清点人数。 2. 谜语导入。 师："老师有个谜语，请小朋友们猜一猜？——白公鸡，绿尾巴，一头钻进泥底下。"幼儿大胆回答："萝卜。"		

教学过程	器械摆放及队列队形	组　次
准备部分 **5 min** 热身游戏：萝卜蹲。 师："现在老师施魔法，把小朋友们变成小萝卜：魔法，魔法，变变变，变成可爱的小萝卜。" "你们现在都是可爱的小萝卜了，接下来我们一起玩萝卜蹲游戏。先来看一看自己是什么颜色的萝卜（认识自己所扮演的萝卜的颜色），现在来考验一下看看哪组萝卜反应快。" （1）教师示范动作，幼儿学习动作。 （2）游戏过程中，做到及时纠正。		练习 5组
基本部分 **15 min** 1. 动作示范及练习。 教师示范下蹲的基本动作，幼儿练习。 2. 预设游戏：小白兔翻地。 师："小白兔要种萝卜了，我们需要先翻地（叠叠杯）。请小朋友们排成4横队，横排同时从起点出发，依次翻过叠叠杯，再从右侧跑回来，下一个小朋友出发。" 3. 创意游戏：萝卜丰收啦。 师："接下来我们来种萝卜吧！请两只小兔子自由结组，一只小兔子传递种子，另一只小兔子播种种子，依次将叠叠杯放到地上，共同完成种萝卜。" 每组完成播种后教师用魔法使萝卜成熟。萝卜成熟后传递种子的幼儿负责收萝卜；播种种子的幼儿负责端萝卜（拿杯子）。下一组再进行游戏。 游戏过程中，及时纠正幼儿动作。	图1 翻叠叠杯练习队列 图2 萝卜丰收了练习队列	每种 形式 练习 3组
结束部分 **3 min**	1. 放松游戏。 师："哇，太棒了，萝卜丰收啦！接下来跟着老师一起庆祝吧！" 2. 教师带领幼儿一起整理、回收器械。	
延伸部分	1. 延伸游戏：教师带幼儿进行青蛙跳、立定跳远。 2. 家园互动：进行亲子游戏老狼老狼几点啦；当听到"天黑啦"，小兔子下蹲、抱头，可交换角色。	

表7-10　第1学期第4周幼儿园体育活动设计（小班）

课程名称	勇敢小士兵——缓冲动作的基本练习	周　次	第4周
课程目标	1. 勇敢地完成跳深练习，并能够很好地落地缓冲。 2. 能从25～30 cm高度跳下。 3. 在成人的鼓励和帮助下，敢于尝试新的体育活动。		
下肢缓冲的 动作要领	落地时，前脚掌先着地，然后过渡到足弓和足跟，在着地的同时迅速屈膝、屈髋、屈踝完成全身的缓冲，成半蹲或深蹲姿势。		
所需器械	30 cm高跳箱4个、空气棒。		

	教学过程	器械摆放及队列队形	组 次
开始部分 2 min	1.集合整队，师幼问好，清点人数。 2.情景导入。 师："小朋友们，今天我们一起进行勇敢小士兵的游戏。想要变成小勇士，需要变得更强壮。我们需要通过3个关卡，进行考验。"		
准备部分 5 min	热身游戏：听力挑战。 （1）教师把幼儿分成4组，请幼儿给自己队伍取名字。游戏开始后，当教师发出"蹲""跳""走""跑"等口令时，幼儿快速做出反应。 （2）游戏过程中，做到及时纠正。		练习 5组
基本部分 15 min	1.动作示范及练习。 教师示范缓冲的基本动作，幼儿练习。 2.预设游戏："炸弹"来啦。 师："第二关反应挑战，当听到'炸弹来啦'，你们需要抱头深蹲，躲避'炸弹'。" 教师使用空气棒作为'炸弹'武器。 3.创意游戏：勇敢挑战。 师："第三关勇敢挑战，你们需要站在跳箱上，跳下来。如何保证跳下来不受伤呢？我们需要怎么做？请你来说一说？（幼儿自主回答）谁先来试一试呢？" 2～3名幼儿示范，教师指导。 （1）教师示范动作，幼儿学习后练习。 （2）教师巡视和指导幼儿动作的规范性，做到及时纠正。	图1"炸弹"来了练习队列 图2勇敢挑战练习队列	每种 形式 练习 8组
结束部分 3 min	1.放松游戏。 师："恭喜你们闯关成功，播放音乐做拍打腿部、小海豚、小花卷等动作。" 2.教师带领幼儿一起整理、回收器械。		
延伸部分	1.延伸游戏：利用敏捷圈、跳马进行缓冲动作的练习。 2.家园互动：幼儿有跳跃动作的时候，家长有意识提醒幼儿屈膝、屈髋、落地缓冲，做好幼儿保护工作。		

表7-11 第1学期第5周幼儿园体育活动设计（小班）

课程名称	快乐的小青蛙——跳跃动作的基本练习	周 次	第5周
课程目标	1.掌握双脚连续跳的动作要领和基本学会立定跳远动作要领。 2.初步了解各项活动简单的规则要求。 3.培养幼儿对身体锻炼的兴趣和习惯。		

立定跳远的动作要领	立定跳远由预摆、起跳、腾空、落地构成。预摆环节为双脚左右开立，与肩同宽，手臂先前摆，双腿伸直，向后摆时屈膝、屈髋下蹲，腰背挺直，目视前方；起跳环节为双脚快速蹬地，双臂由后向前上方摆动，跳起腾空，充分伸展身体；腾空环节为收腹举腿，小腿前伸，同时双臂用力后摆；落地环节为脚落地后屈踝、屈膝、屈髋下蹲。		
所需器械	直径 30 cm 敏捷环 20 个、布基胶带 1 卷、沙包、面条棍或迷你短绳。		

教学过程		器械摆放及队列队形	组　次
开始部分 2 min	1. 集合整队，师幼问好，清点人数。 2. 情境导入：教师扮演青蛙妈妈，幼儿扮演小青蛙。 师："今天青蛙妈妈要领着青蛙宝宝一起去池塘玩，你们准备好了吗？谁来学一学小青蛙怎么跳？" 幼儿探索跳的动作并大胆模仿尝试。		
准备部分 5 min	热身游戏：小青蛙模仿操。 师："现在都变成小青蛙了，一起跳起来吧！"		练习 2 组
基本部分 15 min	1. 动作示范及练习。 （1）教师示范跳跃的基本动作（青蛙跳动作示范：双脚分开成半蹲，上体稍前倾，双脚用力蹬伸往前跳，双臂由后向前摆，落地后缓冲呈半蹲姿势准备下一跳）。 （2）幼儿练习跳跃的基本动作。 2. 预设游戏：小青蛙跳跃比赛（立定跳远）。 师："青蛙宝宝学会跳跃本领了吗？接下来，我们进行比赛，看看哪只小青蛙跳得最远？" 每排走到标志线按动作要求跳 1 次。 3. 创意游戏。 （1）小青蛙送快递。 师："你们都学会了跳跃的本领，我们一起带着快递从荷叶上跳过去，给小动物送快递吧！" 送到快递后 2 只小青蛙为 1 组，一起合作将新的快递运回起点（引导幼儿探索用肢体运快递的方法），看哪组小青蛙的速度快。 （2）小青蛙跳荷叶。 用敏捷环当荷叶，环与环间隔 10 cm，双脚连续完成 5 个环的跳跃，跳跃中注意下蹲和落地缓冲动作。用沙包当作快递，面条棍或迷你短绳当作新快递。	图 1 立定跳远练习队列 图 2 小青蛙跳荷叶场地及队列	每种形式练习 5 组
结束部分 3 min	1. 放松游戏。 师："小朋友们，除了用腿夹着送快递，还能用身体的哪个部位呢？" 引导小朋友用身体各部位夹纸做放松运动。 2. 教师带领幼儿一起整理、回收器械。		
延伸部分	1. 延伸游戏：小动物跳跳跳。 请幼儿沿着平放于地面的大绳，双腿打开向前跳。 2. 家园互动：亲子小跳蛙。 家长随机抛出荷叶，幼儿当小跳蛙，双脚跳到荷叶上，家长要注意荷叶间的距离。		

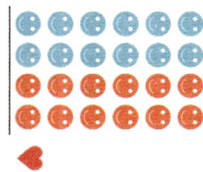

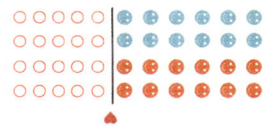

表7-12　第1学期第6周幼儿园体育活动设计（小班）

课程名称	打怪兽——投掷动作的基本练习	周 次	第6周
课程目标	1. 基本掌握上手投掷的动作要领。 2. 能单手将沙包向前投掷2 m以上。 3. 培养幼儿在体育游戏中团结合作的良好品质。		
上手投掷动作的要领	以右手投沙包为例（准备：双脚前后开立，左腿在前，后腿膝微曲，前腿伸直稳定支撑，上体稍后仰，左手臂斜向前上伸出，右手持沙包高举后引，眼看前方；投掷：通过蹬伸右腿、转体、收腹、挥臂、甩腕一连串的连贯动作快速将球投出，左腿始终伸直稳定支撑，左手臂向左侧摆动；结束：身体保持直立稳定姿势，眼睛观看沙包运动轨迹）。		
所需器械	直径50 cm的敏捷环4个、人手1个小布球、布基胶带1卷。		

	教学过程	器械摆放及队列队形	组 次
开始部分 2 min	1. 集合整队，师幼问好，清点人数。 2. 情景导入。 师："小动物打来求救电话，说森林里有很多小怪兽，我们一起去消灭它们。"		
准备部分 5 min	热身游戏：看谁投得准。 师："我们只有掌握了更强的本领，才能打败怪兽。我们先来练习怎么把石头投进圈里。每人拿起1块石头，看谁投得准。" （1）教师将幼儿分成4队，在队列第一排幼儿前2 m处摆放1个敏捷环。 （2）游戏过程中，教师要做到及时纠正幼儿不正确的动作。		练习3组
基本部分 15 min	1. 动作示范练习。 教师进行上手投和下手投的基本动作示范，幼儿练习。 2. 预设游戏：我是小投手。 师："接下来，我们分为红、蓝两队，进行对射练习。" （1）提醒幼儿只能捡对面投过来的小布球，同时注意躲避。 （2）游戏过程中，教师要对幼儿错误的投掷动作做到及时纠正。 2. 创意游戏：打怪兽。 师："看，怪兽来啦！让我们一起齐心协力攻打怪兽。" 角锥放在幼儿2 m以外的位置，告知幼儿怪物在角锥的后面，需要用力攻打怪兽。	图1 对射练习队列 图2 打怪兽练习队列	每种形式练习10组
结束部分 3 min	1. 放松游戏。 师："今天你们太棒了，怪兽被我们打跑啦！小动物为了感谢我们，教我们做动物模仿操。" 2. 教师带领幼儿一起整理、回收器械。		

续 表

	教学过程	器械摆放及队列队形	组 次
延伸部分	1. 延伸游戏：教师带领幼儿利用沙包，进行向固定位置投掷的练习。 2. 家园互动：幼儿和家长将毛绒玩具固定在墙或门上，手持沙包向毛绒玩具做投掷的动作练习。		

表7-13 第1学期第7周幼儿园体育活动设计（小班）

课程名称	小球快快跑——踢的基本练习	周次	第7周
课程目标	1. 基本掌握原地正脚背踢定位球和助跑正脚背踢定位球的动作要领。 2. 有初步的规则意识，不争抢，能够等待。 3. 初步体验与同伴分享器械的快乐。		
原地（助跑）正脚背踢定位球的动作要领	以右脚踢定位球为例（准备：直线助跑2～3步，左脚踏在球左侧10 cm处，脚趾指向前方，膝关节微屈，眼睛注视球，重心落在左腿上稳定支撑，右脚位于球后方；踢球：右腿大腿后摆，小腿后屈，双臂微屈，肘自然张开，协助身体保持平衡，而后大腿以髋关节为轴带动小腿积极前摆，脚背绷直，脚趾紧扣，以脚背正面击球的后中部；结束：击球后，右腿顺势前摆落地）。		
所需器械	人手1个足球、布基胶带1卷、箱子、纸箱子、桶。		

	教学过程	器械摆放及队列队形	组 次
开始部分 2 min	1. 集合整队，师幼问好，清点人数。 2. 情景导入。 师："你们知道这是什么球吗？（足球）平时你怎么踢球呢？请小朋友们试一试。"		
准备部分 5 min	热身游戏：小球哪里去。 师："我们先来玩小球哪里去的游戏，请小朋友们围成圈把小球困在里面。小球滚到哪位小朋友面前，哪位小朋友用脚踢走。" 开始时放1个球，熟悉规则后，不断增加球。		练习1组
基本部分 15 min	1. 动作示范练习。 （1）认识脚背、脚底身体部位名称。 （2）教师示范原地正脚背踢定位球和助跑正脚背踢定位球的基本动作。 （3）小朋友练习原地正脚背踢定位球和助跑正脚背踢定位球的基本动作。 图1 小球回家练习队列 2. 预设游戏：小球回家。 师："小朋友们，接下来我们把小球送回家去，用小脚踢到前面的小洞里（小洞可以用纸箱子、桶）。" 教师带领幼儿练习正脚背踢定位球动作。 3. 创意游戏：小小传球手。 师："接下来我们要练习传球的能力，请小朋友们分成红队和蓝队，红队把球踢给蓝队的小朋友。" 要求幼儿只能捡自己对面幼儿踢过来的球，依次进行传递，（特别提示：只练习优势腿；练习中教师要及时纠正幼儿不正确的动作）。 图2 小小传球手练习队列		每种形式练习20组

续　表

教学过程		器械摆放及队列队形	组次
结束部分 3 min	1. 放松游戏。 师："小朋友们的传球本领大，接下来我们一起玩小海豚放松的游戏吧。" 2. 教师带领幼儿一起整理、回收器械。		
延伸部分	1. 延伸活动：踢踢乐。 请幼儿一手拉绳，用脚踢系绳的气球。 2. 家庭互动：亲子互动踢球。 请家长和幼儿面对面站立，相互踢球。		

表7-14　第1学期第8周幼儿园体育活动设计（小班）

课程名称	我会拍球——拍的基本练习	周次	第8周
课程目标	1. 基本掌握原地双手拍球的动作要领。 2. 提高动作的协调性和灵敏性，锻炼上肢的力量。 3. 培养幼儿对体育锻炼的兴趣和习惯。		
双手拍球的动作要领	双手拍篮球：双脚分开与肩同宽，微微屈膝、屈髋、弯腰，双手五指分开，掌心稍屈合在球表面，双手连同手腕、前臂恰当用力拍球；球弹跳时，手要跟着球的走向、高度调整拍球力量的大小，将球的高度控制在腰部的位置；拍球的时候，眼睛和双手要始终跟着球移动，眼手动作协调一致。		
所需器械	人手1个篮球、敏捷圈12个、标志桶12个、呼啦圈4个。		

教学过程		器械摆放及队列队形	组次
开始部分 2 min	1. 集合整队，师幼问好，清点人数。 2. 情景导入。 师："小朋友们，今天老师带来1个球，你们知道这是什么球吗？你们在哪儿见过？我们一起拍球吧。"		
准备部分 5 min	热身游戏：球操。 播放音乐，教师带领幼儿进行热身活动。		练习1组
基本部分 15 min	1. 动作示范及练习。 （1）教师详细介绍拍球时球和身体的位置及手型，示范双手拍球的基本动作。 （2）幼儿练习双手拍球的基本动作。 2. 预设游戏：拍一拍。 师："接下来我们就一起来拍球吧，一边拍，一边数，看我们可以拍几个。" 每名幼儿手持1个球，原地练习拍球。 3. 创意游戏：拍球真有趣。 师："老师看到很多小朋友都学会了拍球，下面我们要玩个新游戏。请小朋友们抱球跳过敏捷圈，绕过标志桶，到达终点位置，在终点的呼啦圈位置双手拍球5下后，抱球返回起点的位置，和下一个小朋友击掌。"	图1 拍一拍练习队列 图2 拍球真有趣练习队列	每种形式练习5组

续　表

教学过程		器械摆放及队列队形	组次
结束部分 3 min	1. 放松游戏：把篮球变成按摩球，一起按摩我们的身体吧。 2. 教师带领幼儿一起整理、回收器械。		
延伸部分	1. 延伸游戏：教师带领幼儿练习在敏捷环中双手拍球。 2. 家园互动：家长可以和幼儿在家进行拍球数数的游戏。		

表7-15　第1学期第9周幼儿园体育活动设计（小班）

课程名称	小海狮学本领——接的基本练习	周　次	第9周
课程目标	1. 基本掌握原地双手胸前接大球的动作要领。 2. 培养幼儿的眼手协调能力，锻炼手臂力量。 3. 体验与同伴一起游戏的快乐。		
原地双手胸前接大球的动作要领	面对来球，双臂自然伸出迎球，手指自然分开，两拇指成"八"字形，朝着来球的方向；手指接触球的同时，双臂要随球缓冲，将球引至胸前抱住。		
所需器械	人手1个篮球。		

教学过程		器械摆放及队列队形	组次
开始部分 2 min	1. 集合整队，师幼问好，清点人数。 2. 情景导入。 师："小朋友们，你们见过海狮吗？在什么地方见过？你看见它有什么本领呢？今天让我们一起跟小海狮学本领吧！"		
准备部分 5 min	热身游戏：皮球跳跳跳。 师："小海狮的第一个本领是可以让小皮球跳起来。让我们一起来试一试吧！" 每名幼儿拿1个皮球，教师把幼儿分成2队，幼儿通过原地双手拍球，使球弹跳起来。		练习 1组

教学过程	器械摆放及队列队形	组 次
基本部分 **15 min**	1.动作示范及练习。 教师示范接的基本动作，幼儿练习。 2.预设游戏：小球不落地（自抛自接）。 师："小海狮的第二个本领是抛出小球再接住，保证小球不落地。" 教师将幼儿分成2队，双脚开立与肩同宽，双手胸前抱球垂直上抛，要超过自己的头顶，球下落时双手在胸前抱住，保证小球不落地。在向上抛球时，幼儿要小心，不要碰到其他幼儿，同时学会自我保护。 3.创意游戏：小球会跳舞（弹接球）。 教师将幼儿分成2队。幼儿双手打开，1队拿球。拿球的幼儿双脚开立与肩同宽，双手胸前抱球用力向2队中间地面投出，球触地弹起，对面的幼儿接球，接球后用力向2队中间地面投出，对面的幼儿双手接球，中间间隔2 m。	图 1 自抛自接练习队列 图 2 弹接球练习队列	每种形式练习20组
结束部分 **3 min**	1.放松游戏：带领幼儿进行炒豆豆的游戏。 2.教师带领幼儿一起整理、回收器械。		
延伸部分	1.延伸游戏：教师可以选择不同大小的球，和幼儿进行抛接练习。 2.家园互动：进行亲子抛接球练习，球的直径可进行大小变换。		

表7-16　第1学期第10周幼儿园体育活动设计（小班）

课程名称	爬爬乐——爬的基本练习	周 次	第10周
课程目标	1.基本掌握手膝着地爬、手脚着地爬的动作要领。 2.探索尝试不同的爬行方法。 3.愿意参加体育活动，体验多种爬的方式。		
各种爬行的动作要领	1.跪爬：要求双膝跪地，双手与肩同宽着地支撑身体，爬行时，异侧手膝交互更替向前爬行。 2.熊爬：双手双脚撑于地面，双膝不着地，前进时异侧手脚移动（左手右脚或右手左脚），前进动力主要放在双脚上，手主要起平衡作用。		
所需器械	2 m×1.2 m的体操垫8块。		

教学过程	器械摆放及队列队形	组 次
开始部分 **2 min**	1.集合整队，师幼问好，清点人数。 2.情景导入。 师："小朋友们，今天我们一起来学一学熊宝宝是怎么爬的。"		

续　表

教学过程		器械摆放及队列队形	组　次
准备部分 5 min	热身游戏：爬爬操。 师："小朋友们，你们平时是怎么爬的？我们一起来试一试吧。" 幼儿尝试用不同的方法爬过垫子。	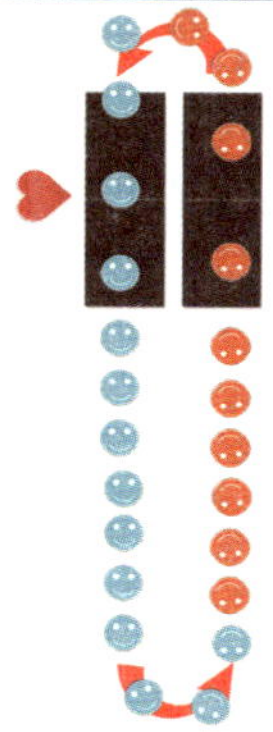	练习 5 组
基本部分 15 min	1. 认识身体各部位名称：区别手、脚、膝盖。 2. 两种动作示范及练习。 （1）教师示范手脚着地爬，幼儿练习。 （2）教师示范手膝着地爬，幼儿练习。 3. 预设游戏：小熊爬一爬。 师："接下来我们扮成小熊，用我们刚才学习的两种爬行方法快速爬过垫子。" 教师引导：幼儿要用不一样的爬行方法爬过垫子。 3. 创意游戏：小熊来比一比。 师："下面我们就来看看哪只小熊爬得快。我们先来用手膝着地的方法爬到终点取到小球，然后再跑回来。" 教师将幼儿分成 4 队站立，每队第一名幼儿同时出发。接下来要用手脚着地的方法爬到终点取小球，看哪组的小熊爬得快。	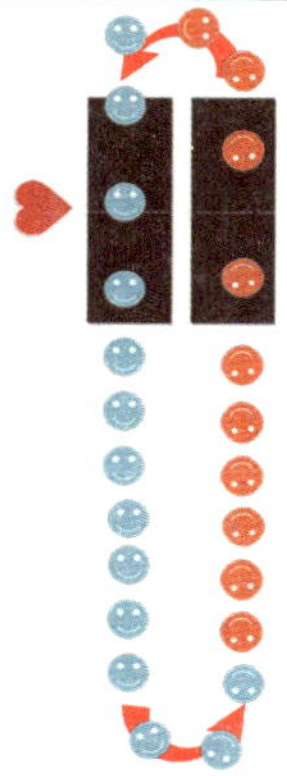 图 1 小熊爬一爬练习队列 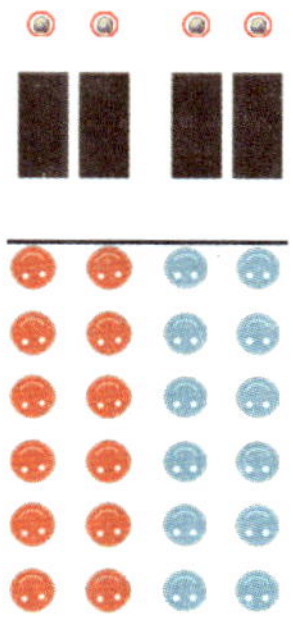 图 2 爬行比赛练习队列	手脚着地爬 5 组 其他练习 3 组
结束部分 3 min	1. 放松游戏。 师："请 2 个小朋友手拉手，一起玩小熊拉圈圈的游戏，2 个小朋友再互相捶腿、捶背进行放松。" 2. 教师带领幼儿一起整理、回收器械。		
延伸部分	1. 延伸游戏：矮人爬、绳子爬爬乐。 将绳子摆放在地上，幼儿通过手脚着地爬通过。 2. 家园互动：钻山洞。 家长手脚着地，将腰弓起来做山洞，幼儿从山洞下爬过。		

表7-17　第1学期第11周幼儿园体育活动设计（小班）

课程名称	烤香肠——滚的基本练习	周次	第11周
课程目标	1.基本掌握直体侧身滚、双手抱胸直体侧身滚的动作要领。 2.通过练习发展幼儿的四肢协调性。 3.在体育活动中不推挤、碰撞他人。		
各种滚的动作要领	1.直体侧身滚（预备时，挺直身体横躺于垫上，双手上举，双腿夹紧；滚动时，要用腰带动身体向侧面直体滚动，注意尽量调整好身体，避免偏离方向，注意滚动时头和脚不能贴近垫子，需要稍稍抬起）。 2.双手抱胸直体侧身滚（预备时，双手紧紧抱于胸前，挺直身体横躺于垫上，双腿夹紧；滚动时，要用腰带动身体向侧面直体滚动，注意尽量调整好身体，避免偏离方向，滚动时头和脚稍稍抬起）。		
所需器械	2 m×1.2 m 的体操垫4块。		

	教学过程	器械摆放及队列队形	组　次
开始部分 2 min	1.集合整队，师幼问好，清点人数。 2.情景导入。 师："小朋友们，今天老师带你们玩一个特别有趣的游戏——烤香肠。你们吃过烤香肠吗？谁能说一说它是怎么烤出来的？"		
准备部分 5 min	热身游戏：香肠转转转。 师："现在请小朋友们用身体模仿一下吧！" 教师将幼儿分成2队或3队，音乐开始后幼儿变成香肠滚过烤箱（体操垫）。		练习 2组
基本部分 15 min	1.2种动作示范及练习。 教师先示范直体侧身滚、双手抱胸直体侧身滚的基本动作，然后幼儿依次练习。 2.预设游戏。 （1）烤香肠（直体侧身滚）。 师："小朋友们，烤香肠有很多种方法，我们先来烤第一种直直的香肠。" 教师将幼儿分成2组，直体侧身滚过，依次进行。 （2）急速滚动（双手抱胸直体侧身滚）。 师："小朋友们，香肠都快烤煳了，你们想一想怎样才能不让香肠烤煳呢？" （幼儿大胆发言）幼儿双手抱胸直体侧身滚，快速通过爬行垫，练习队列不变。 3.创意游戏：烤香肠大赛。 师："接下来我们进行烤香肠大赛，看谁烤得又香又快。请大家分成2组，运用2种滚的方法进行烤香肠。"		每种 形式 练习 3组
结束部分 3 min	1.放松游戏：教师带领幼儿玩吃香肠的游戏，教师说"吃圆圆的香肠"，幼儿身体变圆形香肠；教师说"吃长方形的香肠"，幼儿将手臂向上伸展拉伸，变弯香肠等。 2.教师带领幼儿一起整理、回收器械。		

续　表

	教学过程	器械摆放及队列队形	组次
延伸部分	1. 延伸游戏：教师可以带领幼儿进行持物滚的游戏（可变换物体的大小）。 2. 家园互动：家长可带幼儿在家中床上或地毯上进行滚的练习。		

表7-18　第1学期第12周幼儿园体育活动设计（小班）

课程名称	小松鼠快递员——钻的基本练习	周次	第 12 周
课程目标	1. 基本掌握正面钻的动作要领。 2. 通过练习锻炼身体的灵活性和协调性。 3. 学会轮流钻山洞，初步建立规则意识。		
正面钻的动作要领	正面钻：要求面向障碍物，屈膝下蹲，低头弯腰，紧缩身体，双脚交替向前移动，从障碍物下钻过。		
所需器械	门洞 12 个、布基胶带 1 卷、叠叠杯若干。		

	教学过程	器械摆放及队列队形	组 次
开始部分 2 min	1. 集合整队，师幼问好，清点人数。 2. 情景导入。 师："今天森林里收到了好多快递，我们要变身为小松鼠快递员给小动物送快递。"		
准备部分 5 min	热身活动：捞鱼游戏。 师："在开始送快递前，我们先玩个游戏。请小朋友们扮成小松鼠，3 人为 1 组，2 个小朋友手拉手说儿歌：'一网不捞鱼，二网下小雨，三网捞住个大金鱼'；1 个小朋友从手下钻过。"		练习 3 组
基本部分 15 min	1. 动作示范及练习。 教师示范正面钻的基本动作，幼儿练习。 师："请小朋友们跟着老师先练习钻的本领。" 2. 预设游戏：小松鼠钻树洞。 教师让幼儿排成 1 队站立，排在标志线处，正面钻过树洞，依次循环 3 组。 器械摆放：把树洞 3 个为 1 组，树洞之间间隔 1.5 m，组间间隔 2 m，对称摆放。 3. 创意游戏：小松鼠送快递。 师："小朋友们掌握了快递员的本领，现在让我们一起去送快递吧！" 教师让幼儿排成 2 队，同时出发，手拿快递正面钻过门洞送到小动物家。门洞 6 个为 1 组，门洞之间间隔 1.5 m，组间间隔 3 m 摆放，快递用启智砖代替。	图 1 小松鼠钻树洞练习队列 图 2 小松鼠送快递练习队列	每种形式练习3 组

续　表

	教学过程	器械摆放及队列队形	组次
结束部分 3 min	1. 放松游戏。 师："小朋友们，快递员送了好多快递，辛苦了，接下来我们一起做拉伸操吧。请小朋友们坐到地上用手绕过头，先摸耳朵，再摸肩膀，再摸腿、摸脚，然后换手进行拉伸运动。" 2. 教师带领幼儿一起整理、回收器械。		
延伸部分	1. 延伸游戏：林中穿梭。 幼儿手拉手举高，第一名幼儿钻过后到队尾拉好手，依次进行。 2. 家园互动：亲子钻山洞。 请家长用身体摆出各种洞的形状，幼儿从洞中钻过。		

表7-19　第1学期第13周幼儿园体育活动设计（小班）

课程名称	快乐Party——攀的基本练习	周　次	第13周
课程目标	1. 基本掌握攀登跳箱的动作要领。 2. 认识3～5种常用运动器械。 3. 在成人的鼓励和帮助下敢于尝试新的体育活动。		
攀登跳箱的 动作要领	攀登跳箱：双手抓住跳箱上面，手臂用力向上攀爬，下肢一条腿蹬地，另一条腿用力高抬，摆动到跳箱上面支撑住，另一条腿再向上，攀登上跳箱。		
所需器械	跳箱1套、标志桶2个。		

	教学过程	器械摆放及队列队形	组　次
开始部分 2 min	1. 集合整队，师幼问好，清点人数。 2. 情景导入。 师："今天小松鼠要举行一场Party，邀请小朋友和小动物来参加。"		
准备部分 5 min	热身游戏：攀登小山丘。 师："去邀请小动物的路上有小山丘，那我们怎样才能翻过去呢？请小朋友们想一想。" 教师让幼儿排成1队进行尝试攀登游戏。		练习 2组

续　表

教学过程		器械摆放及队列队形	组　次
基本部分 15 min	1. 动作示范及练习。 教师先示范攀登跳箱的基本动作，然后幼儿练习。 2. 预设游戏：翻山越岭。 师："你们太厉害了，让我们一起去邀请小动物吧。" 教师将幼儿分成 2 组，依次通过跳箱到达终点位置。用标志桶代替小动物的家，用手敲敲角锥然后快速返回到起点即为完成任务。 3. 创意游戏：Party 游戏。 师："Party 开始了，让我们一起玩快乐传递的游戏，将我们的快乐传递给我们的好朋友。" 教师将幼儿分成 2 组，从第一名幼儿开始出发，攀登跳箱返回跟下一名幼儿击掌传递快乐，依次进行。	图 1 翻山越岭练习队列 图 2 Party 游戏练习队列	每种形式练习5 组
结束部分 3 min	1. 放松游戏：教师组织幼儿跳海草舞，进行身体放松。 2. 教师带领幼儿一起整理、回收器械。		
延伸部分	1. 延伸游戏：教师带领幼儿进行小鸡捉虫的游戏，幼儿依次攀登跳箱捉虫（小短绳）再返回。 2. 家园互动：家长带幼儿进行小猴子爬山游戏，家长呈半蹲姿势扮演大山，幼儿扮演小猴子在家长身体上进行攀登。		

表7-20　第1学期第14周幼儿园体育活动设计（小班）

课程名称	小小运输队——转体的基本练习	周　次	第 14 周
课程目标	1. 基本掌握原地转体的动作要领。 2. 通过练习锻炼幼儿的身体协调能力。 3. 在教师的提醒下，遵守各项活动的规则要求，喜欢参加体育活动。		
原地转体的动作要领	原地转体：双脚开立与肩同宽，双脚稳定支撑不动，上体各环节协调向左或向右转动，保持身体平衡。		
所需器械	篮球人手 1 个。		

教学过程		器械摆放及队列队形	组　次
开始部分 2 min	1. 集合整队，师幼问好，清点人数。 2. 情景导入。 师："小朋友们，幼儿园采购了一批球，请你们帮忙将球运到器械库。现在我们是小小运输队的队员。"		

	教学过程	器械摆放及队列队形	组 次
准备部分 5 min	热身游戏：小球进筐。 师："在运到器械库之前，我们先一起跟球做游戏吧！" 教师让幼儿排成1队，双手从球架上抱1个球，快速跑到球筐前投进球筐，然后到队尾排队。	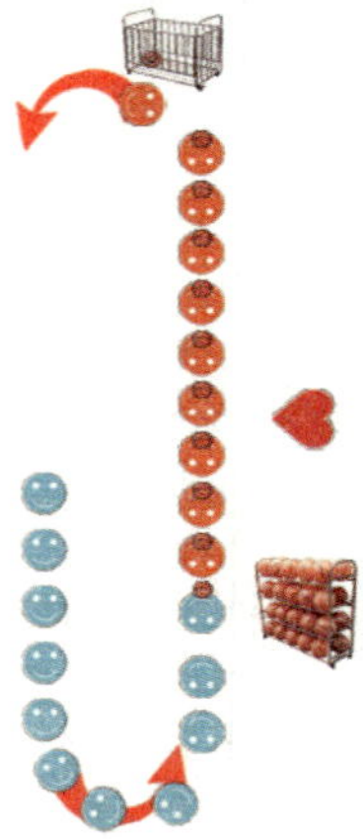	练习2组
基本部分 15 min	1. 动作示范及练习。 教师先示范转体动作，然后幼儿练习，练习中教师要及时纠正幼儿不正确的动作。 2. 预设游戏：同心协力。 师："刚才我们尝试了让小球进筐，接下来我们利用传递的方式，大家同心协力让小球进筐。" 教师将幼儿分成2组，每组第一名幼儿拿球向左转体，将球传递给下一名幼儿，依次进行将球传递完毕；第二次进行向右转体运球。 3. 创意游戏："矮人"传递。 师："接下来我们玩一个新的传球方法——'矮人'传。"幼儿坐在地面上。从第一名幼儿开始，通过向左传递或向右传递将球传递给后方幼儿，依次进行，传递到最后一名幼儿；第二次游戏由后往前传递，把球再运回来。	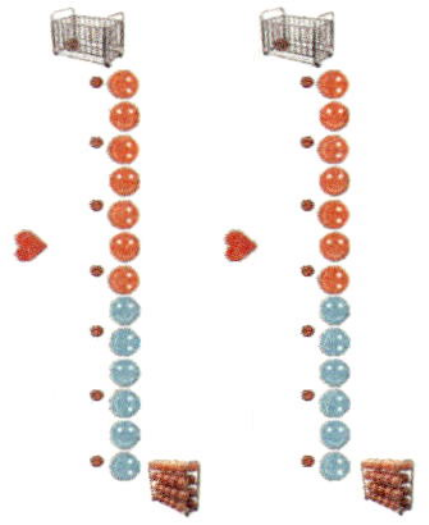 图1 同心协力练习队列 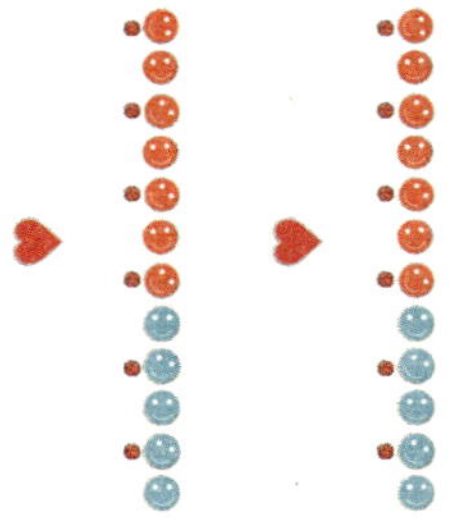 图2 "矮人"传递练习队列	每种形式练习4组
结束部分 3 min	1. 放松游戏：教师带幼儿玩小球爱跳舞的游戏。 2. 教师带领幼儿一起整理、回收器械。		
延伸部分	1. 延伸游戏：教师带领幼儿手持不同大小物体，进行左右转体练习。 2. 家园互动：家长带领幼儿到社区器械区域，利用转盘进行转体练习。		

表7-21　第1学期第15周幼儿园体育活动设计（小班）

课程名称	空中击球——挥击的基本练习	周　次	第15周
课程目标	1. 基本掌握徒手挥击定点球的动作要领。 2. 提高幼儿的反应能力。 3. 培养幼儿的合作能力，体验游戏的快乐。		
徒手挥击定点球（打排球）动作要领	徒手挥击定点球（打排球）：击球时，要提肩挥臂，手臂充分伸直，动作要迅速，加快前臂的挥动速度，并有明显的鞭打动作，猛甩手腕，以全手掌击打球，借以加大对球的击打力度。		
所需器械	直径50 cm的敏捷环4个、人手1个小沙包、长杆1根、风阻软球1个、气球若干。		

教学过程		器械摆放及队列队形	组 次
开始部分 2 min	1. 集合整队，师幼问好，清点人数。 2. 情景导入。 师："小朋友们好，你们认为球有哪些玩法？今天老师要和你们一起玩空中击球的游戏！"		
准备部分 5 min	热身游戏：打地鼠。 师："小朋友们，你们玩过打地鼠的游戏吗？今天我们一起玩打地鼠吧，用手将沙包向地鼠洞中投，看哪个小朋友投进洞的数量多。"		练习2个循环
基本部分 15 min	1. 动作示范及练习。 教师先示范徒手挥击定点球的动作，然后幼儿练习，练习中教师及时纠正幼儿不正确的动作。 2. 预设游戏：轮流击球。 师："接下来我们一起玩轮流击球的游戏，请所有小朋友围成圆圈，老师手持风阻软球，小朋友依次转圈用手击打风阻软球，看谁击得准。" 器械摆放：教师用长杆挑起1个风阻软球，可以根据幼儿高度调节手中风阻软球高度。 3. 创意游戏：空中击球（气球）。 师："现在我们两两相对，面对面玩空中击球的游戏。小朋友们，球不能掉落呦！"	图1 轮流击球练习队列 图2 空中击球练习队列	每种形式练习4～5个循环
结束部分 3 min	1. 放松游戏。 师："小朋友们，今天玩得开心吗？你们配合得很棒！接下来给你的小伙伴捏捏肩、拍拍胳膊、捶捶背吧！" 2. 教师带领幼儿一起整理、回收器械。		

教学过程		器械摆放及队列队形	组　次
延伸部分	1. 延伸游戏：拍高高。 幼儿进行跳跃拍墙，看哪个拍得高。 2. 家园互动：亲子传气球。		

表7-22　第1学期第16周幼儿园体育活动设计（小班）

课程名称	神奇的小路——躲闪的基本练习	周　次	第 16 周
课程目标	1. 基本掌握躲闪的动作要领。 2. 能听到信号后，沿着指定路线分散跑，并能躲避他人的碰撞。 3. 能了解各项活动简单的规则要求。		
躲闪的动作要领	躲闪动作：面对移向自己的物体或人，为了避免碰撞，通过移动身体（跑、跳、转体等）或改变身体姿势（下蹲、侧身、低头等）避开物体或人的身体动作；要求集中注意力，观察和判断准确，反应迅速、敏捷。		
所需器械	标志桶 16 个、足球 5 个、布基胶带 1 卷。		

教学过程		器械摆放及队列队形	组　次
开始部分 2 min	1. 集合整队，师幼问好，清点人数。 2. 情景导入。 师："小朋友们，有条神奇的小路，每次走过都不一样，今天我们就来体验下。"		
准备部分 5 min	热身游戏：小路弯弯。 师："现在这条神奇的小路是条弯路，我们一起跑跑吧。" 每队幼儿为 1 队列，"S"形跑过障碍。		练习 4 个 循环
基本部分 15 min	1. 动作示范练习。 教师示范躲闪的基本动作，幼儿练习。 2. 预设游戏：滚石小路。 师："现在这条神奇的小路上有石头滚动，我们在经过时需要躲闪石头的撞击。" 2 位教师滚动石头（足球），幼儿依次从起点走（跑）向终点的位置，躲避石头，到终点后在从左（右）侧返回起点。 3. 创意游戏：滚石多多。 师："滚石越来越多了，我们在经过时要躲闪滚过来的石头，要小心哦。" 男生分成 2 组，在小路的左右两侧负责在地面滚动石头，第一次 2 个石头，男生听教师口令随意滚动石头；女生从起点依次走（跑）向终点位置边躲避滚石，到终点后再从左（右）侧返回起点。男生和女生互换角色。 教师根据幼儿的掌握情况增加球的数量。	 图 1 滚石小路练习队列 图 2 滚石多多练习队列	每种 形式 练习 4 组

教学过程		器械摆放及队列队形	组次
结束部分 3 min	1. 放松游戏。 师："今天我们一起体验了神奇的小路，大家反应都很快，接下来让我们扮成毛毛虫互相按摩吧。" 2. 教师带领幼儿一起整理、回收器械。		
延伸部分	1. 延伸游戏：教师组织幼儿玩沙包互投躲闪游戏。 2. 家园互动：家长在家可以滚动球锻炼幼儿的躲闪能力。		

表7-23　第1学期第17周幼儿园体育活动设计（小班）

课程名称	过独木桥——平衡的基本练习	周　次	第17周
课程目标	1. 基本掌握静态平衡和动态平衡的动作要领。 2. 能在较窄的低矮物体上走。 3. 能遵守各项活动简单的规则要求。		
各平衡的 动作要领	1. 单脚站立：单脚（左脚、右脚都可以）支撑身体，膝关节稍弯曲，收腹挺胸，双眼平视，双臂侧举，另一脚抬起，放于站立腿侧方，呼吸均匀，保持稳定平衡。 2. 过平衡木：上体保持正直，腰腹收紧，目视前方，双臂侧举，脚步稳健，身体稳定。		
所需器械	沙包人手1个，长300 cm×宽15 cm×高20 cm平衡木4个，布基胶带1卷。		

教学过程		器械摆放及队列队形	组次
开始部分 2 min	1. 集合整队，师幼问好，清点人数。 2. 情景导入。 师："今天老师要和小朋友们一起帮小动物运粮食，但是路上会经过一座独木桥，我们怎么做可以不从独木桥上掉下来呢？"		
准备部分 5 min	热身游戏：过小桥。 师："小朋友们，我们先一起过独木桥吧，要注意安全，千万别掉下去哟！"		练习 2个 循环
基本部分 15 min	1.2种动作示范练习。 教师示范单脚站立和过平衡木的基本动作后，幼儿练习。 2. 预设游戏：单脚站立。 师："为了更安全地通过长长的独木桥，我们要掌握单脚站立的本领，请小朋友们和老师一起练习单脚站立的本领吧。听老师的口令，老师数10个数后，我们换另一只脚站立。" 3. 创意游戏：运粮食。 师："小朋友们，我们需要经过前面的独木桥，给森林的小动物运粮食。请小朋友们用自己的方法将食物送到森林吧。" 教师将幼儿分为4路纵队，同时出发，用沙包当粮食。	图1单脚站立练习队列 图2过独木桥练习队列	每种 形式 练习 8组

续 表

教学过程		器械摆放及队列队形	组次
结束部分 3 min	1. 放松游戏。 师："小朋友们，我们一起做甩甩操放松一下吧！一起甩甩胳膊、甩甩腿。" 2. 教师带领幼儿一起整理、回收器械。		
延伸部分	1. 延伸游戏：头顶沙包。 幼儿将沙包顶到头上，向前走 5 m。 2. 家园互动：亲子练平衡。 家长和幼儿一起手臂伸展、手掌托物走。		

表7-24　第1学期第18周幼儿园体育活动设计（小班）

课程名称	爱玩的小猴子——悬垂的基本练习	周次	第 18 周
课程目标	1. 基本掌握悬垂的动作要领。 2. 通过练习发展上肢力量和手的握力。 3. 培养勇敢顽强的品质。		
双手抓杠悬垂动作要领	双手抓杠悬垂：双手抓住超过自身伸手高度的横杠，借助手臂力量使身体悬空吊起，要求双手与肩同宽，紧紧握住横杠，身体保持稳定。		
所需器械	敏捷环 4 个、单杠和海绵垫 1 套、布基胶带 1 卷、垫子 2 个、叠叠杯若干、三角挡板 2 个。		

教学过程		器械摆放及队列队形	组次
开始部分 2 min	1. 集合整队，师幼问好，清点人数。 2. 情景导入。 师："小朋友们，你们在哪儿见过小猴子？小猴子都爱玩什么游戏呢？（幼儿大胆发言）今天我们扮成小猴子一起玩游戏吧！"		
准备部分 5 min	热身游戏：圈圈接力。 师："请小朋友们分成 4 路纵队排列，听到'跑'的口令后，第一排跑到敏捷环处拿起环由头部套到脚底，然后把敏捷环放回原处，快速从队伍右侧跑回，与下一个小朋友击掌完成接力，随后到队伍末尾排队。"		练习 2 组

续　表

教学过程	器械摆放及队列队形	组 次
基本部分 **15 min** 1. 动作示范练习。 教师示范双手抓杠悬垂的基本动作后，幼儿练习。 2. 预设游戏：小猴子来比赛。 师："小猴子喜欢在树上爬来爬去，那小猴子的臂力肯定很厉害，接下来，看看谁的臂力最强。" 教师将幼儿分成 2 路纵队排列，两两一组双手握住单杠进行悬垂练习，每人坚持 10 s 左右。 3. 创意游戏：小猴子游乐场。 师："游乐场设有滚滚乐（垫子上翻滚）、叠叠乐（叠叠杯搭建）、跳跳乐（敏捷环）、攀攀乐（三角挡板）等游戏项目，接下来让我们一起去小猴子游乐场玩吧！" 教师将幼儿分成 2 队，从第一名幼儿开始依次进行游戏项目，最后整队幼儿循环进行游戏。	图 1 小猴子来比赛 练习队列 图 2 小猴子游乐场 练习队列	每种形式练习6组
结束部分 **3 min** 1. 放松游戏。 师："'小猴子们'跟老师一起玩包饺子游戏，切切菜、和和面、包包饺子等进行上肢放松活动。" 2. 教师带领幼儿一起整理、回收器械。		
延伸部分 1. 延伸游戏：利用园所中大型器械进行悬垂练习。 2. 家园互动：家长在家和幼儿玩小猴挂树的游戏。		

二、小班第 2 学期教案

表7-25　第2学期第1周幼儿园体育活动设计（小班）

课程名称	小小建筑师——走的基本练习	周 次	第 1 周
课程目标	1. 听到信号后，能沿着指定路线自然、协调，上身直立地走，并能躲避他人的碰撞。 2. 能沿地面直线或在较窄的低矮物体上行走。 3. 有初步的规则意识，一个跟着一个走。		
走的动作要领	上体正直，自然挺胸，肩部肌肉放松，目视前方；双臂前后自然、轻松摆动；向前摆臂时，肘关节稍弯曲；步幅大小适宜、均匀；精神饱满，节奏感强。		
所需器械	大标志桶 8 个、3 m 长平衡木 1 个、平衡砖若干。		

教学过程	器械摆放及队列队形	组 次
开始部分 **2 min** 1. 集合整队，师生问好，清点人数。 2. 情景导入。 师："小朋友们，今天我们扮演小小建筑师，一起合作去搭高高。"		

	教学过程	器械摆放及队列队形	组　次
准备部分 5 min	1. 热身游戏：直线走。 师："请小朋友们分成4队，和老师一起出发吧！" （1）教师做示范，带领幼儿练习走的基本动作。 （2）来回进行一趟即可，而后进入基本部分。		练习 1组
基本部分 15 min	1. 动作示范及练习。 教师示范走的基本动作，幼儿练习。 2. 预设游戏：穿越迷宫。 师："现在前面有个圆形迷宫，要求我们一个接着一个地走过去。请男生和女生分成2队，先从平衡木上走，返回时绕标志桶走回。" 教师示范动作及行走路线：绕圈走标志桶，器械摆放及行走路线如图1所示；绕圈走主要让幼儿体会通过改变脚的方向进行行走方向的调整。 3. 创意游戏：小建筑师搭高高。 师："请小朋友们拿着砖快速走过平衡木，把砖放到前面的空地上。大家一起合作搭高高。" 教师要注意幼儿在走的过程中的步态和身体姿势，及时纠正不正确的动作。	 图1 绕圈走场地及队列 图2 平衡木上走队列	每种 形式 练习 3组
结束部分 3 min	1. 放松游戏。 师："小朋友们辛苦了，跟老师一起做拍拍操吧，拍拍胳膊、拍拍腿、拍拍肩膀。" 2. 教师带领幼儿一起整理回收器械。		
延伸部分	1. 延伸游戏：高人矮人走。 （师："请小朋友们围成一圈，听口令，老师说'高人走'，小朋友们就站着走；老师说'矮人走'，小朋友们就蹲下走。" 2. 家园互动：亲子持物走。 家长和幼儿在家练习持物走。		

表7-26　第2学期第2周幼儿园体育活动设计（小班）

课程名称	森林运动会——跑的基本练习	周　次	第2周
课程目标	1. 掌握正确的站立式起跑姿势，按照口令做好起跑姿势和起跑，能够上肢、下肢协调配合完成加速跑和途中跑，不摔倒。 2. 在体育活动中不推挤、碰撞他人。 3. 喜欢参加体育活动。		
跑的动作 要领	1. 跑：上体正直，稍前倾；积极抬腿，用力后蹬，落地时，前脚掌先落地，轻而稳；双手半握拳，双臂屈肘，前后自然摆动，用鼻子呼吸或口鼻同时呼吸，自然而有节奏。 2. 加速跑：当听到"跑"的口令时，后蹬腿积极蹬地前摆，步长不要太大，着地点尽量靠近身体重心投影点，前倾的上体随着加速慢慢抬起，摆动腿着地后积极后蹬，以便获得更大的反作用力，为加速提供动力，双臂以肩为轴积极前后摆动。 3. 途中跑：结合站立式起跑和加速跑做途中跑。		
所需器械	布基胶带1卷、标志桶4个。		

续　表

	教学过程	器械摆放及队列队形	组 次
开始部分 2 min	1. 集合整队，师幼问好，清点人数。 2. 情景导入。 师："小朋友们，森林里要召开运动会了，快来跟老师一起参加吧！"		
准备部分 5 min	热身游戏：小动物摇摆操。 师："小动物们！让我们一起摇摆吧。" 教师带领幼儿练习原地摆臂，4 路横队呈体操队形散开。		练习 2 组 每组 2 分钟
基本部分 15 min	1. 动作示范及练习。 教师示范站立式起跑姿势，幼儿尝试。 2. 预设游戏：快乐跑一跑。 教师让幼儿扮成小动物，分成 4 组，第一组带好号码布（纸巾、A4 纸等），听哨子，从起点出发至终点摸标志桶返回，各组依次进行，练习折返跑的动作。 3. 创意游戏：好朋友一起跑。 教师让 2 名幼儿为 1 组，进行合作跑，在跑的过程中号码布不能掉，看哪组跑得快。游戏过程中教师注意幼儿手臂和腿的摆动位置和方向，及时纠正。		每种 形式 练习 6 组
结束部分 3 min	1. 放松游戏。 师："现在我们玩小海豚放松游戏吧。" 幼儿头向上抬，胳膊撑地，腿向后伸，脚背放到地上，做拉伸放松运动。 2. 教师带领幼儿一起整理、回收器械。		
延伸部分	1. 延伸游戏：开心小汽车。 2 名幼儿为 1 组，前面的幼儿拉着圈，后面的幼儿在圈内；2 个人一起跑。 2. 家园互动：亲子接力赛。		

表7-27　第2学期第3周幼儿园体育活动设计（小班）

课程名称	猴子吃香蕉——下蹲动作的基本练习	周 次	第 3 周
课程目标	1. 基本掌握半蹲、深蹲的动作要领。 2. 锻炼幼儿腿部肌肉力量及耐力。 3. 培养初步的规则意识，喜欢参加体育活动。		
下蹲的动作要领	双脚开立，与肩同宽，脚尖朝前；屈膝屈髋下蹲（半蹲：大腿与地面呈45°；深蹲：大腿与地面平行），膝关节尽量不要超过脚尖，始终与脚尖方向一致；腰背要挺直略向前倾，目视前方；双手握拳，小臂提起屈肘贴近身体。 向前移动时，上肢摆臂动作与下肢腿部动作协调，步幅大小适宜、均匀；精神饱满，节奏感强。		

所需器械	空气棒 1 个、沙袋若干、敏捷圈 12 个。		
	教学过程	**器械摆放及队列队形**	**组　次**
开始部分 2 min	1.集合整队，师幼问好，清点人数。 2.情景导入。 师："今天猴妈妈要带领小猴子去找食物。"		
准备部分 5 min	**热身游戏：小猴子跳高比赛。** 师："在寻找食物之前，我们先进行跳高练习，比一比哪只小猴子跳得高。" 幼儿分成 4 队，教师带领幼儿进行原地跳高练习；教师指导幼儿半蹲起跳。		练习 5 组
基本部分 15 min	1.动作示范及练习。 教师示范半蹲、深蹲的基本动作，幼儿练习。 2.预设游戏：猴子取香蕉。 师："哇！我发现前方有美味的香蕉，但是需要小猴子跳过小河才能取到。" 幼儿分成 4 组，依次跳过敏捷圈，到达前方深蹲取到香蕉返回起点，后面的幼儿依次进行；教师指导幼儿先半蹲再起跳。 3.创意游戏：躲避大灰狼。 师："现在大家一起围成圈享受美食吧！这时候，大灰狼来啦！当听到'大灰狼来了'，要马上蹲下，没蹲下就会被大灰狼捉住。小朋友们，准备好了吗？" 游戏过程中，一名教师扮演大灰狼手持空气棒进行游戏，其他教师负责及时纠正幼儿不当的动作。	图 1 小猴子取香蕉练习队列 图 2 躲避大灰狼练习队列	每种 形式 练习 3 组
结束部分 3 min	1.放松游戏。 师："哇，你们表现得真棒，接下来跟我一起做拍拍操练习。" 教师带幼儿拍拍手、拍拍头、拍拍肩、拍拍小屁股、拍拍腿，拿出小拳头轻轻捶一捶。 2.教师带领幼儿一起整理、回收器械。		
延伸部分	1.延伸游戏：教师带幼儿进行打地鼠或小青蛙跳荷叶的游戏。 2.家园互动：家长与幼儿一起玩萝卜蹲的游戏。		

表7-28　第2学期第4周幼儿园体育活动设计（小班）

课程名称	小动物来比赛——缓冲动作的基本练习	周次	第 4 周
课程目标	1.掌握正确缓冲的动作要领，学会保护膝关节。 2.通过跳深练习，能够很好地完成落地缓冲。 3.在成人的鼓励和帮助下敢于尝试新的体育活动。		
下肢缓冲的 动作要领	落地时，前脚掌先着地，而后过渡到足弓和足跟，在着地的同时迅速屈膝、屈髋、屈踝，完成全身的缓冲，成半蹲或深蹲姿势。		
所需器械	30 cm 高跳箱 4 个、40 cm 高跳箱 4 个。		

	教学过程	器械摆放及队列队形	组　次
开始部分 2 min	1. 集合整队，师幼问好，清点人数。 2. 情景导入。 师："小朋友们，哪些小动物会跳呢？"		
准备部分 5 min	热身游戏：学小动物跳。 师："这么多小动物都会跳，我们一起来模仿一下它们是怎么跳的吧！你们知道膝关节在哪儿吗？我们来摸一摸。" 游戏过程中，教师及时纠正幼儿的错误动作，并提醒幼儿保护膝关节。		练习 5 组
基本部分 15 min	1. 动作示范及练习。 教师示范缓冲的基本动作，幼儿练习。 2. 预设游戏：小白兔跳深。 师："小动物要举行跳深比赛，先上场的是小白兔，我们来比一比看谁的动作最标准。" 幼儿分 4 组，依次跳下 30 cm 的跳箱，并保持正确的缓冲落地姿势。 教师要及时纠正、指导幼儿缓冲落地的动作。 3. 创意游戏：袋鼠连续跳。 师："下面该小袋鼠上场了，小袋鼠的比赛加大了难度，我们要一起加油喽！同样，小袋鼠在跳下跳箱时要注意保护膝盖。" 幼儿分成 4 组，依次跳过 30 cm 的跳箱，再跳过 40 cm 的跳箱，返回队尾。 教师巡视和指导幼儿动作的规范性，做到及时纠正。	图 1 小白鼠跳深练习队列 图 2 袋鼠连续跳练习队列	每种 形式 练习 8 组
结束部分 3 min	1. 放松游戏。 师："今天我们一起模仿了多种小动物的跳跃姿势，并且学会了跳跃时如何保护膝盖。小朋友们要注意：在从高处向下跳时一定要有大人在旁保护，注意安全。下面我们一起来放松一下。" 教师带幼儿拍身体各部位，或幼儿互相拍身体各部位。 2. 教师带领幼儿一起整理、回收器械。		
延伸部分	1. 延伸游戏：利用敏捷圈进行各种跳跃动作的练习、立定跳远练习。 2. 家园互动：家长带幼儿到有适当高度的地方，进行跳深游戏练习，家长做好幼儿的保护工作。		

表7-29　第2学期第5周幼儿园体育活动设计（小班）

课程名称	小青蛙跳跳跳——跳跃动作的基本练习	周　次	第 5 周
课程目标	1. 学会跳跃障碍物，掌握双脚连续跳的动作要领。 2. 通过活动加强幼儿的下肢力量。 3. 敢于尝试，培养幼儿参加体育锻炼的兴趣。		

立定跳远的动作要领	立定跳远由预摆、起跳、腾空、落地构成；预摆环节为双脚左右开立与肩同宽，手臂先前摆，双腿伸直，然后后摆，屈膝、屈髋下蹲，腰背挺直，目视前方；起跳环节为双脚快速蹬地，同时双臂由后向前上方摆动，跳起腾空，充分伸展身体；腾空环节收腹举腿，小腿前伸，同时双臂用力后摆；落地环节为脚着地后屈踝、屈膝、屈髋下蹲。		
所需器械	直径 30 cm 敏捷环 20 个、15 cm 高敏捷栏 20 个、布基胶带 1 卷、空气棒。		
	教学过程	**器械摆放及队列队形**	**组 次**
开始部分 2 min	1. 集合整队，师幼问好，清点人数。 2. 情景导入。 师："小朋友们，你们还记得小青蛙是怎么跳的吗？" 鼓励幼儿大胆表现。		
准备部分 5 min	热身游戏：鳄鱼来了，鳄鱼来了。 师："请小朋友们扮成小青蛙站在荷叶前，当老师说'鳄鱼来了，鳄鱼来了'，小朋友们双脚同时起跳，跳到荷叶上。"		练习 2 组
基本部分 15 min	1. 动作示范及练习。 教师示范跳跃的基本动作，幼儿练习。 2. 预设游戏：小青蛙跳障碍。 师："前往池塘的路上有很多树桩，挡住了我们的去路，我们怎么过去呢？" 幼儿探索，尝试跳跃，教师总结并示范游戏。幼儿分成4组进行跳障碍练习。 3. 创意游戏：小青蛙本领大。 师："刚才小朋友们跳跃了第一个树桩，接下来我们要连续跳跃更多的树桩，你们有信心挑战成功吗？" 练习1组后再增加1个木桩，栏与栏之间间隔30 cm。 师："小朋友们又挑战成功了，还有最后1组障碍物，你们需要快速跳跃到终点，并2人合作将终点的食物运回到起点。" 器械增加到5个障碍及终点处2组空气棒。练习中强调幼儿动作的规范性和连续性，像青蛙一样连续完成下蹲起跳—落地缓冲下蹲—起跳—缓冲下蹲—起跳的动作，做到及时纠正。	图 1 小青蛙跳障碍练习队列 图 2 小青蛙本领大练习队列 图 3 小青蛙本领大练习进阶版队列	每种形式练习5 组
结束部分 3 min	1. 放松游戏。 师："我们一起玩洗澡的游戏吧。请小朋友们原地站立，老师说'洗洗胳膊'，小朋友们就拍拍胳膊；老师说'洗洗腿'，小朋友们就拍拍腿；老师说'洗洗脚'，小朋友们就跺跺脚。" 2. 教师带领幼儿一起整理、回收器械。		
延伸部分	1. 延伸游戏：交替跳。 请幼儿沿着平铺于地面的器械进行左脚、右脚交替跳。 2. 家园互动：亲子左右双脚跳。 准备1条绳放在地上，家长与幼儿拉手站立，同时向前方左右跳。		

表7-30　第2学期第6周幼儿园体育活动设计（小班）

课程名称	小小解放军——投掷动作的基本练习	周　次	第6周
课程目标	1. 基本掌握上手投掷和下手投掷的动作要领。 2. 能单手将沙包向前投掷2 m以上。 3. 喜欢参加体育活动。		
下手投掷的动作要领	以右手投掷沙包为例（准备：双脚前后开立，左腿在前，后腿膝微曲，前腿伸直稳定支撑，上体稍后仰，左臂斜向前上伸出，右手持沙包直臂向下后方引，眼看前方；投掷：通过蹬伸右腿、转体、收腹、挥臂、甩腕一连串的连贯动作，快速将球投出，左腿始终伸直稳定支撑，左臂向左侧摆动；结束：身体保持直立稳定姿势，眼睛观看沙包运动轨迹）。		
所需器械	直径50 cm的敏捷环4个、人手1个小沙包、布基胶带1卷。		

	教学过程	器械摆放及队列队形	组次
开始部分 2 min	1. 集合整队，师幼问好，清点人数；口令带动，气氛营造。 2. 情景导入。 师："小朋友们，今天我们一起来进行小小解放军的游戏。"		
准备部分 5 min	热身游戏：打靶游戏。 师："老师在每个队列前摆放了1个敏捷环，请小朋友们手持沙包通过下手投掷的方法一排一排地向敏捷环中投，投进环中最多的队获胜，先请小朋友们看看老师是怎么做的。" 第一排幼儿距敏捷环2 m。		练习 3组
基本部分 15 min	1. 动作示范及练习。 教师示范上手投和下手投的基本动作，幼儿练习。 2. 预设游戏：谁的"手榴弹"扔得远。 师："每队小朋友都练得很认真，接下来我们看谁的'手榴弹'扔得远。" 教师将幼儿分为2队，利用上手投或下手投的方法进行练习。 3. 创意游戏：小小解放军。 （1）分队射击。 师："请小朋友们分成红队和蓝队，队伍之间保持安全距离（不要被沙包砸到）；当听到老师的口令，1队抛出后2队再抛，之后大家再一起捡沙包。" （2）自由对射。 2队自由对射，只能捡对面幼儿抛过来的沙包，同时注意躲避"炮弹"，捡沙包后必须回到线后才可以抛射。上手投和下手投自由使用。	图1 "手榴弹"扔得远练习队列 图2 小小解放军练习队列	每种形式练习6组
结束部分 3 min	1. 放松游戏。 教师带领幼儿玩机器人的游戏，幼儿自由活动身体，当听到教师说"机器人"的时候，幼儿快速静止不动。 2. 教师带领幼儿一起整理、回收器械。		

	教学过程	器械摆放及队列队形	组　次
延伸部分	1. 延伸游戏：教师带领幼儿进行好玩儿的纸飞机投掷的游戏。 2. 家园互动：亲子互动利用纸张团球，进行投掷游戏的练习。		

表7-31　第2学期第7周幼儿园体育活动设计（小班）

课程名称	小脚丫传球——踢的基本练习		周　次	第7周
课程目标	1. 基本掌握原地脚内侧踢定位球和助跑脚内侧踢定位球的动作要领。 2. 知道在体育活动中不推挤、碰撞他人。 3. 喜欢参加体育活动。			
原地（助跑）脚内侧踢定位球的动作要领	以右脚踢定位球为例（准备：直线助跑2～3步，左脚踏在球左侧10 cm处，脚趾指向前方，膝关节微屈，眼睛注视球，重心落在左腿上稳定支撑，右脚位于球后方；踢球：右腿大腿后摆，小腿后屈，双臂微屈，肘自然张开，协助身体保持平衡，而后大腿以髋关节为轴带动小腿积极前摆，在前摆过程中髋关节外展，脚翘起，脚内侧与出球方向成90°，以脚内侧击球的后中部；结束：击球后，右腿顺势前摆落地）。			
所需器械	人手1个足球、布基胶带1卷、杯子12个。			

	教学过程	器械摆放及队列队形	组　次
开始部分 2 min	1. 集合整队，师幼问好，清点人数。 2. 情景导入：教师跺跺脚并提问幼儿："小脚丫可以做什么呢？" 鼓励幼儿大胆发言，教师总结。 师："今天我们玩小脚丫传球的游戏。"		
准备部分 5 min	热身游戏：脚丫踢踢踢。 师："请小朋友们手拉手围成圈，老师会在圈内放足球，小朋友们相互踢，在来回踢时要注意安全，只能让小球在地上滚。" 练习正脚背踢球的动作要领；练习中教师及时纠正幼儿不正确的动作。		练习 1组
基本部分 15 min	1. 动作示范及练习。 教师示范原地脚内侧踢定位球和助跑脚内侧踢定位球的基本动作，幼儿练习。 2. 预设游戏：小脚丫本领大。 师："现在我们比一比，看看谁的小脚丫踢得准。" 幼儿分成2组，1组踢，1组摆杯子，每名幼儿踢5次后互换。 3. 创意游戏：小脚丫传球。 师："小朋友们学会了踢球，接下来我们用小脚丫来传球。请分成红队和蓝队，一会儿只能捡自己对面小朋友踢过来的球。捡球后必须回到线后才可以踢。看哪个小朋友接住的球最多。" 先练习原地脚内侧踢定位球，基本掌握动作后再练习助跑脚内侧踢定位球。 特别提示：小班只练习优势腿踢球；通过巡视教师及时纠正动作不正确的幼儿。	图1 小脚丫本领大练习队列 图2 小脚丫传球练习队列	每种形式练习20组

续 表

	教学过程	器械摆放及队列队形	组 次
结束部分 3 min	1. 放松游戏。 师："请小朋友们和老师玩小脚丫的游戏，压一压脚背，转一转脚腕。" 2. 教师带领幼儿一起整理、回收器械。		
延伸部分	1. 延伸游戏：足球入门。 请幼儿找准目标将足球踢到门里。 2. 家园互动：踢水球。 将气球装水绑上绳，用手提着绳，用脚踢气球。		

表7-32 第2学期第8周幼儿园体育活动设计（小班）

课程名称	球球打地鼠——拍的基本练习	周 次	第8周
课程目标	1. 幼儿熟练掌握双手拍球的动作要领。 2. 提高幼儿的应变能力，感受手的力量和球的关系，锻炼眼手协调能力。 3. 初步建立规则意识，不与同伴发生争抢，体验拍球的乐趣。		
双手拍球的动作要领	双手拍篮球：双脚分开与肩同宽，微微屈膝、屈髋、弯腰，双手五指分开，掌心稍屈合在球表面，双手连同手腕、前臂恰当用力拍球；球在弹跳时，手要跟着球的走向、高度，调整拍球力量的大小，将球的高度控制在腰部的位置；拍球的时候，眼睛和双手要始终跟着球移动，做到眼和手的动作协调一致。		
所需器械	人手1个皮球、音乐、敏捷环若干。		

	教学过程	器械摆放及队列队形	组 次
开始部分 2 min	1. 集合整队，师幼问好，清点人数。 2. 情景导入。 师："小朋友们，你们玩过打地鼠的游戏吗？那你们玩过球球打地鼠吗？今天我们一起玩球球打地鼠的游戏。"		
准备部分 5 min	热身游戏：球球传递。 师："我们先来进行球球传递的游戏，请小朋友们分成2队，手拉手围成圈，每个小朋友手拿1个球，原地拍5下球，传递给下一个小朋友（可同时传递多个球）。"		练习 1组
基本部分 15 min	1. 动作示范及练习。 教师示范双手拍的基本动作，幼儿练习。 2. 预设游戏：球球打地鼠。 师："小地鼠就藏在洞洞里，接下来我们进行球球打地鼠的游戏。请小朋友们分成2组，每人负责1个洞（敏捷环），在洞洞的上方连续打地鼠。" 3. 创意游戏：小地鼠的新家。 师："小地鼠特别聪明，在另一个地方还有家。这个家有很多的洞口，而且是不同颜色的。接下来看看你们的反应能力，能不能快速堵住洞口。请小朋友们分成6组，每组有4个不同颜色的敏捷环作为小地鼠的洞口。听老师的口令，在相应的敏捷环中连续拍球5下。"	图1 球球打地鼠练习队列 图2 小地鼠的新家练习队列	每种形式练习20组

	教学过程	器械摆放及队列队形	组 次
结束部分 3 min	1. 放松游戏：教师带领幼儿一起做钻洞、出洞的动作进行放松拉伸。 2. 教师带领幼儿一起整理、回收器械。		
延伸部分	1. 延伸游戏：教师可以带领幼儿进行单手拍球的游戏。 2. 家园互动：家长可以在家和幼儿进行打地鼠的游戏。		

表7-33　第2学起第9周幼儿园体育活动设计（小班）

课程名称	马戏团——接的基本练习	周 次	第9周
课程目标	1. 熟练掌握原地双手胸前接大球的动作要领。 2. 通过游戏提高动作的灵敏性，能双手向上抛接球。 3. 激发喜欢玩球的兴趣。		
原地双手胸前接大球的动作要领	面对来球，双臂自然伸出迎球，手指自然分开，两拇指成"八"字形，朝着来球的方向；手指接触球的同时，双臂要随球缓冲，将球引至胸前抱住。		
所需器械	人手1个篮球。		

	教学过程	器械摆放及队列队形	组 次
开始部分 2 min	1. 集合整队，师幼问好，清点人数。 2. 情景导入。 师："小朋友们，你们去过马戏团吗？马戏团里都有什么小动物呢？马戏团的小动物今天表演的节目是和球做游戏。"		
准备部分 5 min	热身游戏：小球不落地（自抛自接）。 师："马戏团的小象有长长的鼻子，它喜欢和球做游戏，而且不让球落地。让我们一起来试一试吧！请小朋友们分成2队，每个小朋友拿1个皮球，看看老师是怎么做的。"		练习 1组
基本部分 15 min	1. 动作示范及练习。 教师示范接的基本动作，幼儿练习。 2. 预设游戏：小球会跳舞（弹接球）。 师："小猴子给大家展示的是你弹我接的游戏，快来跟小猴子一起玩儿吧！请小朋友们分成2队，双手打开，1队拿球，拿球小朋友的双脚开立与肩同宽，双手胸前抱球用力向两队中间地面投出，球触地弹起；2队的小朋友接球，接球后用力向两队中间地面投出，对面小朋友双手接球。" 3. 创意游戏：你抛我接（抛接球）。 师："小熊猫和它的伙伴给大家带来的是你抛我接的游戏，请大家跟随小熊猫动起来吧！小朋友们双手胸前抱球由下向前上方抛出，对面小朋友在球落下后双手接球，双手接球后调整好自己位置，双手把球由下向前上方抛出，对面小朋友再双手接球。" 教师通过示范教幼儿练习的方法；练习中及时纠正动作不正确的幼儿。		弹接球练习 10组 抛接球练习 20组

续 表

教学过程		器械摆放及队列队形	组 次
结束部分 3 min	1. 放松游戏。 师："现在让我们的身体和小球一起玩游戏吧！" 利用小球按摩身体各部位。 2. 教师带领幼儿一起整理、回收器械。		
延伸部分	1. 延伸游戏：教师带幼儿尝试原地双手拍球练习。 2. 家园互动：进行亲子互动抛接、弹接球游戏。		

表7-34　第2学期第10周幼儿园体育活动设计（小班）

课程名称	爬行小能手——爬的基本练习	周次	第 10 周
课程目标	1. 熟练掌握跪爬、熊爬的动作，学习俯爬的动作要领。 2. 通过游戏发展幼儿的协调性和柔韧性。 3. 愿意参加体育活动。		
各种爬行的 动作要领	1. 跪爬：要求双膝跪地，双手与肩同宽，双手着地支撑身体，爬行时，异侧手膝交互更替向前爬行。 2. 俯爬：全身俯卧，屈肘；爬行时左臂前伸，五指张开全掌按地，右腿屈膝前移，用左手的前臂和右脚的膝内侧同时支撑，使胸、腹稍抬离地面，右脚前蹬伸直，使躯干向前移动，注意胸、腹着地，然后右臂前伸，左脚屈膝前移，反复前行。 3. 熊爬：双手双脚撑于地面，双膝不着地，前进时异侧手脚移动（左手右脚或右手左脚），前进动力主要放在双脚上，手主要起平衡作用。		
所需器械	门洞 12 个、2 m×1.2 m 的体操垫 8 块、布基胶带 1 卷、沙包若干。		

教学过程		器械摆放及队列队形	组 次
开始部分 2 min	1. 集合整队，师幼问好，清点人数。 2. 情景导入。 师："小朋友们，你们见过小乌龟爬吗？小乌龟是怎么爬的呢？（教师引导幼儿自主尝试爬行的方法）今天我们来模仿小乌龟爬。"		
准备部分 5 min	热身游戏：小乌龟爬。 师："接下来我们要玩小乌龟爬的游戏，请小朋友们排成2队站立，排在标志线处，先跪爬通过地垫，再熊爬通过门洞。" 2 个体操垫平铺地上，门洞 3 个为 1 组，之间间隔 1 m，两组之间间隔 1 m，对称摆放。		练习 5 组

教学过程		器械摆放及队列队形	组　次
基本部分 15 min	1.3 种动作示范及练习。 教师分别示范跪爬、熊爬、俯爬的基本动作，幼儿练习。 2. 预设游戏：爬行小能手。 师："今天我们来扮演小乌龟，比一比谁是爬行小能手。请大家用 3 种爬行方法爬过前面的地垫。" 教师引导幼儿每次用不同的方法爬行。 3. 创意游戏：小乌龟抓鱼。 师："小朋友们，现在我们要扮成小乌龟去前面捉小鱼（用沙包当小鱼），请分成 2 组，排队到门洞前，先用熊爬的方法爬过门洞，再用跪爬和俯爬的方法爬过草地，抓到小鱼后返回队列。看哪组小乌龟抓得最多。" 器械摆放：把门洞和体操垫按照图 2 的形式摆放，门洞之间间隔 1 m。	图 1 爬行小能手练习队列 图 2 小乌龟抓鱼练习队列	每种形式练习10组
结束部分 3 min	1. 放松游戏。 师："小乌龟捉了好多鱼，接下来我们一起做小乌龟甩甩操吧，请小朋友们甩甩胳膊、甩甩腿进行放松。" 2. 教师带领幼儿一起整理、回收器械。		

表7-35　第2学期第11周幼儿园体育活动设计（小班）

课程名称	打败怪兽——滚的基本练习	周　次	第11周
课程目标	1. 熟练掌握直体侧身滚、双手抱胸直体侧身滚的动作要领。 2. 通过练习发展幼儿的四肢协调性。 3. 喜欢参与体育活动，了解多种滚的方式。		
各种爬行的动作要领	1. 直体侧身滚（预备时挺直身体横躺于垫上，双手上举，双腿夹紧；滚动时要用腰带动身体向侧面直体滚动，注意尽量调整好身体，避免偏离方向，注意滚动时头和脚不能贴近垫子，需要稍稍抬起）。 2. 双手抱胸直体侧身滚（预备时双手紧抱于胸前，挺直身体横躺于垫上，双腿夹紧；滚动时要用腰带动身体向侧面直体滚动，注意尽量调整好身体，避免偏离方向，滚动时头和脚稍稍抬起）。		
所需器械	敏捷环 2 个、人手 1 个沙包、2 m×1.2 m 的体操垫 4 块、布基胶带 1 卷。		
教学过程		器械摆放及队列队形	组　次
开始部分 2 min	1. 集合整队，师幼问好，清点人数。 2. 情景导入。 师："勇敢的小士兵们，今天接到了新的任务，怪兽要来袭击动物城，我们要帮助小动物赶走它。"		
准备部分 5 min	1. 热身游戏：翻滚吧。 师："要想打败怪兽，必须要有灵敏的反应能力。现在我们来练习一下吧。请小朋友们躺到垫子上，一个接一个从垫子上直体侧身（双手抱胸）滚过去，然后折返到队列后排队进入下一个循环。"		练习3组

续 表

教学过程		器械摆放及队列队形	组 次
基本部分 15 min	1.2 种动作示范及练习。 教师示范直体侧身滚、双手抱胸直体侧身滚的基本动作，幼儿练习，练习中教师及时纠正不正确的动作。 2.预设游戏：运输"炸弹"。 师："打怪兽之前我们先把'炸弹'准备好。请小朋友们分成 2 队，音乐响起后依次出发，运用直体侧身滚、双手抱胸直体侧身滚的方式到达最前方将'炸弹'运回来。" 3.创意游戏：打败怪兽。 师："快看，怪兽就在我们前方，请小朋友们分成红队和蓝队，每个小朋友拿 1 个沙包当作'炸弹'，先直体侧身滚，然后双手抱胸直体侧身滚靠近怪兽，到标志线处把'炸弹'投向怪兽，结束后看哪个队投进得多，多的队获胜。"	图 1 运输"炸弹"练习队列 图 2 打败怪兽练习队列	每种形式练习 5 组
结束部分 3 min	1.放松游戏。 师："通过我们的不懈努力，怪兽被我们打败了。现在请小朋友跟老师一起来玩我说你做的游戏。老师说'拍拍手'，小朋友们拍拍手；老师说'踩踩脚'，小朋友们踩踩脚。" 2.教师带领幼儿一起整理、回收器械。		
延伸部分	1.延伸游戏：教师可以组织幼儿进行双人烤香肠的游戏练习。 2.家园互动：家长带领幼儿进行持物滚，且逐渐增加难度（变换持物的大小、长短）。		

表7-36 第2学期第12周幼儿园体育活动设计（小班）

课程名称	小老鼠钻山洞——钻的基本练习	周次	第12周
课程目标	1.熟练掌握正面钻的动作要领，基本掌握侧面钻的动作要领。 2.通过练习提升幼儿动作的协调和灵活性。 3.培养幼儿活动中的规则意识和安全意识。		
侧面钻的动作要领	侧面钻：要求身体侧对障碍物，屈膝下蹲，一侧腿先从障碍物下伸过，然后低头弯腰，蹬伸另一侧腿，移动重心从障碍物下钻过。		
所需器械	门洞 12 个、布基胶带 1 卷、沙包小布包若干。		

	教学过程	器械摆放及队列队形	组　次
开始部分 2 min	1. 集合整队，师幼问好，清点人数。 2. 情境导入。 师："小朋友们，看过动画片《猫和老鼠》吗？你们喜欢里面的哪个小动物呢？为什么？"		
准备部分 5 min	热身游戏：小老鼠学本领。 师："小老鼠们特别机灵，它们最擅长的本领就是钻洞。请小朋友们想一想有几种钻洞的方法，怎样钻洞最快。试试吧！" 器械摆放：把门洞3个为1组摆放，之间间隔1.5 m，组间间隔2 m，对称摆放。		练习 3组
基本部分 15 min	1. 动作示范及练习。 教师示范侧面钻的基本动作，幼儿练习。 2. 预设游戏：小老鼠运粮食。 师："小老鼠们学会钻的本领了吗？接下来我们比赛吧！请分成2组，先用正面钻的方式通过山洞，再拿着粮食用侧面钻的方式回到家里。看哪组小朋友最先运完粮食。用沙包代替粮食。" 3. 创意游戏：小老鼠躲猫猫。 师："森林里来了1只小猫，要抓小老鼠。小老鼠要躲避小猫的捕捉，但是要经常从洞里钻出来透气，呼吸新鲜空气。老师先来当小猫跟你们玩一次，一会儿请小朋友们扮演小猫。"	图1 小老鼠运粮食练习队列 图2 小老鼠躲猫猫练习队列	正面钻练习5组 侧面钻练习5组
结束部分 3 min	1. 放松游戏。 师："你们刚才跑得非常快，接下来我们一起做一个拍拍放松操吧，跟老师一起拍拍胳膊，拍拍腿，拍拍肩膀，拍拍屁股。" 2. 教师带领幼儿一起整理、回收器械。		
延伸部分	1. 延伸游戏：钻山洞。 幼儿分成2组，1组手拉手为圈，2人搭1个山洞，2组幼儿拉火车的形式依次钻过山洞。 2.. 家园互动：钻洞大挑战。 家长利用身体部位摆成各种洞的形状，幼儿进行钻的练习。		

表7-37　第2学期第13周幼儿园体育活动设计（小班）

课程名称	摘桃子——攀的基本练习	周次	第13周
课程目标	1. 熟练掌握攀登跳箱的动作要领，能攀爬上比自己身高矮10 cm的平台。 2. 通过练习锻炼幼儿的身体协调能力。 3. 在教师的提醒下，遵守各项活动的规则要求，喜欢参加体育活动。		
攀登跳箱的动作要领	攀登跳箱：双手抓住跳箱上面，手臂用力向上攀爬，下肢一条腿蹬地，另一条腿用力高抬，摆动到跳箱上面支撑住，另一条腿再向上，攀登上跳箱。		
所需器械	跳箱2套。		

教学过程		器械摆放及队列队形	组次
开始部分 2 min	1. 集合整队，师幼问好，清点人数。 2. 情景导入。 师："小朋友们，你们知道小猴子最喜欢吃什么水果吗？（幼儿自由发言）今天小猴子请求我们帮它摘山顶上的桃子，但是要攀过高高的山坡。"		
准备部分 5 min	热身游戏：小猴真爱玩。 师："小猴特别淘气，很爱玩，我们跟小猴一起玩个游戏。"幼儿站在空地上，教师带领幼儿进行摸摸××跑回来的游戏。教师说"小猴真爱玩，摸摸大树跑回来"，幼儿快速摸大树跑回来。教师组织幼儿摸指定物体。		练习 2组
基本部分 15 min	1. 动作示范及练习。 教师示范攀登跳箱基本动作，幼儿练习。 2. 预设游戏：攀越小山坡。 师："小朋友们，我们先来攀过第一组小山坡。请小朋友们排成1队，以最快的速度攀过不同高度的跳箱。从起点出发循环进行游戏。" 3. 创意游戏：攀越大山。 师："接下来我们来攀过第二组大山坡。最后一个山坡是最高的，大家一定要想办法攀登过去。老师把最后的黑色跳箱调整摆放，增加高度。" 教师要做好安全防护工作。		每种形式练习6组
结束部分 3 min	1. 放松游戏：教师带领幼儿摘不同高度的桃子，做拉伸放松。 2. 教师带领幼儿一起整理、回收器械。		
延伸部分	1. 延伸游戏：教师可组织幼儿进行小蚂蚁找粮食的游戏，幼儿攀登跳箱后，找粮食返回。 2. 家园互动：亲子游戏猴子爬山（家长呈半蹲姿势，幼儿在家长身体上进行攀的练习）。		

表7-38　第2学期第14周幼儿园体育活动设计（小班）

课程名称	小猪运西瓜——转体的基本练习		周　次	第14周	
课程目标	1.熟练掌握原地转体的动作要领。 2.通过练习锻炼幼儿的身体协调能力。 3.在教师的提醒下，遵守各项活动的规则要求，喜欢参加体育活动。				
原地转体动作的要领	原地转体：双脚开立与肩同宽，双脚稳定支撑不动，上体各环节协调向左或向右转动，保持身体平衡。				
所需器械	长杆1根、皮球10个。				
教学过程			器械摆放及队列队形		组　次
开始部分 2 min	1.集合整队，师幼问好，清点人数。 2.情景导入。 师："小猪采摘了许多大西瓜，想要送往超市销售。西瓜太多了，小猪自己搬不完，我们一起帮助小猪搬西瓜吧！"				
准备部分 5 min	热身游戏：躲避障碍。 师："有一条循环小路可以抵达小猪家，需要我们按照循环小路的路线通过障碍。请小朋友们围成大圆圈，当遇到长杆时，快速跳起来，不要被绊倒。" 教师手持长杆绕幼儿脚底转动。				练习 2组 每组 2分 钟
基本部分 15 min	1.动作示范及练习。 教师示范转体的基本动作，幼儿练习。 2.预设游戏：左右传送带。 师："我们成功到达了小猪家，为了能够更快地运输西瓜，我们变成传送带，排成1列将西瓜从第一个小朋友传送到最后一个小朋友，让西瓜入筐。" 3.创意游戏：西瓜进超市。 师："超市售货架太窄了，需要侧身并步走，像小螃蟹一样将西瓜传递（转体）到售货架上。请小朋友们分成4组，排成4列，面向同一侧方向，从第一个小朋友侧身走步，将西瓜转体传递给下一位小朋友，依次进行，将所有西瓜完成传递。" 幼儿之间间隔1.5 m。		 图1 左右传送带练习队列 图2 西瓜进超市练习队列		每种 形式 练习 4组
结束部分 3 min	1.放松游戏：教师带领幼儿玩切西瓜的游戏，进行身体放松。 2.教师带领幼儿一起整理、回收器械。				
延伸部分	1.延伸游戏：教师可以带幼儿进行远距离侧身走、转体传递练习。 2.家园互动：家长带幼儿一起进行转体传递物品的游戏。				

表7-39　第2学期第15周幼儿园体育活动设计（小班）

课程名称	排球小能手——挥击的基本练习	周 次	第15周
课程目标	1.熟练掌握徒手挥击定点球的动作要领。 2.在体育活动中不推挤、碰撞他人。 3.培养幼儿的合作意识，体验游戏的快乐。		
打排球的动作要领	打排球：击球时，要提肩挥臂，手臂充分伸直，动作要迅速，加快前臂的挥动速度，并有明显的鞭打动作，猛甩手腕，以全手掌击打球，借以加大对球的击打力度。		
所需器械	支架2个、长杆1根、风阻软球4个。		

	教学过程	器械摆放及队列队形	组 次
开始部分 2 min	1.集合整队，师幼问好，清点人数。 2.情境导入。 师："小朋友们，你们玩过排球吗？你们知道怎么玩排球吗？"		
准备部分 5 min	热身游戏：跳跳操。 师："小朋友们，我们今天在玩排球游戏之前先做一个跳跳操，跟老师一起动起来吧。" 可进行开合跳、向高处跳、单脚跳等跳跃活动。		练习2个循环
基本部分 15 min	1.动作示范及练习。 教师示范徒手挥击定点球的基本动作，幼儿练习。 2.预设游戏：循环击球。 师："现在我们进行循环击球游戏，请小朋友们分成4队，4人为1组，先助跑然后用手挥击风阻软球，依次进行，看哪个小朋友拍得准，全体小朋友循环8次。" 器械摆放：2个支架固定好横杆，横杆上绑定4个风阻软球。 3.创意游戏：排球小能手。 师："小朋友们掌握了挥击的本领，接下来我们玩排球小能手的游戏。请小朋友们分成4组，老师晃动绑有气球的绳子，每组第一个小朋友同时出发进行挥击拍球。"	图1 循环击球练习队列 图2 排球小能手练习队列	每种形式练习8个循环
结束部分 3 min	1.放松活动。 师："小朋友们个个都是拍球小能手，现在跟老师一起做手指操吧！手指点点、手指叉叉、手指弯弯、手指握握等。" 2.教师带领幼儿一起整理、回收器械。		
延伸部分	1.延伸游戏：拍果子。 请幼儿拍打悬挂在适宜高处的气球。 2.家园互动：亲子拍拍乐。 进行案子拍气球的游戏。		

表7-40　第2学期第16周幼儿园体育活动设计（小班）

课程名称	保护粮食——躲闪动作的基本练习	周 次	第 16 周		
课程目标	1.基本掌握躲闪的动作要领。 2.通过练习发展幼儿对身体的控制能力，提高身体灵活性及躲闪能力。 3.初步了解各项活动简单的规则要求。				
躲闪的动作要领	躲闪动作：面对移向自己的物体或人，为了避免碰撞，通过移动身体（跑、跳、转体等）或改变身体姿势（下蹲、侧身、低头等）避开物体或人的身体动作；要求注意力集中，观察和判断准确，反应迅速、敏捷。				
所需器械	标志桶10个、足球5个、布基胶带1卷、空气棒2个。				
	教学过程		器械摆放及队列队形		组 次
开始部分 2 min	1.集合整队，师幼问好，清点人数。 2 情景导入。 师："小朋友们，我们的粮仓被老鼠袭击了，快去拯救我们的粮食吧。"				
准备部分 5 min	热身游戏：方向变变变。 师："为了减少损失，让我们以最快的速度到达粮仓。请小朋友们按照规定路线，跑到标志桶前，需要用手触碰标志桶后向左（右）前方跑去，按路线跑完后从左侧返回到队尾。"				练习 2~3 个循环
基本部分 15 min	1.动作示范练习。 教师示范躲闪的基本动作，幼儿练习。 2.预设游戏：抢救粮食。 师："在到达粮仓的路上，老鼠设置了障碍。阻挡我们到达粮仓抢救粮食，我们在行走的过程中，一定要躲避老鼠的障碍。请小朋友们分成男生组和女生组，男生组分2队分别站于胶带区域外，拿5个足球，双手用力滚动至对面，女生经过时要躲闪滚过来的球，被球击中者退出，站到两侧标志桶外，然后互换角色。" 3.创意游戏：运送粮食（空气棒）。 师："我们通过老鼠设置的障碍到达了粮仓，现在我们要将粮食进行转移，但是要小心返回途中老鼠设置的障碍。男生先在两边通过滚动球设置障碍，2名女生为1组，共同搬运粮食，躲避老鼠的障碍，然后互换角色。"				每种形式练习4组
结束部分 3 min	1.放松游戏。 师："我们成功抢救了剩余的粮食，为了保证粮食的充足，我们需要继续种粮食。" 2.教师带领幼儿一起整理、回收器械。				
延伸部分	1.延伸游戏：教师组织幼儿进行投沙包的游戏，提高躲闪能力。 2.家园互动：家长可以和幼儿玩捉尾巴的游戏。				

表7-41　第2学期第17周幼儿园体育活动设计（小班）

课程名称	萌鸡小队——平衡的基本练习	周　次	第17周
课程目标	1. 基本掌握静态平衡和动态平衡的动作要领。 2. 锻炼幼儿的反应能力和耐力。 3. 能够掌握各项活动简单的规则要求。		
瑜伽砖上行走 的动作要领	瑜伽砖上行走：拿7～12块瑜伽砖纵向一条直线排开，每两块间隔5～10 cm，让幼儿一步一块地由上面行走通过，单块上只能放1只脚，要求幼儿上体保持正直，腰腹收紧，目视前下方，双臂侧举，脚步稳健，身体稳定。		
所需器械	瑜伽砖人手1块、长300 cm×宽15 cm×高20 cm平衡木4个、布基胶带1卷。		

	教学过程	器械摆放及队列队形	组次
开始部分 2 min	1. 集合整队，师幼问好，清点人数。 2. 情景导入。 师："小朋友们，你们见过小鸡走路吗？今天小鸡要跟鸡妈妈一起去捉虫子了，让我们跟鸡妈妈一起出发吧！"		
准备部分 5 min	热身游戏：小鸡过小桥。 师："小鸡们，前面是独木桥，请大家排成4队，从桥上走过，然后排到队伍末尾，进入下一循环。"		练习 2个 循环
基本部分 15 min	1. 动作示范练习。 教师示范砖上行走的动作，幼儿练习。 2. 预设游戏：金鸡独立。 师："小朋友们，现在我们扮成小鸡去草地上捉虫子吃，遇到小河要踩石头过河，所以我们需要先学会单脚站立的本领。请小鸡听鸡妈妈口令练习左脚、右脚交替单脚站立。" 3. 创意游戏：移石过河。 师："小朋友们，我们要去捉虫喽！前面有条小河，但是河里没有石头，需要2个小朋友合作，用3块石头穿过小河。"	图1金鸡独立练习队列 图2移石过河练习队列	每种 形式 练习 6组
结束部分 3 min	1. 放松游戏。 师："小鸡们成功穿过小河吃到虫子啦！我们一起跳小鸡操吧！小鸡小鸡'嘎嘎嘎'，小朋友们可以抖动双臂；小鸡小鸡'咯咯咯'，小朋友们可以原地跳一跳；小鸡小鸡'啦啦啦'，小朋友们可以拍拍腿。" 2. 教师带领幼儿一起整理、回收器械。		
延伸部分	1. 延伸游戏：小脚运沙包。 将沙包放到脚上，向前走。 2. 家园互动：直线行走。 请家长和幼儿在家中踩砖缝行走。		

表7-42　第2学期第18周幼儿园体育活动设计（小班）

课程名称	森林运动会——悬垂动作的基本练习	周　次	第18周
课程目标	1.熟练掌握悬垂的动作要领。 2.练习上肢臂力和双手抓握能力。 3.培养幼儿对体育活动的兴趣和习惯。		
双手抓杠悬垂的动作要领	双手抓杠悬垂：双手抓住超过自身伸手高度的横杠，借助手臂力量使身体悬空吊起，要求双手与肩同宽，紧紧握住横杠，身体保持稳定。		
所需器械	标志桶4个、单杠和海绵垫1套、布基胶带1卷、三角挡板4组、沙包若干。		

	教学过程	器械摆放及队列队形	组　次
开始部分 2 min	1.集合整队，师幼问好，清点人数。 2.情景导入。 师："小朋友们，今天森林里要举行一场运动会，准备好了吗？让我们一起参加吧！"		
准备部分 5 min	热身游戏：熊爬接力。 师："请小朋友们成4路纵队排列，听到'爬'的口令后，第一排小朋友以熊爬的形式爬到标志桶绕圈爬回，统一由队伍右侧与下一个小朋友击掌完成接力，随后到队伍末尾排队。"		练习2组
基本部分 15 min	1.动作示范练习。 教师示范悬垂的基本动作，幼儿练习。 2.预设游戏：荡秋千大比拼。 师："请小朋友们成2路纵队，一起荡秋千，两两一组，双手握住单杠进行悬垂前后摆动荡秋千。" 3.创意游戏：大闯关。 师："请小朋友们站成1队，依次闯关吧！请小朋友们一个接一个地从横杠爬过去，然后用手抓着三角挡板顶端，小脚踩着三角挡板，依次向前行走。" 走到沙包处拿起沙包进行投掷就可返回队尾，依次循环。	图1 荡秋千大比拼练习队列 图2 大闯关练习队列	每种形式练习8组
结束部分 3 min	1.放松游戏：教师带领幼儿进行毛毛虫按摩游戏，幼儿排成1队，给前面幼儿进行按摩放松，向后转再按摩1次。 2.教师带领幼儿一起整理、回收器械		
延伸部分	1.延伸游戏：教师利用三脚架练习幼儿臂力。 2.家园互动：家长带领幼儿进行旋转木马游戏。		

三、中班第 1 学期教案

表7-43　第1学期第1周幼儿园体育活动设计（中班）

课程名称	小小士兵——走的基本练习	周 次	第 1 周	
课程目标	1.熟练掌握走的动作要领。 2.初步了解规则意义，并能在活动中遵守规则。 3.能体验体育活动的快乐，积极参加体育活动。			
走的动作要领	上体正直，自然挺胸，肩部肌肉放松，目视前方；双臂前后自然、轻松摆动；向前摆臂时，肘关节稍弯曲；步幅大小适宜、均匀；精神饱满，节奏感强。			
所需器械	大标志桶 16 个、布基胶带 1 卷。			
教学过程		器械摆放及队列队形		组 次
开始部分 2 min	1.集合整队，师幼问好，清点人数；口令带动，气氛营造。 2.情景导入。 师："小朋友们，今天我们一起来进行小小士兵的游戏。"			
准备部分 5 min	热身游戏：小士兵走钢丝。 师："第一个游戏是小士兵走钢丝，请大家分成 2 队，每队分成 2 组，2 组小朋友同时出发。当相遇时，互相合作帮助对方通过，切记不能踩钢丝以外的地方。当到达对面起点的位置与第二个小朋友击掌后，排到后面，第二个小朋友出发，依次进行。"			练习 1组
基本部分 20 min	1.动作示范及练习。 师："我们刚才进行了小士兵走钢丝游戏，那还有什么走的方式呢？请小朋友们积极动脑，说出更多走的方式。" 教师带幼儿练习走的基本动作。 2.预设游戏：士兵训练营。 师："大家要想成为优秀的士兵，就要通过今天的训练。" 教师将幼儿分成 4 队，每队选好排头，听教师指令做动作。比如，直线走、直线快走，当听到"排头变排尾"，所有幼儿向后转，最后一名变排头，继续进行游戏，要求紧跟队伍排整齐。 3.创意游戏：森林探险。 （1）小路弯弯。 师："接下来小士兵要徒步去森林里边探险了，前面是曲折小路，我们需要快速穿过。" （2）独木桥。 师："快速穿过了曲折小路后，我们来到了小河边，请小士兵安全渡过独木桥。要求双脚在 1 条直线上行走 6～8 m。"	图 1 直线走队列 图 2 曲线快走场地及队列 图 3 双脚一线慢走场地及队列		每种形式练习2组
结束部分 3 min	1.放松游戏。 师："士兵们，乌云来了，现在让我们大吸一口气后对着乌云用力吹气，把乌云吹跑。" 2.教师带领幼儿一起整理、回收器械。			
延伸部分	1.延伸游戏：进行高人走、矮人走、倒走等。 2.家园互动：家长和幼儿可以进行背对背行走。			

表7-44　第1学期第2周幼儿园体育活动设计（中班）

课程名称	贪吃蛇——跑的基本练习	周次	第2周
课程目标	1. 熟练掌握跑的动作要领。 2. 能够很好地按照指定路线跑，并能顺畅准确完成接力物交接。 3. 有规则意识，在活动中学会谦让，培养帮助他人的品质。		
跑的动作 要领	上体正直，稍前倾；积极抬腿，用力后蹬，落地时，前脚掌先落地轻而稳；双手半握拳，双臂屈肘，前后自然摆动，用鼻子或口鼻同时呼吸，自然而有节奏。		
所需器械	大标志桶16个、沙包4个、布基胶带1卷、棍棒8根。		

教学过程		器械摆放及队列队形	组次
开始部分 2 min	1. 集合整队，师幼问好，清点人数；口令带动，气氛营造。 2. 情景导入。 师："小朋友们好，今天老师要带大家一起玩贪吃蛇游戏。"		
准备部分 5 min	热身游戏：螺旋形跑。 师："现在我们共同扮演1条长长的贪吃蛇，老师来当蛇头，小朋友们当蛇身和蛇尾，然后跟着老师一起螺旋形跑。"		练习 1组
基本部分 20 min	1. 动作示范及练习。 教师示范并带领幼儿练习跑的基本动作。 2. 预设游戏：贪吃蛇曲线跑。 师："小朋友们好厉害，刚才我们是长长的贪吃蛇，这次要变成独立贪吃蛇，穿越障碍物，看看谁跑得又快又标准。" 幼儿听到"跑"的口令后，要快速绕过标志桶"S"形跑，第一条"贪吃蛇"回来之后将接力棒传递给下一条"贪吃蛇"，拿到接力棒才可以出发。要小心不要碰到障碍物。 3. 创意游戏：贪吃蛇接力跑。 师："请2个小朋友自由组成1条贪吃蛇，身体两侧手各持1条棍棒，保持身体平衡绕过标志桶，跑回起点。"	图1 曲线跑练习队列 图2 接力跑练习队列	每种 形式 练习 3组
结束部分 3 min	1. 放松游戏。 师："小贪吃蛇们今天好棒，玩得开心吗？现在请小朋友们听音乐放松一下。" 教师带领幼儿做坐位体前屈动作，压脚背、脚趾，充分做伸展放松。 2. 教师带领幼儿一起整理、回收器械。		
延伸部分	1. 延伸游戏：踩影子、斜坡跑。 2. 家园互动：进行亲子抓尾巴的游戏。		

表7-45　第1学期第3周幼儿园体育活动设计（中班）

课程名称	小白兔种蘑菇——下蹲动作的基本练习	周　次	第3周
课程目标	1. 熟练掌握半蹲、深蹲的动作要领。 2. 培养耐力及勇于挑战的精神。 3. 喜欢与同伴一起进行体育活动，体验合作和交往的乐趣。		
下蹲的动作要领	双脚并拢或与肩同宽，脚尖向前，自然站立，下蹲时，屈膝、屈髋，但头到腰部的躯干始终要保持笔直伸展状态，目视前方，上体略前倾，双手抱于胸前或向前伸展，无论是半蹲还是深蹲，双脚始终全脚掌着地，膝关节始终与脚尖方向一致，膝关节尽量不要超过脚尖。		
所需器械	叠叠杯若干、布基胶带1卷。		

教学过程		器械摆放及队列队形	组　次
开始部分 2 min	1. 集合整队，师幼问好，清点人数。 2. 情景导入。 师："今天小白兔邀请我们和它一起种蘑菇，我们出发吧！"		
准备部分 5 min	热身游戏：打雷了。 师："'轰隆轰隆'打雷了，我们快来躲雨吧！" 幼儿分成4组，教师站在中间；当听到"红队头顶打雷了"，红队幼儿就快速原地下蹲抱头（4组依次进行）。		练习5组
基本部分 20 min	1. 2种动作示范及练习。 教师带领幼儿练习半蹲、深蹲的基本动作。 2. 预设游戏：小白兔种蘑菇。 师："天晴了，我们开始帮小白兔种蘑菇吧！" 幼儿2人为1组，从起点开始手拉手配合种蘑菇（翻转叠叠杯），依次进行。 图1 小白兔种蘑菇练习队列 3. 创意游戏：蘑菇保卫战。 师："害虫知道我们的蘑菇马上就要成熟了，也想吃美味的蘑菇。我们需要守护蘑菇，当听到'害虫来了'，我们就需要快速跳到蘑菇旁边蹲下保护它；当听到'害虫走了'，我们就可以回家了。" 图2 蘑菇保卫战练习队列		每种形式练习6组
结束部分 3 min	1. 放松游戏：海草舞（抖动腿部、大臂进行放松）。 师："在大家的保护下小蘑菇终于丰收啦！我们一起来跳舞庆祝一下。" 2. 教师带领幼儿一起整理、回收器械。		
延伸部分	1. 延伸游戏：教师可带领幼儿进行打地鼠的游戏。 2. 家园互动：进行亲子萝卜蹲的游戏。		

表7-46　第1学期第4周幼儿园体育活动设计（中班）

课程名称	小伞兵——下肢缓冲动作的基本练习	周　次	第4周
课程目标	1. 熟练掌握缓冲的动作要领。 2. 了解规则的意义，并能在活动中遵守规则。 3. 培养幼儿勇于挑战、不怕困难、相互协作的精神。		
下肢缓冲的动作要领	落地时，前脚掌先着地，而后过渡到足弓和足跟，在着地的同时迅速屈膝、屈髋、屈踝完成全身的缓冲，成半蹲或深蹲姿势。		
所需器械	40 cm高跳箱4个、空气棒、爬行垫、启智砖。		

	教学过程	器械摆放及队列队形	组　次
开始部分 2 min	1. 集合整队，师幼问好，清点人数；口令带动，气氛营造。 2. 情景导入。 师："小朋友们，今天我们一起来学习小伞兵跳伞，看谁跳得精准，落地又平稳。"		
准备部分 5 min	热身游戏：平稳小伞兵。 师："现在我们来听口令做动作，当老师说'半蹲'或'深蹲'时，请小朋友们快速平稳地做出相应的动作并坚持5 s。" 教师在游戏过程中带领幼儿练习时指导下蹲动作。		练习 5组
基本部分 20 min	1. 动作示范及练习。 教师进行落地缓冲的动作示范，幼儿练习。 2. 预设游戏：小伞兵比一比。 师："接下来进行一场比赛，看谁能够平稳降落。" 教师将幼儿分成4列，利用跳箱进行双腿跳深练习。 3. 创意游戏：小伞兵送粮食。 师："森林里的小动物没有粮食了，我们接到命令，要去给它们送粮食。" 幼儿跳下来后，需要两人协作从粮食仓库取出粮食送到森林里。返回时会经过弯曲小路、石头桥，最后到达起点位置，依次进行。	 图1 小伞兵比一比练习队列 图2 小伞兵送粮食练习队列	每种形式练习8组
结束部分 3 min	1. 放松游戏。 师："小朋友们很厉害，把粮食都送到了。现在大家互相帮助，拍拍身上的灰尘吧！（拍打身体各部位）。" 2. 教师带领幼儿一起整理、回收器械。		
延伸部分	1. 延伸游戏：教师带领幼儿进行水果蹲、蔬菜蹲的游戏。 2. 家园互动：家长可以利用社区及公园设施，鼓励幼儿从低矮物体上往下跳，家长需做好幼儿落地缓冲的安全保护工作。		

表7-47　第1学期第5周幼儿园体育活动设计（中班）

课程名称	袋鼠跳——跳跃动作的基本练习	周次	第5周
课程目标	1. 熟练掌握双脚连续跳、立定跳远的动作要领，以及掌握单脚连续跳的动作要领。 2. 知道运动中要注意的安全问题，学习自我保护的方法。 3. 喜欢与同伴一起进行体育活动，体验合作和交往的乐趣。		
单脚跳的动作要领	单脚跳动作要领：单腿站立，另一条腿屈膝抬起，紧贴站立腿；起跳时站立腿半蹲蓄力，前脚掌蹬地，配合双手自然摆动，提起腿向上发力带动完成跳跃，后屈膝落地缓冲；注意力一定要集中，上下肢协调配合，保持身体平衡。		
所需器械	直径40 cm敏捷环20个、布基胶带1卷、障碍栏若干。		

	教学过程	器械摆放及队列队形	组次
开始部分 2 min	1. 集合整队，师幼问好，清点人数；口令带动，气氛营造。 2. 情景导入。 师："小朋友们，今天我们要和小袋鼠一起做游戏，小袋鼠是怎么跳的呢？" 请幼儿模仿袋鼠跳，教师鼓励幼儿大胆表现。		
准备部分 5 min	热身游戏：袋鼠跳。 师："接下来我们跟着音乐一起模仿袋鼠向前跳。刚才我们是双脚向前跳跃，接下来我们要单脚向前跳跃，快来尝试一下吧！"		练习 2组
基本部分 20 min	1. 动作示范及练习。 教师带领幼儿练习立定跳远、双脚连续跳、单脚连续跳基本动作。 2. 预设游戏：跳跃障碍。 师："小朋友们好厉害呀！接下来要挑战双脚跳跃障碍的任务，加油！" 3. 创意游戏：袋鼠闯关。 师："小朋友们，接下来我们要闯关啦。" 第一关是双脚连续跳，完成5个敏捷环的跳跃。 第二关是单脚连续跳，完成5个敏捷环的跳跃。 第三关是2名幼儿同时出发，完成单脚连续跳后，合作将袋鼠的食物（用空气棒当食物）抬回。 单脚连续跳跃，左脚练习1组后换右脚，左右交替练习。	图1 动作示范及练习队列 图2 立定跳远练习队列 图3 双脚连续跳和单脚连续跳场地及队列	每种形式练习4组
结束部分 3 min	1. 放松游戏。 师："接下来我们一起玩水果切切的游戏，请2个小朋友互相进行后背、肩膀的按摩。" 2. 教师带领幼儿一起整理、回收器械。		
延伸部分	1. 延伸游戏：小袋鼠找家。 将敏捷圈相隔一段距离摆放在地上，当听到"老虎来了"，就快速跳进圈里，当听到"老虎走了"，就快速跳到圈外找吃的。 2. 家园互动：亲子互动跳。 可利用报纸、玩具，捡起作为器械，依次移动进行向前跳。		

表7-48　第1学期第6周儿园体育活动设计（中班）

课程名称	打败大灰狼——投掷动作的基本练习	周　次	第6周
课程目标	1.熟练掌握左手、右手上手投掷和下手投掷的动作要领。 2.在活动中愿意互相合作，培养团队协作的意识。 3.能灵活躲避他人扔过来的沙包。		
上（下）手投掷的动作要领	以右手投沙包为例（准备：双脚前后开立，左腿在前，后腿膝微曲，前腿伸直稳定支撑，上体稍后仰，左手臂斜向前上伸出，右手持沙包高举后引（右手持沙包直臂向下后方引），眼看前方；投掷：通过蹬伸右腿、转体、收腹、挥臂、甩腕一连串的连贯动作，快速将球投出，左腿始终伸直稳定支撑，左手臂向左侧摆动；结束：身体保持直立稳定姿势，眼睛观看沙包运动轨迹）。		
所需器械	直径50 cm的敏捷环4个、人手1个小沙包、布基胶带1卷、平衡木4个、大龙球1个。		

	教学过程	器械摆放及队列队形	组　次
开始部分 2 min	1.集合整队，师幼问好，清点人数；口令带动，气氛营造。 2.情景导入。 师："森林里来了1只凶狠的大灰狼，小动物们非常害怕，我们帮助它们打败大灰狼吧。"		
准备部分 5 min	热身游戏：看谁投得准。 师："在打败大灰狼之前，我们要先学些技能。老师在每个队列前摆放了1个敏捷环，请小朋友们单手持沙包通过上手投掷的方法一排一排地向环中投，投进环中最多的队获胜，左右交替进行。看看老师是怎么做的。"		练习 4组
基本部分 20 min	1.动作示范及练习。 教师进行左手、右手上手投和下手投的基本动作示范，幼儿练习。 2.预设游戏：躲闪能手。 师："除了投得准，我们还要学会躲开大灰狼的反击。现在请小朋友们分成红队和蓝队，保持安全距离（不要被沙包砸到）；2队的小朋友自由对射，注意只能捡起自己对面小朋友投过来的沙包，同时注意躲避'炮弹'，捡沙包后必须回到投掷线后才可以投掷。" 3.创意游戏：打败大灰狼。 师："小朋友们已经掌握了技能，接下来让我们一起去打败大灰狼吧！要想打败大灰狼，我们要先走过小桥，拿起武器（滚动的大龙球）向大灰狼用力投去。"	图1 躲闪能手练习队列 图2 打败大灰狼练习队列	每种形式练习20组
结束部分 3 min	1.放松游戏。 师："大灰狼被我们打败了，让我们一起听着欢快的歌曲回家（途中有红、绿灯）。" 2.教师带领幼儿一起整理、回收器械。		
延伸部分	1.延伸游戏：教师可利用纸飞机进行投掷比赛，看谁的飞机飞得远。 2.家园互动：利用沙包、飞标进行亲子投掷比赛。		

表7-49　第1学期第7周幼儿园体育活动设计（中班）

课程名称	足球小将——踢的基本练习	周次	第7周
课程目标	1. 熟练掌握左脚、右脚正脚背踢球的动作要领，基本掌握带球的动作要领。 2. 通过游戏培养幼儿的反应能力。 3. 乐于参加体育活动，培养幼儿的方位感。		
带球的动作要领	跑动时身体自然放松，上体稍前倾，双臂自然摆动，步幅不宜过大，用脚背内侧部位推拨足球的后中部，使之与在跑动中的人一起行进。		
所需器械	足球门2个、标志杆10个、人手1个足球、布基胶带1卷。		

	教学过程	器械摆放及队列队形	组次
开始部分 2 min	1. 集合整队，师幼问好，清点人数；口令带动，营造气氛。 2. 情景导入。 师："小朋友们，今天我们要举行一场足球赛，你们都是足球小将，一起加油哦！"		
准备部分 5 min	热身游戏：传球乐。 师："请小朋友们围成圈，把足球放在里面，足球传到哪个小朋友的面前，哪个小朋友就用正脚背将球踢走。"		练习1组
基本部分 20 min	1. 动作示范及练习。 教师示范及带领幼儿练习正脚背踢球、带球的动作要领。 2. 预设游戏：足球小将踢球。 师："请小朋友们站成2列纵队，依次将球踢入对应的球门内，看哪位足球小将踢得准。" 3. 创意游戏：足球小将带球跑。 师："请小朋友们带球绕过标志杆，用正脚背（左脚、右脚都要练习）射门，将球踢入球门内，然后带球回队尾，在这个过程中要保护好球。" 师："请2个小朋友为1组进行带球跑，并传递给下一个小朋友。"	图1 足球小将踢球练习队列 图2 足球小将带球练习队列之一 图3 足球小将带球练习队列之二	每种形式练习8组
结束部分 3 min	1. 放松游戏。 师："刚才我们一起玩了足球游戏，让足球按摩一下我们的身体吧！" 将足球放在身上来回滚动进行按摩。 2. 教师带领幼儿一起整理、回收器械。		
延伸部分	1. 延伸游戏：教师组织幼儿，两两一组，进行踢球。 2. 家园互动：家长和幼儿一起，进行用球踢纸杯的游戏。		

表7-50 第1学期第8周幼儿园体育活动设计（中班）

课程名称	球球闯关——拍的基本练习	周 次	第8周
课程目标	1. 熟练掌握双手拍球的动作要领。 2. 能连续拍球，基本掌握互抛互接球。 3. 与同伴一起参加体育活动，体验合作和交往的快乐。		
原地双手拍球 动作的要领	双手拍篮球：双脚分开与肩同宽，弯腰时屈膝、屈髋，双手五指分开，掌心稍屈合在球表面，手腕、前臂恰当用力按压球；球在弹跳时，手要跟着球的走向、高度，调整拍球力量大小，球的高度控制在腰部位置；拍球的时候，眼睛和身体要始终跟着球移动，眼手动作协调一致。		
所需器械	人手1个篮球、标志桶4个、敏捷环32个。		

	教学过程	器械摆放及队列队形	组 次
开始部分 2 min	1. 集合整队，师幼问好，清点人数。 2. 情景导入。 师："小朋友们，今天老师给你们带来了好玩的篮球，你们都是怎么玩篮球的？"		
准备部分 5 min	热身游戏：球球找朋友。 师："今天我们来玩找朋友游戏，小朋友们和老师一起试试吧！" 教师让幼儿面对面站立，其中1个名幼儿拿篮球，开始后，原地双手拍球10个，完成后将球传递给对面的幼儿。		练习 1组
基本部分 20 min	1. 动作示范及练习。 教师示范双手拍篮球的动作，幼儿练习。 2. 预设游戏：拍球比赛。 师："小朋友们都能连续拍球，接下来我们进行拍球比赛，看谁拍得最多。" 教师将幼儿分成2队，双脚分开与肩同宽，双手胸前抱球，准备双手拍球，对面的幼儿来数数。 3. 创意游戏：球球闯关。 师："小朋友们拍球都很厉害，接下来我们要带着篮球玩闯关的游戏，看哪组最快。" 教师将幼儿分成4队，每队的第一名幼儿手抱球快速跳过8个敏捷环，跑到标志桶处双手拍球10下，再原路返回，看哪队最先完成。	图1 拍球比赛练习队列 图2 球球闯关练习队列	每种 形式 练习 20组

续　表

教学过程		器械摆放及队列队形	组次
结束部分 3 min	1. 放松游戏：吹泡泡。 师："小朋友们围成一个圆圈，当老师说'大泡泡'时，小朋友们手拉手变成一个大泡泡，当老师说'小泡泡'时，小朋友们手拉手变成一个小泡泡；通过游戏进行放松。" 2. 教师带领幼儿一起整理、回收器械。		
延伸部分	1. 延伸游戏：教师可以带幼儿边走边拍球。 2. 家园互动：家长在家和幼儿一起玩拍球、传递球的游戏。		

表7-51　第1学期第9周幼儿园体育活动设计（中班）

课程名称	抛接球大比拼——接的基本练习	周次	第9周
课程目标	1. 基本掌握原地双手胸前接网球、移动双手胸前接网球的动作要领。 2. 了解运动中需要注意的安全事项，学习自我保护的方法。 3. 培养幼儿合作意识，感受合作游戏的乐趣。		
双手胸前接网球的动作要领	面对来球，双臂自然伸出迎球，手指自然分开，两拇指成"八"字形，朝着来球的方向；球下落时，快速伸出双手将球接住。		
所需器械	人手1个网球。		

教学过程		器械摆放及队列队形	组次
开始部分 2 min	1. 集合整队，师幼问好，清点人数；口令带动，营造气氛。 2. 情景导入。 师："小朋友们，今天我们要举行运动会，考验一下大家的抛接能力。"		
准备部分 5 min	热身游戏：网球弹弹弹。 教师让所有幼儿分成2队，双手打开，保持一臂距离。每名幼儿拿1个网球，双手用力垂直向下扔球，球触地弹起后用双手接住，反复练习。2队之间保持3 m距离，幼儿间保持1 m距离。		练习 1组

	教学过程	器械摆放及队列队形	组次
基本部分 20 min	1. 动作示范及练习。 教师示范自抛自接、弹接球基本动作，幼儿练习。 2. 预设游戏：看谁接得准。 师："第二个比赛项目是看谁接得准。" 请所有幼儿双手用力将球垂直向上，抛过自己头顶，球下落时双手接住，来回进行反复抛接。 3. 创意游戏：飞行球。 请所有幼儿分2队，拿球的幼儿单手用力将球向2队中间地面投出，球触地后弹起，对面幼儿根据球的飞行路线调整身体位置，双手接住，接球后单手用力向2队中间地面投出，2名幼儿反复投接。2队之间保持2 m距离，幼儿间的横间距为1.5 m。	图1 看谁接得准练习队列 图2 飞行球练习队列	每种形式练习20组
结束部分 3 min	1. 放松游戏。 师："接下来老师带你们玩下雨的游戏。当老师说'小雨'时，小朋友们轻轻拍打身体；当说'大雨''狂风暴雨''毛毛雨'时，小朋友们根据雨的大小变换拍打速度和力度。" 2. 教师带领幼儿一起整理、回收器械。		
延伸部分	1. 延伸游戏：教师带领幼儿变换幼儿之间距离，进行弹接、抛接球的练习。 2. 家园互动：家长利用网球在家陪幼儿进行网球抛接、弹接的游戏。		

表7-52　第1学期第10周幼儿园体育活动设计（中班）

课程名称	爬行大比拼——爬的基本练习	周　次	第10周
课程目标	1. 基本掌握毛毛爬、螃蟹爬的动作要领。 2. 发展四肢和躯干力量，增强动作的灵活性。 3. 培养幼儿对体育活动的兴趣，体验多种爬的方式。		
各种爬的行动作要领	1. 毛毛虫爬：站位体前屈，双手落地；双手向前小幅度高频率爬行，同时身体重心下降，爬行至手臂向前极限支撑时稳定不动，腿部保持伸直，双脚同样以小幅度、高频率向前爬行至极限，而后双手再向前，手脚交替前行。 2. 螃蟹爬：双手双脚撑于地面，双膝不着地，向左侧前进时，左侧手和右侧脚同时向左移动5～8 cm着地，而后右侧手和左侧脚同时向左移动5~8 cm着地，反复向左移动；向右侧前进时，异侧手脚配合向右移动。		
所需器械	门洞4个、2 m×1.2 m的体操垫4块、面条棍（短绳）。		

教学过程		器械摆放及队列队形	组次
开始部分 2 min	1.集合整队，师幼问好，清点人数。 2.情景导入。 师："小朋友们学习了很多爬行的方法，今天我们来比一比谁的爬行本领更厉害。"	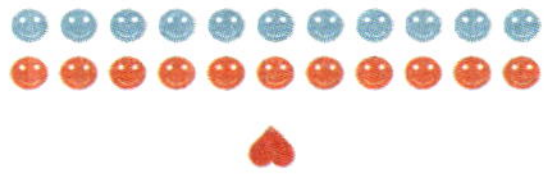	
准备部分 5 min	热身游戏：熊爬、跪爬、俯爬循环。 师："我们要去寻宝，请小朋友们排成1队，像熊一样爬过4个门洞，然后跪爬通过前面的大桥，最后俯爬通过草地找到宝石。"	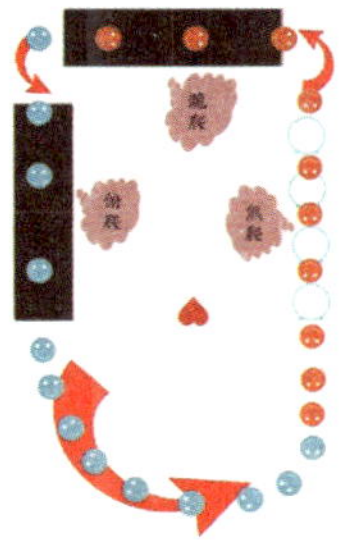	练习 3组
基本部分 20 min	1.2种动作示范及练习。 教师示范毛毛虫爬、螃蟹爬基本动作，幼儿练习。 2.预设游戏：大闯关。 师："接下来我们要进行大闯关，请小朋友们站成1列纵队，先要毛毛虫爬通过地垫；然后要螃蟹爬通过第二个地垫。请后面的小朋友和前面的小朋友保持一定距离，注意安全。" 2组垫子间隔1 m对称摆放，垫子上的幼儿间隔1.5 m。 3.创意游戏：爬行大比拼。 师："接下来我们要进行激烈的比拼环节，请小朋友们分成2队，每队2人为1组，用毛毛虫爬的方式到达终点取到面条棍后，用螃蟹爬的方法合作运回面条棍，确保面条棍不掉落。看哪组既爬得快又运得多。"	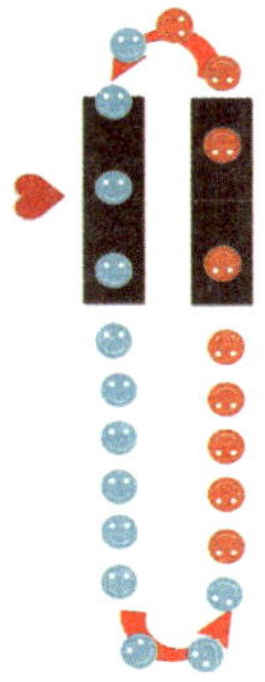 图1 大闯关练习队列  图2 爬行大比拼练习队列	每种 形式 练习 10组
结束部分 3 min	1.放松游戏。 师："小朋友们非常厉害，运了好多面条棍，我们一起庆祝我们的收获吧！让我们一起手拉手围成圈，一起伸伸胳膊伸伸腿。" 2.教师带领幼儿一起整理、回收器械。		
延伸部分	1.延伸游戏：请幼儿分为2组，用毛毛虫爬、螃蟹爬的方式运沙包。 2.家园互动：毛毛虫爬；请家长和幼儿面对面站立，进行爬行练习。		

表7-53　第1学期第11周幼儿园体育活动设计（中班）

课程名称	小猪打滚——滚的基本练习	周次	第11周
课程目标	1.熟练掌握直体侧身滚、双臂体侧直体侧身滚的动作要领。 2.了解运动中需要注意的安全事项，学习自我保护的方法。 3.培养幼儿对体育活动的兴趣，体验活动的乐趣。		
各种滚的动作要领	1.直体侧身滚：预备时挺直身体横躺于垫上，双手上举，双腿夹紧；滚动时用腰带动身体向侧面直体滚动，注意尽量调整好身体，避免偏离方向，注意滚动时头和脚不能贴近垫子，需要稍稍抬起。 2.双手抱胸直体侧身滚：预备时挺直身体横躺于垫上，双手交叉抱于前胸，双腿夹紧；滚动时要用腰带动身体向侧面直体滚动，注意尽量调整好身体，避免偏离方向，注意滚动时头和脚不能贴近垫子，需要稍稍抬起。 3.双臂体侧直体侧身滚：预备时挺直身体横躺于垫上，双臂贴于身体两侧，双手伸展五指并拢，双腿夹紧；滚动时要用腰带动身体向侧面直体滚动，注意尽量调整好身体，避免偏离方向，注意滚动时头和脚不能贴近垫子，需要稍稍抬起。		
所需器械	人手1个沙包、2 m×1.2 m的体操垫4块、布基胶带1卷。		

	教学过程	器械摆放及队列队形	组次
开始部分 2 min	1.集合整队，师幼问好，清点人数；口令带动，营造气氛。 2.情景导入。 师："小朋友们，你们知道什么动物爱打滚吗？（幼儿大胆回答）那2只小猪怎么打滚呢？"		
准备部分 5 min	热身游戏：小胖猪打滚。 师："请2个小朋友为1组，平躺到地垫上并拥抱在一起。同时滚动置终点，然后折返到队列后排队进入下一个循环。"		练习 3组
基本部分 20 min	1.动作示范及练习。 教师示范直体侧身滚、双臂体侧直体侧身滚动作，幼儿练习。 2.预设游戏：小猪推车。 师："今天我们学习新的打滚方式，2只小猪为1组。1号小猪平躺爬行垫，手臂放在身体两侧；2号小猪从起点推至终点，返回时2只小猪进行角色互换。" 3.创意游戏：肚子咕噜噜。 师："小猪们肚子饿了吗？猪妈妈给猪宝宝做了美味的食物，现在我们以最快的速度翻滚回家吧！" 教师将幼儿分成2组，听音乐依次进行双手抱胸直体侧身滚、双臂体侧直体侧身滚练习练习，队列不变。		每种形式练习5组

教学过程		器械摆放及队列队形	组次
结束部分 3 min	1.放松游戏：教师带幼儿切蛋糕。 2.教师带领幼儿一起整理、回收器械。		
延伸部分	1.延伸游戏：教师带领幼儿一同进行按摩，在爬行垫上放若干小布球，幼儿在上面进行滚的练习。 2.家园互动：家长陪幼儿进行推小车的游戏，幼儿平躺，家长推动幼儿身体，角色可互换。		

表7-54　第1学期第12周幼儿园体育活动设计（中班）

课程名称	小小快递员——钻的基本练习	周次	第12周
课程目标	1.熟练掌握正面钻和侧面钻的动作要领。 2.发展幼儿动作的协调性、敏捷性。 3.能积极主动参加活动，遵守游戏规则。		
各种钻的 动作要领	1.正面钻：面向障碍物，屈膝下蹲，低头弯腰，紧缩身体，双脚交替向前移动，从障碍物下钻过。 2.侧面钻：身体侧对障碍物，屈膝下蹲，一侧腿先从障碍物下伸过，然后低头、弯腰，同时蹬腿移动重心从障碍物下依次钻过。		
所需器械	门洞12个。		

教学过程		器械摆放及队列队形	组次
开始部分 2 min	1.集合整队，师幼问好，清点人数。 2.情景导入。 师："小朋友们好，今天快递员要送好多的快递，我们一起帮他们送快递吧！"		
准备部分 5 min	热身游戏：钻山洞。 师："今天快递员在送快递的路上遇到了好多山洞，需要我们依次钻过去。接下来请小朋友们分为2队手拉手站立，双手高高举起，最后的小朋友以'S'形钻过，到队尾后与最后的小朋友手拉手举起，后面的小朋友一一跟上。"		练习 2组

教学过程		器械摆放及队列队形	组 次
基本部分 20 min	1. 动作示范及练习。 教师示范正面钻、侧面钻的基本动作，幼儿练习。 2. 预设游戏：快乐的快递员。 师："小小快递员掌握了钻的本领，接下来我们要出发了。请大家先用正面钻的方法到达快递站，取到快递后用侧面钻的方法将快递送走。" 器械摆放：门洞以6个为1组，每个间隔1.5 m，组与组之间间隔3 m。幼儿成1队站立，先练习正面钻，再练习侧面钻。 3. 创意游戏：极速快递员。 师："接下来我们要送加急快递，请大家用最快的速度钻过前面的洞。请小朋友们分成2组，同时出发，看哪组速度快。"	 图1 快乐的快递员练习队列 图2 极速快递员练习队列	各练习 6组
结束部分 3 min	1. 放松游戏。 师："恭喜小朋友们荣获'极速快递员'称号，辛苦了，接下来和老师一起跳海草舞吧！" 2. 教师带领幼儿一起整理、回收器械。		
延伸部分	1. 延伸游戏：圈圈闯关。 请将幼儿分成2组，1组的2个幼儿同时拿1个圈，剩下的幼儿依次钻圈，钻过后互换角色。 2. 家园互动：钻隧道。 家长带幼儿利用家中的桌椅练习钻的本领。		

表7-55　第1学期第13周幼儿园体育活动设计（中班）

课程名称	小小消防员——攀的基本练习	周 次	第13周
课程目标	1. 熟练掌握攀登跳箱的动作要领。 2. 了解规则，并能在活动中遵守规则。 3. 体验体育活动的乐趣，积极参加体育活动。		
攀登跳箱的动作要领	攀登跳箱：双手抓住跳箱顶，手臂用力向上攀爬，一条腿蹬地，另一条腿用力抬高，摆动到跳箱顶支撑住，另一条腿再向上，攀登上跳箱。		
所需器械	跳箱2套、地垫、空气棒、三角挡板2个。		

教学过程		器械摆放及队列队形	组　次
开始部分 2 min	1. 集合整队，师幼问好，清点人数。 2. 情景导入。 师："小朋友们，你们知道着火了拨打什么电话号码吗？今天我们要学习消防员的本领，成为合格的消防员。"		
准备部分 5 min	热身游戏：攀越障碍。 师："先让我们一起练习消防员翻越的本领。" 幼儿分成 2 组，幼儿依次翻越三角挡板。		练习 2 组
基本部分 20 min	1. 动作示范及练习。 教师进行攀登动作示范，幼儿练习。 2. 预设游戏：消防员训练营。 师："接下来我们要学习消防员攀登的本领，请小朋友们勇敢地攀登跳箱（把跳箱由低到高，中间间隔 2 m，一条龙循环摆放）。" 幼儿成 1 队排列，逐一按照路线图翻越跳箱，然后到队列后进入下一个循环。 3. 创意游戏：烈火英雄。 师："'丁零丁零'，紧急通知，森林里发生了火灾，我们要去拯救小动物。" 请幼儿排成 2 列，同时出发。先攀登跳箱，靠近火源时要匍匐前进。到达小动物被困的地点，2 名幼儿协作把小动物抬出来。从右侧快速返回，依次进行。	 图 1 消防员训练营练习队列 图 2 烈火英雄练习队列	练习 8 组
结束部分 3 min	1. 放松游戏。 师："我们将火扑灭了，也营救出了小动物。现在我们开着消防车回部队吧！" 教师带领幼儿做以下情景：模仿开门、上车、加速、减速、刹车等动作。 2. 教师带领幼儿一起整理、回收器械。		
延伸部分	1. 延伸游戏：教师带领幼儿提升攀登高度，进行攀登练习。 2. 家园互动：家长可带幼儿到周边公园、社区攀登梯子等，家长做好幼儿安全方面的防护工作。		

表7-56　第1学期第14周幼儿园体育活动设计（中班）

课程名称	运球高手——转体的基本练习	周 次	第14周
课程目标	1.熟练掌握原地转体的动作要领。 2.在成人的提醒下能保持正确的姿势。 3.能与同伴合作收拾体育器械。		
原地转体的动作要领	原地转体：双脚开立与肩同宽，双脚不动，上体向左转或向右转，保持身体平衡。		
所需器械	人手1个篮球、篮球筐4个。		

	教学过程	器械摆放及队列队形	组 次
开始部分 2 min	1.集合整队，师幼问好，清点人数、口令带动，营造气氛。 2.情景导入。 师："小朋友们，森林里即将举行运球大赛。通过单人、双人合作完成比赛。为了能够争夺比赛的胜利，我们需要做好充足的准备。"		
准备部分 5 min	热身游戏：急速运球。 师："运球大赛第一个项目为一线运球，小朋友们需要以最快的速度完成运球。现在请所有小朋友排成1队，每个小朋友拿1个球，通过行进拍球投进球筐。"		练习 2组
基本部分 20 min	1.动作示范及练习。 教师示范原地转体基本动作，幼儿练习。 2.预设游戏：火速传递。 师："大赛第二个项目旨在考察大家的传球速度，让我们来挑战吧！" 请所有幼儿面向篮球架，在球架与球筐间排成1队，第一名幼儿拿球原地左、右交替转体传给后面的幼儿，后面的幼儿双手接球后也原地左、右交替转体传给后面的幼儿，形成"传送带"，最后一名幼儿将球投进球筐。球传完后，全部向后转，再把球传回来。 3.创意游戏：运球大战。 师："大赛第三个项目旨在考察小朋友们的合作能力。每队需要以最快的方式把球运过去。" 请幼儿分成2队，2名幼儿为1组，讨论决定选择哪种运球方式，既要与其他队不同，又要速度快。每队1筐球，从起点运至终点，右侧返回起点，与第二组幼儿击掌，最先完成运球的获胜。	 图1 火速传递练习队列 图2 运球大战练习队列	每种 形式 练习 4组

续　表

教学过程		器械摆放及队列队形	组　次
结束部分 3 min	1. 放松游戏。 师："小朋友们练得都不错，等森林里举行运球大赛的时候我们要踊跃参加。接下来我们一起玩我说你拍的游戏，老师说数字，大家按数字拍打身体。" 2. 教师带领幼儿一起整理、回收器械。		
延伸部分	1. 延伸游戏：教师带幼儿进行听口令传球游戏，教师说"向左传""向右传""向上传""向下传"，幼儿根据教师的口令传球。 2. 家园互动：进行亲子急速传递游戏，练习转体。		

表7-57　第1学期第15周幼儿园体育活动设计（中班）

课程名称	排球大战——挥击动作的基本练习	周次	第15周		
课程目标	1. 基本掌握徒手挥击球的动作要领。 2. 了解规则的意识，并能在活动中遵守规则。 3. 能体验体育活动的快乐，积极参加体育活动。				
打排球的 动作要领	击球时，要有提肩动作，手臂充分伸直，保持高点击球，挥臂要迅速，加快前臂的挥动速度，并有明显的鞭打动作，猛甩手腕，借以加大对球的击打力度。				
所需器械	支架2个、横杆6根、风阻软球4个、气球6个、标志桶12个。				
教学过程			**器械摆放及队列队形**		**组　次**
开始部分 2 min	1. 集合整队，师幼问好，清点人数；口令带动，营造气氛。 2. 情景导入。 师："小朋友们，老师这里有1个气球，我们想一想气球能怎么玩呢？" 鼓励幼儿自主讨论，大胆尝试。				
准备部分 5 min	热身游戏：拍拍乐。 师："请小朋友们排成4队，4个小朋友为1组，先助跑然后用手挥击风阻软球，依次进行，看哪个小朋友拍得准。"				练习 2组

教学过程	器械摆放及队列队形	组　次
基本部分 20 min	1.动作示范及练习。 教师示范徒手挥击基本动作，幼儿练习。 2.预设游戏：排球大战。 师："现在我们要进行排球大战。请4个小朋友为1组，进行拍球游戏，在拍的过程中左手、右手都要练习，并且只能向前方发球。小朋友们准备好了吗？" 器械摆放：将标志桶和横杆组成隔网，用气球代替排球。 3.创意游戏：火力传递。 师："请5个小朋友为1组，每组第一个小朋友手持气球，用向上拍球的动作将气球传递给下一个小朋友。看哪组先传递完。" 图1 排球大战练习队列 图2 火力传递练习队列	每种形式练习3组
结束部分 3 min	1.放松游戏。 师："小朋友们完美地完成了火力传递，现在跟老师一起玩切土豆的游戏吧。'土豆，土豆，土豆块；土豆，土豆，土豆丝；土豆，土豆，土豆片……'" 2.教师带领幼儿一起整理、回收器械。	
延伸部分	1.延伸游戏：送小气球回家。 请幼儿拍打气球前进，运到箱子里。 2.家园互动：气球找朋友。 进行亲子拍气球的游戏。	

表7-58　第1学期第16周幼儿园体育活动设计（中班）

课程名称	好玩的纱巾——躲闪的基本练习	周　次	第16周
课程目标	1.掌握躲闪的动作要领。 2.能体验体育活动的快乐，积极参加体育活动。 3.了解活动中需要注意安全事项，学习自我保护的方法。		
躲闪的动作要领	躲闪动作：面对移动状态的物体或人，为了避免碰撞，通过移动身体（跑、跳、转体等）或改变身体姿势（下蹲、侧身、低头等）避开物体或人的身体动作；要求注意力集中，观察和判断准确，反应迅速、敏捷。		
所需器械	标志桶16个、足球2个、布基胶带1卷、纱巾若干。		

教学过程		器械摆放及队列队形	组次
开始部分 2 min	1. 集合整队,师幼问好,清点人数;口令带动,营造气氛。 2. 情景导入。 师:"小朋友们好,今天老师带领你们一起去郊游。请小朋友们握好方向盘出发吧!"		
准备部分 5 min	热身游戏:开汽车。 去郊游的路上有条弯弯的小路,请幼儿分成4组,2名幼儿为1队,前面幼儿手握纱巾当作方向盘。后面幼儿抓住前面幼儿的衣服,从起点出发绕过"S"弯到终点,角色互换原路返回。		练习 4组
基本部分 20 min	1. 动作示范及练习。 教师示范躲闪跑动作,幼儿练习。 2. 预设游戏:躲避滚石。 师:"前面的路段经常有滚石,在开车的时候要注意躲避滚石。为了我们的安全,一定要系好安全带。" 请幼儿分成2队,男生负责滚动大石头,女生负责驾驶车辆,女生两两一组,组成小汽车,内侧手拉手,外侧手各自拉起纱巾的一端,从起点出发绕过终点标志桶再返回起点,注意躲避石头,全部返回后,和男生交换角色。 3. 创意游戏:好玩的纱巾。 师:"我们成功到达了郊游地点,接下来让我们一起和纱巾做游戏,你们想一想可以怎样玩儿呢?让我们把纱巾变成小尾巴,我们要在保护好自己尾巴的同时,去抢别人的尾巴,最后看看谁的尾巴最多。"	图1 躲避滚石练习队列 图2 好玩的纱巾练习队列	每种 形式 练习 4组
结束部分 3 min	1. 放松游戏:教师利用纱巾做放松,如向上抛接、纱巾变小花。 2. 教师带领幼儿一起整理、回收器械。		
延伸部分	1. 延伸游戏:抢尾巴升级版,减少尾巴数量。 2. 家园互动:家长高举左右摆动的长线沙包,幼儿看准时机穿行过去,保证身体不被沙包碰到。		

表7-59　第1学期第17周幼儿园体育活动设计（中班）

课程名称	火烈鸟走钢丝——平衡的基本练习	周次	第17周
课程目标	1.熟练掌握静态平衡和动态平衡的动作要领。 2.能单脚平稳站立20～30 s。 3.有规则意识，在活动中学会谦让，培养帮助他人的品质。		
平衡的 动作要领	1.单脚站立：单脚（左脚、右脚都可以）支撑身体，膝关节稍弯曲，收腹挺胸，双眼平视，双臂侧举，另一只脚抬起放于站立腿侧方，呼吸均匀，保持稳定平衡。 2.过平衡木：上体保持正直，腰腹收紧，目视前方，双臂侧举，脚步稳健，身体稳定。		
所需器械	人手1个沙包、长300 cm×宽15 cm×高30 cm平衡木4个、布基胶带1卷、标志碟若干、沙包若干、敏捷圈4个。		

教学过程		器械摆放及队列队形	组次
开始部分 2 min	1.集合整队，师幼问好，清点人数；口令带动，营造气氛。 2.情景导入。 师："小朋友们，你们见过火烈鸟吗？在哪儿见过呢？今天火烈鸟要给大家表演走钢丝。"		
准备部分 5 min	热身游戏：火烈鸟找帽子。 师："请小朋友们分排4路横队排列，每排小朋友原地转3圈后向前跑拿到标志碟戴到头上。回来的时候标志碟不能落地，返回后站好队，依次进行。"		练习 2组
基本部分 20 min	1.动作示范及练习。 教师示范单脚站立动作，幼儿练习。 2.预设游戏：火烈鸟单脚站立。 师："练习走钢丝之前，要先练习单脚站立的本领，请小朋友们排成2横队站立，听口令进行单脚站立的练习，每次站50 s，左腿、右腿交替练习，看看哪组小朋友坚持最久。" 3.创意游戏：火烈鸟喂鳄鱼。 师："请大家排成4纵队站立，头顶食物从钢丝上走过，走的时候注意安全，食物不能掉下来，通过后将食物投入河中喂小鳄鱼吃。" 1个循环算1组。	图1 金鸡独立练习队列 图2 火烈鸟喂鳄鱼 练习队列	每种 形式 练习 6组
结束部分 3 min	1.放松游戏。 师："大家表演得好棒呀，接下来我们一起玩口香糖粘哪里的游戏吧！当老师说'口香糖粘哪里？粘胳膊'，请小朋友们和同伴快速粘胳膊，其他部位依次进行。" 2.教师带领幼儿一起整理、回收器械。		
延伸部分	1.延伸游戏：木头人。 师："当老师说'123木头人'时，小朋友们单脚向前跳，当老师回头时，小朋友们双脚站立不能动。" 2.家园互动：走石阶。 家长和幼儿一起在路边的石阶上行走，练习平衡。		

表7-60　第1学期第18周幼儿园体育活动设计（中班）

课程名称	熊熊王国——悬垂动作的基本练习	周次	第18周
课程目标	1.熟练掌握悬垂、爬杠的动作要领。 2.发展上肢力量，增强身体灵活性。 3.提高幼儿的合作能力，乐于参加体育活动。		
悬垂的动作要领	1.双手抓杠悬垂：双手抓住具有一定高度的横杠，借助手臂力量使身体悬空吊起，要求双手与肩同宽，紧紧握住横杠，身体保持平稳定。 2.爬杠：双手抓住具有一定高度的连续横杠，借助手臂力量使身体悬空吊起，而后一手抓杠，另一只手抓住前面的横杆，双手交替向前移动。		
所需器械	敏捷环4个、单杠和海绵垫1套、连续横杠和海绵垫1套、布基胶带1卷、三角挡板1个。		

	教学过程	器械摆放及队列队形	组次
开始部分 2 min	1.集合整队，师幼问好，清点人数。 2.情景导入。 师："小朋友们，你们见过熊吗？在哪儿见过呢？今天我们和小熊一起玩儿吧！"		
准备部分 5 min	热身游戏：套圈接力。 师："请大家排成2横队，手拉手站立，从每队的第一个小朋友开始依次传递敏捷环。"		练习2组
基本部分 20 min	1.动作示范及练习。 教师示范双手抓杠悬垂和爬杠的基本动作，幼儿练习。 2.预设游戏：熊熊本领大。 师："请大家双手抓杠进行悬垂，并进行横向移动，每个小朋友都要坚持15 s。看哪个小朋友坚持的时间最长。" 3.创意游戏：熊熊夹沙包。 师："请小朋友们分成2组，每组第一个小朋友从起点夹沙包连续跳跃，至终点单杠位置。" 纵跳双手握住单杠，晃动身体，双脚将沙包投进筐中。投完后，从右侧返回至起点位置。依次循环。	图1 双手抓杠悬垂队列 图2 熊熊夹沙包练习队列	每种形式练习3组
结束部分 3 min	1.放松游戏。 师："大家练习得都很棒，接下来我们放松一下，跟老师一起跳海草舞，依次甩胳膊、抖抖腿，让身体各部位放松。" 2.教师带领幼儿一起整理、回收器械。		
延伸部分	1.延伸游戏：捕鱼大作战。 将绳绑到轮胎上，幼儿将轮胎拉过来，然后2人合力抬到原位置，1人爬到轮胎上，2人合力再将轮胎拉回来。 2.家园互动：悬垂木马。 幼儿双手抓木棒，家长将木棒抬起；家长带着幼儿绕木棒转圈。		

四、中班第 2 学期教案

表7-61　第2学期第1周幼儿园体育活动设计（中班）

课程名称	穿越迷宫——走的基本练习	周次	第 1 周
课程目标	1. 熟练掌握走的动作要领。 2. 了解运动中需要注意的安全事项，学习自我保护的方法。 3. 能体验体育活动的快乐，积极参加体育活动。		
走的动作要领	上体正直，自然挺胸，肩部肌肉放松，目视前方；双臂前后自然、轻松摆动，向前摆臂时，肘关节稍弯曲；步幅大小适宜、均匀；精神饱满，节奏感强。		
所需器械	大标志桶 32 个、横杆 16 根、布基胶带 1 卷。		

	教学过程	器械摆放及队列队形	组次
开始部分 2 min	1. 集合整队，师幼问好，清点人数。 2. 情景导入。 师："小朋友们好，今天老师要带大家去迷宫玩，请小朋友们排好队跟着老师出发吧！"		
准备部分 5 min	热身游戏：走迷宫。 师："我们马上就要进入迷宫了，现在老师选出 4 个小队长，请其他小朋友依次排在后面，按要求入场，每 4 个小朋友为 1 排，跟着老师慢走。" 教师通过示范带着幼儿复习两足一线慢走，一趟即可。		练习 1 组
基本部分 20 min	1. 动作示范及练习。 教师带领幼儿练习走的基本动作。 2. 预设游戏：迷宫探险。 师："我们要去迷宫探险了，请小朋友们像小猫一样穿过迷宫，有信心吗？" 教师示范：屈膝提起向前以前脚掌先轻轻落地，双腿交替向前行进；请幼儿模仿小猫走，选 2 名动作正确的幼儿师范。 3. 创意游戏：勇闯迷宫。 师："接下来我们要玩迷宫游戏，迷宫里有各种机关，请小朋友们分成 4 队；进入迷宫时，小朋友们要轻轻走路，不要碰到机关，看谁能顺利通关。"	图 1 各种走队列 图 2 绕障碍物走场地及队列	绕障碍物走练习 2 组 队列走练习 5 组
结束部分 3 min	1. 放松活动。 师："刚才我们一起穿越了迷宫，现在我们一起玩小鱼吹泡泡的游戏。当老师说'大泡泡'时，小朋友们手拉手围成一个大泡泡；当老师说'小泡泡'时，小朋友们手拉手围成小泡泡。" 2. 教师带领幼儿一起整理、回收器械。		
延伸部分	1. 延伸游戏：运粮食。 请 2 名或多名幼儿合作送粮食。 2. 家园互动：走边边。 家长利用生活中的场地，带领幼儿进行走的练习。		

表7-62　第2学期第2周幼儿园体育活动设计（中班）

课程名称	草原小骏马——跑的基本练习	周次	第2周
课程目标	1.掌握正确的跨栏跑动作要领。 2.能够在上肢、下肢协调配合的情况下完成跨栏跑。 3.培养勇敢、不怕困难的品质，以及互助合作的意识。		
跨栏跑的动作要领	先加速起跑，跑到栏前约0.5 m时，摆动腿（上栏的腿）屈膝高抬，大腿积极向前上方摆动，起跨腿（后过栏的腿）用力蹬离地面后弯曲，膝关节外展，向前上方提拉过栏，同时身体重心前移，上体前倾，起跨腿同侧臂用力前伸，另一侧臂用力后摆；过栏后，摆动腿积极下压，起跨腿保持大小腿折叠迅速向前，摆动腿用前脚掌着地后，起跨腿向前方迈出过渡到加速跑。		
所需器械	15 cm高敏捷栏16个、布基胶带1卷。		

	教学过程	器械摆放及队列队形	组次
开始部分 2 min	1.集合整队，师幼问好，清点人数。 2.情景导入。 师："小朋友们，草原上哪种小动物跑得最快呢？" 引导幼儿大胆表现，教师总结。		
准备部分 5 min	热身游戏：奔跑的小骏马。 师："让我们跟着音乐一起奔跑起来吧。" 在游戏开始前，请幼儿排成4路横队呈体操队形散开。		练习1组
基本部分 20 min	1.动作示范及练习。 教师带领幼儿练习跨栏跑的基本动作。 2.预设游戏：小骏马比赛。 师："接下来小骏马要进行比赛啦，请小朋友们分成4队跟老师一起做高抬腿向前跑。" 3.创意游戏：勇敢的小骏马。 师："小骏马跑得很快，现在请2个小朋友扮成小骏马，同时穿越障碍物到达终点一起将食物运回家（终点放置大龙球、面条棍等）。" 教师示范跨栏跑并在活动中指导幼儿动作。	图1 高抬腿跑练习队列 图2 跨栏跑练习队列	每种形式练习5组
结束部分 3 min	1.放松游戏。 师："大家特别勇敢，勇闯障物，为你们点赞！接下来，我们一起扮成小海豚做伸展运动吧！" 2.教师带领幼儿一起整理、回收器械。		
延伸部分	1.延伸游戏：障碍跑。 幼儿进行障碍跑的游戏。 2.家园互动：接力赛。 家长和幼儿一起利用家中资源练习跨栏跑。		

表7-63 第2学期第3周幼儿园体育活动设计（中班）

课程名称	勇敢士兵——下蹲动作的基本练习	周 次	第3周
课程目标	1.掌握半蹲、深蹲的动作要领。 2.培养幼儿耐力及勇于挑战的精神。 3.初步了解规则，并能在活动中遵守规则。		
下蹲的动作要领	双脚开立与肩同宽，脚尖朝前；屈膝、屈髋下蹲（半蹲：大腿与地面呈45°；深蹲：大腿与地面平行），膝关节尽量不要超过脚尖，始终与脚尖方向一致；腰背挺直略向前倾，目视前方；双手握拳，小臂提起屈肘贴近身体。 向前移动时，上肢摆臂动作与下肢腿部动作协调，步幅大小适宜、均匀；精神饱满，节奏感强。		
所需器械	空气棒2根、布基胶带1卷、沙包若干、标志桶4个。		

	教学过程	器械摆放及队列队形	组 次
开始部分 2 min	1.集合整队，师幼问好，清点人数。 2.情景导入。 师："今天我们是勇敢小士兵，快来接受考验吧！"		
准备部分 5 min	热身游戏：雷达扫射。 师："第一关雷达扫射，当老师拿空气棒挥到你们的位置时，就要赶紧蹲下，如果被空气棒挥到就会被淘汰。"		练习 5组
基本部分 20 min	1.动作示范及练习。 教师带领幼儿练习半蹲、深蹲的基本动作。 2.预设游戏：巧取"手榴弹"。 师："第二关是巧取'手榴弹'，但是前面有探照灯，我们要保持半蹲姿势走到对面取'手榴弹'，如果站起来就会被探照灯照到，那就会被敌人发现。现在让我们一起试试吧！" 3.创意游戏：运送"手榴弹"。 师："第三关是要把刚才拿到的'手榴弹'运送到弹药库，小朋友们自由组队，每组4～5人手搭肩排成1列，同时下蹲走，在走的过程中与同伴搭好肩，一起向前走，不要掉队，否则会被敌人抓住。你们准备好了吗？"	图1 巧取"手榴弹"练习队列 图2 运送"手榴弹"练习队列	每种形式练习6组
结束部分 3 min	1.放松游戏。 师："大家已经成为合格的小士兵了！我们一起来跳舞庆祝吧！" 海草舞：抖动腿部、大臂进行放松。 2.教师带领幼儿一起整理、回收器械。		
延伸部分	1.延伸游戏：教师可带领幼儿玩打地鼠的游戏。 2.家园互动：进行亲子蔬菜、水果等接龙下蹲游戏。		

表7-64　第2学期第4周幼儿园体育活动设计（中班）

课程名称	勇敢的空降兵——下肢缓冲动作的基本练习	周次	第4周
课程目标	1. 熟练掌握下肢缓冲的动作要领。 2. 游戏中发展幼儿腿部力量，提高幼儿动作的协调性与灵敏性，能勇敢地完成跳深练习，做好落地缓冲。 3. 克服由高度变化而产生的胆怯心理，提高自我保护意识，体验合作游戏的乐趣。		
下肢缓冲的动作要领	落地时，前脚掌先着地，而后过渡到足弓和足跟，同时迅速屈膝、屈髋、屈踝完成全身的缓冲，成半蹲或深蹲姿势。		
所需器械	跳箱2组、轮胎若干。		

教学过程		器械摆放及队列队形	组次
开始部分 2 min	1. 集合整队，师幼问好，清点人数；口令带动，营造气氛。 2. 情景导入。 师："小朋友们，你们知道空降兵吗？他们除了保家卫国，还要救助受灾害的人民。今天我们通过锻炼成为空降兵，一起去救援吧！"		
准备部分 5 min	热身游戏：蹲蹲操。 师："请小朋友们跟老师一起先活动身体！当老师说'半蹲''深蹲'时，小朋友们快速平稳地做出相应的动作，并坚持10 s。"		练习5组
基本部分 20 min	1. 动作示范及练习。 教师进行落地缓冲的动作示范，并告诉幼儿下蹲缓冲可以保护膝盖，幼儿练习。 2. 预设游戏：勇敢的空降兵。 师："小朋友们，现在我们先来练习从高处跳下的本领。在跳的过程中，小朋友们要注意落地下蹲缓冲保护膝盖。" 师："现在我们要学习从更高的跳箱上跳下，你们在跳的时候一定要充满信心，注意下蹲缓冲，老师相信你们！" 3. 创意游戏：空降兵救援。 师："你们学会了空降兵的基本本领，现在我们一起为受灾的地区搭建小路，救出受困的人吧！" 幼儿依次从跳箱跳下后，2名幼儿为1组，商量运送轮胎的方法，将轮胎搭成小路。搭建到队伍的左右两边。	 图1 练习队列之一 图2 练习队列之二 图3 练习队列之三	每种形式练习8组
结束部分 3 min	1. 放松游戏。 师："刚才小朋友们合作搭建了小路，大家互相帮助，很团结，现在给你的小伙伴拍拍身上的灰尘吧！拍打身体各部位。" 2. 教师带领幼儿一起整理、回收器械。		
延伸部分	1. 延伸游戏：教师引导幼儿从跳马和椅子上面跳下，注意缓冲。 2. 家园互动：家长可以利用社区及公园设施，鼓励幼儿从低矮物体上往下跳，家长做好幼儿落地缓冲的安全保护工作。		

表7-65　第2学期第5周幼儿园体育活动设计（中班）

课程名称	跳跃大闯关——跳跃动作的基本练习	周　次	第5周
课程目标	1. 熟练掌握双脚连续跳、单脚连续跳的动作要领。 2. 有规则意识，在生活中学会谦让，培养帮助他人的品质。 3. 喜欢与同伴一起进行体育活动，体验合作和交往的乐趣。		
单脚跳的远动作要领	单腿站立，另一条腿屈膝抬起，紧贴站立腿；起跳时站立腿半蹲蓄力，前脚掌蹬地，配合双手自然摆动，提起腿向上力带动完成跳跃，后屈膝落地缓冲；注意力一定要集中，上肢、下肢协调配合，保持身体平衡。		
所需器械	直径40 cm敏捷环20个、15 cm高敏捷栏20个、布基胶带1卷、沙包若干。		

	教学过程	器械摆放及队列队形	组　次
开始部分 2 min	1. 集合整队，师幼问好，清点人数。 2. 情景导入。 师："小朋友们，今天我们一起来进行跳跃大闯关的游戏。你们都打算怎么跳呢？" 鼓励幼儿大胆表现（教师针对幼儿的自由跳跃进行小结）。		
准备部分 5 min	热身活动：跳跳操。 师："让我们跟着音乐一起进行跳跳操吧！" 幼儿自主选择热身方法，如单脚跳、双脚跳、左右跳、开合跳。		练习 2组
基本部分 20 min	1. 动作示范及练习。 教师带领幼儿练习双脚连续跳及单腿连续跳的基本动作。 2. 预设游戏：跳跃小栏架。 师："现在进行闯关游戏，关卡难度会依次增加（由1个栏架逐步增加到5个栏架）。" 第一关是双脚跳跃栏架，第二关是单脚跳跃栏架；幼儿适应后依次增加1栏，栏与栏之间间隔30 cm。 3. 创意游戏：跳跃大闯关。 师："小朋友们，现在是我们的第三关，需要你们以小组的形式进行。" 4名幼儿同时出发进行单脚跳跃障碍比赛。哪组最先把终点的物品（沙包）运回，哪组获胜。	图1 跳跃小栏架练习队列之一 图2 跳跃小栏架练习队列之二 图3 跳跃小栏架练习队列之三	每种形式练习4组
结束部分 3 min	1. 放松游戏：脚丫动一动。 师："刚才小朋友们闯关成功了，接下来和老师一起玩小脚丫动一动的游戏（压脚背脚趾）。" 2. 教师带领幼儿一起整理、回收器械。		
延伸部分	1. 延伸游戏：左脚和右脚交替跳、开合跳、高处跳、2人骑着空气棒进行跑跳。 2. 家园互动：亲子高度变换跳（爸爸、妈妈合作对面拉绳，依次升高高度，幼儿跳跃）。		

表7-66　第2学期第6周幼儿园体育活动设计（中班）

课程名称	小小野战队——投掷动作的基本练习	周　次	第6周	
课程目标	1. 基本掌握左手、右手的上手投掷和下手投掷的动作要领。 2. 能与同伴合作整理小型体育器械。 3. 培养坚强、不怕困难的品质。			
下手投掷的动作要领	以右手投掷沙包为例（准备：双脚前后开立，左腿在前，右腿膝微屈，前腿伸直稳定支撑，上体稍后仰，左臂斜向前上伸出，右手持沙包直臂向下后方引，眼看前方；投掷：通过蹬伸右腿、转体、收腹、挥臂、甩腕一连串的协调动作，快速将球投出，左腿始终伸直稳定支撑，左臂向左侧摆动；结束：身体保持直立稳定姿势，眼睛观看沙包运动轨迹）。			
所需器械	直径50 cm的敏捷环4个、人手1个小沙包、布基胶带1卷、启智砖若干、标志桶4组、横杆4根。			

	教学过程	器械摆放及队列队形	组　次
开始部分 2 min	1. 集合整队，师幼问好，清点人数；口令带动，营造气氛。 2. 情景导入。 师："小朋友们，今天我们来进行小小野战队的游戏。"		
准备部分 5 min	热身游戏：投"手榴弹"。 每队幼儿的前面都有1个敏捷环，请幼儿右手持"手榴弹"（沙包）通过投掷的方法一排一排地向环中投，投进环中最多的队获胜，下一组换左手投，左右交替进行，在第一排幼儿面前3 m处摆放1个敏捷环。		练习 4组
基本部分 20 min	1. 动作示范及练习。 教师带幼儿进行左手、右手投掷的动作练习，左手、右手轮流交替练习5次。 2. 预设游戏：自由对射。 教师将幼儿分成2队自由对射，中间用滑溜布进行分割。幼儿快速捡起地上"手榴弹"，同时注意躲避"炮弹"，捡起后扔到对面。左手、右手轮流练习5组。 3. 创意游戏：炸"碉堡"。 师："我们已经知道敌人的'碉堡'在哪里了，我们需要先通过障碍，钻过地洞，再拿起'手榴弹'向敌人的'碉堡'投去（'碉堡'用启智砖垒起来）。现在让我们准备好武器出发吧！"	 图1 自由对射练习队形 图2 炸"碉堡"练习队列	每种形式练习20组

教学过程		器械摆放及队列队形	组次
结束部分 3 min	1.放松游戏：贪吃蛇。 2.教师带领幼儿一起整理、回收器械。		
延伸部分	1.延伸游戏：教师可以带领幼儿进行投壶游戏。 2.家园互动：家长在家可以跟幼儿进行角色扮演，做投掷练习。		

表7-67　第2学期第7周幼儿园体育活动设计（中班）

课程名称	赶着球儿跑——踢的基本练习	周次	第7周
课程目标	1.熟练掌握左脚、右脚内侧踢球的动作要领。 2.熟练掌握带球的方法，能按要求将球踢到指定方向。 3.培养幼儿不怕困难的自信心和合作的意识。		
带球、脚内侧停球的动作要领	1.带球动作：跑动时身体自然放松，上体稍前倾，并稍后运球方向转动，双臂自然摆动，步幅要小些，用脚背或内侧部位不断推挤足球的后中部，使之与在跑动中的人一起行进。 2.脚内侧停球动作：支撑脚正对来球，膝关节微屈，停球腿屈膝外转并前迎，脚尖稍翘起，当脚与球接触前的一刹那开始后撤，在后撤过程中用脚内侧接触球，缓慢卸力，将球控制在脚下。		
所需器械	足球门2个、标志杆10个、人手1个足球、布基胶带1卷。		

教学过程		器械摆放及队列队形	组次
开始部分 2 min	1.集合整队，师幼问好，清点人数。 2.情景导入。 师："小朋友们，今天老师给你们带来了神秘的礼物——足球。今天我们要和足球一起做游戏。"		
准备部分 5 min	热身游戏：传球乐。 师："请所有小朋友围成圆圈，把足球放在里面，足球滚到哪个小朋友面前，哪个小朋友用脚内侧将球踢走，左脚、右脚都要练习。"		练习 1组
基本部分 20 min	1.动作示范及练习。 教师示范左脚、右脚内侧踢球及停球的基本动作，幼儿练习。 2.预设游戏：赶球入洞。 师："请所有小朋友带球绕过标志杆后，通过脚内侧踢球把球踢到洞里，球网当作洞，每个小朋友的左脚、右脚都要练习射门，然后带球回队尾，进行下一个循环的练习。" 3.创意游戏：球儿找朋友。 师："接下来我们进行球儿找朋友的游戏，请小朋友们分成2队，面对面踢球。当对面小朋友把球踢过来时，我们需要将球控制在脚下，然后再把球踢向对面。"	图1 赶球入洞练习队列 图2 球儿找朋友练习队列	每种形式练习8组

续　表

教学过程		器械摆放及队列队形	组　次
结束部分 3 min	1. 放松游戏。 师："小朋友们，跟老师一起动动小脚丫吧，踩踩小脚、揉揉小脚、按按小脚……" 2. 教师带领幼儿一起整理、回收器械。		
延伸部分	1. 延伸游戏：小小足球对抗赛。 请幼儿一起玩足球对抗游戏。 2. 家园互动：亲子传球。 请家长和幼儿一起互相踢球。		

表7-68　第2学期第8周幼儿园体育活动设计（中班）

课程名称	拍球小能手——拍的基本练习	周　次	第 8 周
课程目标	1. 掌握单手拍球的动作要领。 2. 锻炼幼儿的眼手协调能力、动作灵敏性。 3. 培养幼儿在体育游戏中的团队合作精神。		
拍球的动作要领	单手拍球（以右手为例）：双脚分开与肩同宽，微微屈膝、屈髋、弯腰，左臂屈肘平抬，右手五指分开，掌心稍屈合在球表面，用手腕、前臂恰当用力拍球；球在弹跳时，手要跟着球的走向、高度，调整拍球力量的大小，球的高度控制在腰部的位置；拍球的时候，眼睛和身体要始终跟着球移动，做到手脚动作协调一致。		
所需器械	人手 1 个篮球、呼啦圈、红绿灯展示牌。		

教学过程		器械摆放及队列队形	组　次
开始部分 2 min	1. 集合整队，师幼问好，清点人数。 2. 情景导入。 师："今天老师要带小朋友们进行拍球练习，看哪个小朋友能成为拍球小能手。"		
准备部分 5 min	热身游戏：原地拍球。 师："每个小朋友的面前都有 1 个敏捷环，小朋友们拍球时要让球保持在环里，先看看老师是怎么做的，一起试试吧！"		练习 1 组

续　表

教学过程		器械摆放及队列队形	组次
基本部分 20 min	1. 动作示范及练习。 教师示范单手拍的基本动作，幼儿练习；注意：左手和右手都要进行练习。 2. 预设游戏。红绿灯。 师："现在我们来玩红绿灯游戏，老师会交替出示红灯、绿灯。当出示绿灯时，小朋友们可以拍球；当出示红灯时，我们要马上停下来把球抱住，保证小球不落地。" 请幼儿分成2队，双脚开立与肩同宽站在原地，球在弹跳时，手要跟着球的走向，调整位置。 2. 创意游戏：拍球大比拼。 师："小朋友们学会了双手拍球，也学会了单手拍球。下面我们来比一比谁拍球的本领最强。" 第一个关卡是请幼儿连续拍球10下；第二个关卡是连续单手拍球10下；第三个关卡是另外一只手单手拍球10下。请幼儿分成4队，每队排头最先开始，依次进行。	图 1　红绿灯练习队列 图 2　拍球大比拼练习队列	每种形式练习20组
结束部分 3 min	1. 放松游戏。 师："接下来让我们扮演小小按摩师，给自己的小伙伴按摩吧！" 2. 教师带领幼儿一起整理、回收器械。		
延伸部分	1. 延伸游戏：教师带领幼儿尝试单手行进拍球。 2. 家园互动：家长在家和幼儿进行单手、双手拍球接力游戏。家长拍几次，幼儿接着再拍几下，依次接力。		

表7-69　第2学期第9周幼儿园体育活动设计（中班）

课程名称	帮小熊运西瓜——接的基本练习	周次	第9周
课程目标	1. 熟练掌握原地双手胸前接网球、移动双手胸前接网球的动作要领。 2. 初步了解规则，并能在活动中遵守规则。 3. 喜欢与同伴一起进行体育活动，体验合作和交往的乐趣。		
双手胸前接网球的动作要领	面对来球，双臂自然伸出迎球，手指自然分开，两拇指成"八"字形，朝着来球的方向；球下落时，快速伸出双手将球接住。		
所需器械	人手1个网球、标志桶4个。		

教学过程		器械摆放及队列队形	组次
开始部分 2 min	1. 集合整队，师幼问好，清点人数。 2. 情景导入。 师："小朋友们，小熊地里的西瓜成熟了。我们要帮助小熊把西瓜运送到家里，但是西瓜不能滚，容易破损。所以，运送西瓜的要求很高。"		

续　表

教学过程		器械摆放及队列队形	组　次
准备部分 5 min	热身游戏：基础挑战。 师："我们先来练习一下用手接网球的精准度。" 请幼儿分成2队，每名幼儿拿1个网球，双手用力垂直向下扔球，球触地弹起后用双手接住，反复练习（2队之间保持3 m距离，幼儿之间的横间距保持1 m）。		练习 1组
基本部分 20 min	1. 动作示范及练习。 教师示范抛接球动作，幼儿练习。 2. 预设游戏：初级挑战。 师："刚才小朋友们进行了弹接球练习，现在要加大难度。我们要准确接住对面小朋友弹过来和抛过来的球。" 请幼儿分成2队，1队拿球，拿球的幼儿双脚开立与肩同宽，双手打开，不要触碰到旁边幼儿，先练习弹接球，然后练习抛接球。2队间保持2 m，幼儿横向间距1.5 m。 3. 创意游戏：终极挑战。 师："刚才我们练习得很认真，现在难度再次加大。我们需要在行进中接住小朋友传递过来的球。" 请2名幼儿为1组，从起点出发。在走动的过程中相互抛接球，至终点结束从左侧跑回。 师："我们都通过了终极挑战，现在让我们一起帮小熊运西瓜吧。" 2名幼儿为1组，从起点出发。利用身体各部位运西瓜，保证西瓜不落地，安全送到小熊家里。	图1 初级挑战练习队列 图2 终极挑战练习队列	弹接球练习10组 抛接球练习20组
结束部分 3 min	1. 放松游戏。 师："小熊为感谢我们帮它运西瓜，带我们一起玩大小西瓜的游戏。" 教师说"大西瓜"时，幼儿将自己身体变成大西瓜；当教师说"小西瓜"时反之。 2. 教师带领幼儿一起整理、回收器械。		
延伸部分	1. 延伸游戏：教师可变化抛接物体的大小，练习幼儿接的精准度。 2. 家园互动：家长可以利用毛绒玩具等物品，和幼儿进行抛接练习。		

表7-70　第2学期第10周幼儿园体育活动设计（中班）

课程名称	小蚂蚁找食物——爬的基本练习	周　次	第10周
课程目标	1.基本掌握蚂蚁爬、背爬的动作要领。 2.掌握多种爬的方式，能够协调地屈膝、屈髋进行运动。 3.喜欢参加体育活动，体验合作的乐趣。		
各种爬行的动作要领	1.蚂蚁爬：背部朝向地面，四肢着地，臀部抬离地面，向脚的方向前进，前进时异侧手脚移动（左手右脚或右手左脚），另一只手和脚支撑身体，运动中要保持身体平衡。 2.背爬：全身仰卧，双手放于身体两侧，向头的方向移动，头和上背部微微抬离垫子，左右大幅度摇摆，同时双腿屈膝，双脚交替后蹬，注意与上体协调配合，上体向哪侧摇摆，哪侧腿蹬伸，移动中注意方向。		
所需器械	2 m×1.2 m的体操垫4块、布基胶带1卷、空气棒若干。		

教学过程		器械摆放及队列队形	组　次
开始部分 2 min	1.集合整队，师幼问好，清点人数。 2.情景导入。 师："小朋友们，你们喜欢与爬相关的游戏吗？你们是怎么爬的呢？"		
准备部分 5 min	热身游戏：循环爬游戏。 师："小朋友们，还记得毛毛虫和螃蟹爬吗？让我们一起来试试吧。" 请幼儿排成1队站立，先像毛毛虫一样爬过垫子，左转弯到另一侧，像螃蟹一样爬过垫子，然后到队列后排队进入下一循环。		练习 5组
基本部分 20 min	1.动作示范及练习。 教师示范蚂蚁爬、背爬的基本动作，幼儿练习。 2.预设游戏：小蚂蚁找食物。 师："今天我们学习了2种新的爬行方式：蚂蚁爬和背爬。接下来我们要扮成小蚂蚁出门找食物啦，准备好了吗？" 请幼儿成1队站立，用蚂蚁爬的方式穿过第一块草地，再用背爬的方式穿过下一块草地，找到食物返回家中（空气棒当食物）。器械摆放：把体操垫两两竖摆对接，间隔1 m，对称摆放。 3.创意游戏：小蚂蚁背粮食。 师："要下雨了，现在要把食物背回洞里，需要小蚂蚁们合作将食物运回洞里。" 请幼儿分成2队站立，2名幼儿为1组，合作爬行快速运食物，看哪组的速度最快、食物运得最多。注意运的过程中食物不能掉。	图1 小蚂蚁找食物练习队列 图2 小蚂蚁背粮食练习队列	每种形式练习10组
结束部分 3 min	1.放松游戏。 师："小朋友们好厉害，运回那么多粮食。接下来我们一起玩小海豚的游戏吧。" 2.教师带领幼儿一起整理、回收器械。		

教学过程		器械摆放及队列队形	组 次
延伸部分	1. 延伸游戏：小蚂蚁运玩具。 请幼儿将玩具放在肚子上，像小蚂蚁一样运送。 2. 家园互动：亲子接力蚂蚁爬。 请家长和幼儿利用家中物品及场地进行接力蚂蚁爬游戏。		

表7-71　第2学期第11周幼儿园体育活动设计（中班）

课程名称	翻滚的小士兵——滚的基本练习	周次	第11周
课程目标	1. 基本掌握前滚翻的动作要领，加强幼儿的方向感。 2. 了解活动中需要注意的安全事项，学习自我保护的方法。 3. 培养幼儿对体育活动的兴趣。		
前滚翻的动作要领	前滚翻：一蹲（双脚与肩同宽，屈膝、屈髋、弯腰下蹲）、二撑（双手比肩略宽，屈臂，靠近身体支撑）、三低头（抬臀低头，使头向双腿间靠近）、四蹬腿，向前滚动似圆球（使后脑、肩、背、腰、臀依次着地，当背部着地时，屈膝团身，双手抱小腿，上体迅速跟紧大腿向前滚动呈蹲立姿势）。		
所需器械	敏捷环2个、人手1个沙包、2 m×1.2 m的体操垫4块、布基胶带1卷。		

教学过程		器械摆放及队列队形	组 次
开始部分 2 min	1. 集合整队，师幼问好，清点人数。 2. 情景导入。 师："小士兵们，今天我们一起玩儿翻滚的游戏，提高我们身体的敏捷性。"		
准备部分 5 min	热身游戏：滚滚乐。 师："请小朋友们分成2队，我们一起活动活动吧！"幼儿自行选择滚的方式，教师鼓励幼儿可以和其他幼儿不一样；复习直体侧身滚、双手抱胸直体侧身滚、手体侧直体侧身滚动作。		练习 3组
基本部分 20 min	1. 动作示范及练习。 教师示范前滚翻动作，幼儿练习。练习中注意幼儿安全，及时纠正动作。 2. 预设游戏：小士兵学本领。 师："小士兵要学习新的本领，才能保家卫国，请小朋友们一起学习吧！我们先来记口诀：'一蹲、二撑、三低头、四蹬腿，滚起来似圆球'。" 幼儿分成2队，教师在垫子右侧呈蹲姿保护幼儿；幼儿做前滚翻时，教师右手托住幼儿颈下部，左手在幼儿右侧大腿后部提供向前的推力。每队幼儿做翻滚动作时，教师在幼儿一侧进行保护。 3. 创意游戏：翻滚的小士兵。 师："接下来要考验你们了。听说敌人的炸药库有很多'炸弹'。在不被敌人发现的情况下，我们需要快速收集'炸弹'运回营地。" 请幼儿分成2组，第一个名幼儿进行前滚翻，到达前方拿到"炸弹"，快速返回。后面的幼儿依次进行。	 图1 小士兵学本领练习队列 图2 翻滚的小士兵练习队列	每种 形式 练习 5组

教学过程		器械摆放及队列队形	组　次
结束部分 3 min	1. 放松游戏:教师带领幼儿玩木头人的游戏,进行身体放松。 2. 教师带幼儿一起整理、回收器械。		
延伸部分	1. 延伸游戏:教师带领幼儿变换方向,连续前滚翻。 2. 家园互动:家长在家指导幼儿练习前滚翻,注意安全防护。		

表7-72　第2学期第12周幼儿园体育活动设计（中班）

课程名称	盖房子——钻的基本练习	周　次	第 12 周
课程目标	1. 熟练掌握俯身钻的动作要领。 2. 发展的动作协调性、敏捷性。 3. 能积极主动参加活动,遵守游戏规则。		
俯身钻动作 的要领	全身俯卧,屈肘,爬行时左臂前伸,五指张开全掌按地,右腿屈膝前移,用左手的前臂和右脚的膝内侧、脚掌内侧同时支撑,使胸、腹稍抬离地面,右脚前蹬伸直,使躯干向前移动,注意臀部不要抬得太高,以免触碰障碍物。		
所需器械	标志桶 12 个,横杆 6 根、门洞 8 个、2 m×1.2 m 的体操垫 4 块、敏捷环若干。		

教学过程		器械摆放及队列队形	组　次
开始部分 2 min	1. 集合整队,师幼问好,清点人数。 2. 情景导入。 师:"小兔子外婆家的房子被大灰狼破坏了,我们要帮它盖一座新房子,但是去外婆家的路上需要穿越很多山洞。小朋友们可以怎么钻过山洞呢?"		
准备部分 5 min	热身游戏:大灰狼来了。 师:"请小朋友们分成 2 组,1 组两两拿敏捷环围成大圆圈,坐到地上,2 组小朋友在外面围圈跑,老师先来扮演大灰狼,当老师说'大灰狼来了',小朋友们要赶紧钻进洞。"		练习 3组
基本部分 20 min	1. 动作示范及练习。 教师示范俯身钻动作,幼儿练习。 2. 预设游戏:运砖头。 师:"小朋友们,草、木头、砖头哪种材料搭建的房子更结实呢?" 小兔子的外婆家在很远的地方,需要幼儿用正面钻、俯身钻的方法钻过树洞找到砖头,再用侧面钻、俯身钻的方法返回。砖头用启智砖代替。	 图 1 运砖头练习队列	每种 形式 练习 6组

	教学过程	器械摆放及队列队形	组次
基本部分 20 min	3. 创意游戏：盖房子。 师："小朋友们刚才运了很多砖头，现在我们要用俯身钻的方式出发去帮外婆盖房子。" 请幼儿分成 2 组，先讨论怎么搭建，然后带着砖头出发，到终点后依次用自己的砖头搭建房子，后面的幼儿在前面幼儿搭的基础上进行搭建。看哪组幼儿搭建的房子最坚固。	图 2 盖房子练习队列	
结束部分 3 min	1. 放松游戏。 师："小朋友们帮助兔外婆搭建完房子，现在跟着老师玩吹泡泡的游戏。请小朋友们手拉手一起扮演大泡泡、小泡泡。" 2. 教师带领幼儿一起整理、回收器械。		
延伸部分	1. 延伸游戏：风火轮。 请幼儿依次钻过敏捷圈。 2. 家园互动：钻隧道。 家长利用瑜伽垫或纸箱为幼儿搭建隧道，请幼儿钻过。		

表7-73　第2学期第13周幼儿园体育活动设计（中班）

课程名称	攀登小勇士——攀的基本练习	周次	第 13 周
课程目标	1. 基本掌握攀爬攀登架的动作要领。 2. 通过活动增强幼儿的臂部力量。 3. 能体验体育活动的乐趣，积极参加体育活动。		
攀登攀登架的动作要领	使身体靠近攀登架，双手交替向上攀爬，双脚交替向上攀登，攀登时双手向上拉，双脚下蹬踩稳；达到最高点时，稳定住，骑着攀登架转身向下。		
所需器械	攀登架 1 套、体操垫 2 块。		

	教学过程	器械摆放及队列队形	组次
开始部分 2 min	1. 集合整队，师幼问好，清点人数；口令带动，营造气氛。 2. 情景导入。 师："今天咱们进行攀登比赛，大家努力成为攀登小勇士。"		
准备部分 5 min	热身游戏：加油拉拉操。 师："开始之前，我们先来互相加油打气。" 请幼儿分成 2 组，2 名幼儿手拉手站立，进行加油拉拉操游戏。		练习 2 组

教学过程		器械摆放及队列队形	组 次
基本部分 20 min	1. 动作示范及练习。 教师示范攀登攀登架的基本动作，加入语言指导，幼儿练习。 2. 预设游戏：小熊爬。 请幼儿排成1队，一个接一个，像小熊一样爬过攀登架。 3. 创意游戏：螃蟹爬。 请幼儿排成1队，一个接一个，像螃蟹一样通过攀登架。	 图 1 小熊爬练习队列 图 2 攀登比赛练习队列	每种形式练习3组
结束部分 3 min	1. 放松游戏。 师："攀登比赛上小朋友们表现得特别棒。现在跟随老师放松一下吧！" 2. 教师带领幼儿一起整理、回收器械。		
延伸部分	1. 延伸游戏：教师带领幼儿进行小熊倒爬练习。 2. 家园互动：家长利用社区运动设备，带幼儿进行攀登动作练习。		

表7-74 第2学期第14周幼儿园体育活动设计（中班）

课程名称	小小体操员——转体动作的基本练习	周 次	第14周
课程目标	1. 基本掌握向左转、向右转的动作要领。 2. 能在原地平稳地进行自身旋转的动作。 3. 喜欢与同伴进行体育活动，体验合作交往的乐趣。		
向左（右）转的动作要领	以左（右）脚跟为轴，左（右）脚跟和右（左）脚掌前部同时用力，使身体协调一致向左（右）转90°，体重落在左（右）脚，右（左）脚取捷径迅速靠拢左（右）脚，呈立正姿势；转动和靠脚时，双腿挺直，上体保持立正姿势。		
所需器械	长杆1根、大地垫2个。		

教学过程		器械摆放及队列队形	组 次
开始部分 2 min	1. 集合整队，师幼问好，清点人数；口令带动，气氛营造。 2. 情景导入。 师："小朋友们，你们看过奥运会里的体操比赛？请模仿一下见过的动作。"		
准备部分 5 min	热身游戏：敏捷大挑战。 师："锻炼一下你们的敏捷性。当发现危险时能快速跳起自我保护。请所有小朋友围成圆圈，顺（逆）时针慢跑，老师拿1根长杆在小朋友们的脚下反方向旋转，小朋友们要勇敢地跳过去，看看谁的反应最快。"		练习2组每组2分钟

续　表

教学过程		器械摆放及队列队形	组　次
基本部分 20 min	1. 动作示范及练习。 教师示范转体的基本动作，幼儿练习。 2. 预设游戏：方向大挑战。 师："接下来我们进行方向大挑战，考验小朋友的方向感。请小朋友们成 4 列横队排列，听从我的口令'向右（左、后）转'，完成转身动作。" 3. 创意游戏：悬空转体。 师："接下来我们学习更大难度的悬空转体动作。" 跳起时身体转动 180° 落地，衔接前滚翻最后亮相。幼儿先向左转、向右转、向后传、悬空转体、前滚翻，最后亮相完成展示。	 图 1 方向大挑战练习队列 图 2 悬空转体练习队列	每种形式练习 8 组
结束部分 3 min	1. 放松游戏。 师："小朋友们学会了体操运动员的基本动作，可以回家向家长展示。接下来让我们跟随体操音乐，一起跳起来吧！" 2. 教师带领幼儿一起整理、回收器械。		
延伸部分	1. 延伸游戏：教师带幼儿继续进行体操展示游戏。 2. 家园互动：家长带领幼儿进行士兵训练营的情境游戏，进行向右转、向左转的练习。		

表7-75　第2学期第15周幼儿园体育活动设计（中班）

课程名称	挥击小将——挥击动作的基本练习	周次	第 15 周
课程目标	1. 熟练掌握打定点垒球的动作要领。 2. 了解各项活动规则。 3. 通过游戏体验与同伴合作参与游戏的快乐。		
打定点垒球的动作要领	眼睛盯住球，挥棒时髋关节的转动必须先于挥棒动作，手腕和前臂要爆发式发力，挥动路线尽可能控制在水平方向上，全身用力要协调一致；在触球的瞬间，手腕要稍向前压，以增加击球的力量。		
所需器械	支架 2 个、横杆 6 根、气球 6 个、标志桶 12 个、挥击棒 6 个、网球 6 个。		

教学过程		器械摆放及队列队形	组　次
开始部分 2 min	1. 集合整队，师幼问好，清点人数。 2. 情景导入。 师："小朋友们，你们玩过击球游戏吗？你们是怎么玩的呢？"		
准备部分 5 min	热身活动：挥臂击球。 师："请小朋友们排成 4 路纵队，4 人为 1 组，跟老师依次挥击胳膊进行挥击击球练习。" 教师示范：助跑 2～3 步跳起，用左手或右手挥击风阻软球，然后到队列最后排队进行下一个循环练习。		练习 2 组

	教学过程	器械摆放及队列队形	组　次
基本部分 20 min	1. 动作示范及练习。 教师示范定点打垒球动作，幼儿练习。 2. 预设游戏：定点挥击。 师："现在我们来练习定点挥击的本领吧！" 请幼儿排成6队，双手持垒球棒，按照教师口令挥出球棒击球；每名幼儿练习3次后去捡球，捡球回来后下一组再进行挥击球练习。 3. 创意游戏：6人排球战。 师："接下来我们要进行6人排球战，请6个小朋友为1组，一起协商合作互相击球，球落到哪边，哪边就输了。"	 图1 定点挥击练习队列 图2 6人排球战练习队列	每种形式练习3组
结束部分 3 min	1. 放松游戏。 师："小朋友个个都是挥击小将。你们的小胳膊累不累？让我们玩大雨、小雨的游戏。当老师说'大雨'，小朋友们使劲拍手；当老师说'中雨'，小朋友们跺跺脚；当老师说'小雨'，小朋友们拍拍肩。" 2. 教师带领幼儿一起整理、回收器械。		
延伸部分	1. 延伸游戏：同心圆击掌。 师："请所有小朋友围成1个圆圈，从任一点开始依次跑动挥击胳膊与其他小朋友击掌，跑完一圈回到原来的位置等待后面的小朋友击掌，直到所有小朋友全部完成击掌。" 2. 家庭互动：我动你追。 请家长来回换左手、右手晃动，幼儿跟随家长手的晃动并击掌。		

表7-76　第2学期第16周幼儿园体育活动设计（中班）

课程名称	好玩的纸——躲闪动作的基本练习	周　次	第16周
课程目标	1. 基本掌握躲闪的动作要领。 2. 了解运动中需要注意的安全事项，学习自我保护的方法。 3. 喜欢与同伴一起进行体育活动，体验合作和交往的乐趣。		
躲闪的动作要领	面对移动状态的物体或人，为了避免碰撞，通过移动身体（跑、跳、转体等）或改变身体姿势（下蹲、侧身、低头等）避开物体或人的身体动作；要求注意力集中，观察和判断准确，反应迅速、敏捷。		

所需器械	标志桶 10 个、小沙包 1 个、布基胶带 1 卷、三角挡板 3 个、纸若干。		
	教学过程	**器械摆放及队列队形**	**组　次**
开始部分 2 min	1. 集合整队，师幼问好，清点人数；口令带动，营造气氛。 2. 情景导入。 师："小朋友们好，今天我们一起跟纸做游戏，想一想纸可以怎样玩呢？"		
准备部分 5 min	热身游戏：车牌号。 师："我们先把纸作为车牌号，想一想单人车怎么开呢？"请幼儿成 1 路纵队进行游戏，跑到标志桶前，需要用手触碰标志桶后向左（右）前方前进，按路线跑完后返回队尾。双人车怎样玩呢？ 2 名幼儿尝试游戏。开车路上车牌不能掉。		练习 2 ~ 3 组
基本部分 20 min	1. 动作示范及练习。 教师示范躲闪动作，幼儿练习。 2. 预设游戏：纸球大战。 师："请小朋友们想一想，怎样让纸张变成球呢？（幼儿大胆尝试）变成纸球可以玩什么呢？"（纸球大战）请幼儿分成 2 组，以三角挡板为界限，进行双方纸球大战游戏。 3. 创意游戏：躲避大球。 师："如何让小球变成大球呢？接下来大球会向你发射，小朋友们要成功躲避大球的袭击。" 幼儿平均分成 2 组。幼儿在中间，2 名教师分别站在两边互相投大纸球，幼儿躲避大球；被击中的幼儿淘汰，直到淘汰最后 1 名幼儿，游戏结束。	图 1 纸球大战练习队列 图 2 躲避大球练习队列	每种 形式 练习 4 组
结束部分 3 min	1. 放松游戏：教师带领幼儿进行吹纸游戏，将纸抛向空中用力向上吹使纸不落地。 2. 教师带领幼儿一起整理、回收器械。		
延伸部分	1. 延伸游戏：教师带领幼儿玩充气软球游戏，充气软球系绳子后，教师转圈轮，幼儿进行躲闪。 2. 家园互动：进行亲子纸球躲闪的互动游戏。		

表7-77　第2学期第17周幼儿园体育活动设计（中班）

课程名称	孔雀比赛——平衡动作的基本练习		周　次	第17周
课程目标	1.熟练掌握静态平衡和动态平衡的动作要领。 2.发展身体的协调能力。 3.提高幼儿的合作能力，体验体育游戏的乐趣。			
瑜伽砖上行走的动作要领	拿7～12块瑜伽砖纵向直线排开，每块之间间隔5～10 cm，让幼儿在上面行走，单块上只能放1只脚，要求幼儿上体保持正直，腰腹收紧，目视前下方，双臂侧举，脚步稳健，身体稳定。			
所需器械	人手1块瑜伽砖、布基胶带1卷、面条棍若干。			

	教学过程	器械摆放及队列队形	组　次
开始部分 2 min	1.集合整队，师幼问好，清点人数。 2.情景导入。 师："小朋友们，你们喜欢孔雀吗？见过孔雀单脚站立吗？"鼓励幼儿大胆尝试。		
准备部分 5 min	热身游戏：孔雀单脚站立。 师："今天我们要像小孔雀一样练习单脚站立，看看谁坚持的时间最长？"		练习 8组
基本部分 20 min	1.动作示范及练习。 教师示范静态平衡和动态平衡的动作，幼儿练习。 2.预设游戏：孔雀踩石头。 师："现在请小朋友们扮成孔雀。我们一会要比赛了，要先练习单脚站立的本领。请每个小朋友拿1块瑜伽砖当石头，当听到口令'踩石头'时，单脚踩在瑜伽砖上保持平衡。" 3.创意游戏：孔雀接力赛。 师："小朋友们刚才练习得特别认真。接下来小朋友排成2列纵队，一个接一个踩着石头过河。循环1遍后，请2个小朋友为1组，用自己喜欢的方式带着面条棍踩着石头过河。走的过程中面条棍不要掉下来。走过去后，2人用腿夹住面条棍快速跑回，下一组出发，我们看哪组小朋友最先完成接力赛。"	图1 踩石头练习队列 图2 踩着石头过河练习队列	每种形式练习6组
结束部分 3 min	1.放松游戏。 师："小朋友们玩得真开心呀，我们一起玩吹泡泡的游戏吧！请小朋友们手拉手，当老师说'大泡泡'，小朋友们就手拉大圈；当老师说'小泡泡'，小朋友们就手拉小圈。" 2.教师带领幼儿一起整理、回收器械。		
延伸部分	1.延伸游戏：跳跳球。 幼儿踩着波速球向前走。 2.家园互动：踩木桩。 将整卷卫生纸竖放2排呈桩状，请幼儿踩着行走。		

表7-78　第2学期第18周幼儿园体育活动设计（中班）

课程名称	我是猴王——悬垂动作的基本练习	周　次	第18周
课程目标	1.熟练掌握爬杠的动作要领。 2.发展上肢力量，增强身体灵活性。 3.培养幼儿坚强、不怕困难的精神。		
爬杠的动作要领	双手抓住具有一定高度的连续横杠，借助手臂力量使身体悬空吊起，而后一手抓杠，另一只手抓住前面的横杆，双手交替向前爬行。		
所需器械	标志桶4个、连续横杠和海绵垫1套、布基胶带1卷、跳箱2组。		

教学过程		器械摆放及队列队形	组次
开始部分 2 min	1.集合整队，师幼问好，清点人数。 2.情景导入。 师："小朋友们，你们看过《西游记》吗？《西游记》里你们最喜欢谁呢？为什么？（幼儿自由回答）今天我们来学一学孙悟空的本领吧！"		
准备部分 5 min	热身游戏：小猴推车。 师："请小朋友们排成4队，2人1组，1个小朋友趴下，1个小朋友手握对面小朋友的双脚，听到'爬'的口令后，4队同时出发，爬到标志桶后，2个小朋友互换继续爬回，依次接力。"		练习 2组
基本部分 20 min	1.动作示范及练习。 教师示范爬杠动作，幼儿练习。 2.预设游戏：谁的力气大。 师："请小朋友们分成2队，同时出发，绕过障碍物快速跑到双杠处，然后双手抓住双杠。看谁坚持得最久。哪个小朋友的力量最大？" 3.创意游戏：我是猴王。 师："开始竞选猴王了，请小朋友们站成1队，快速攀登过跳箱，然后从跳箱上跳下来，再跑到双杠处一个接一个从双杠爬过去，谁够完成挑战，谁就是猴王。"	图1 谁的力气大练习队列 图2 我是猴王练习队列	每种形式练习5组
结束部分 3 min	1.放松游戏。 师："小朋友们好厉害，接下来我们一起跳圆圈舞吧。请小朋友们手拉手围城1个圆圈，一起跟随音乐晃动胳膊和腿部进行放松。" 2.教师带领幼儿一起整理、回收器械。		
延伸部分	1.延伸游戏：爬绳子。 将绳子的一端绑在硬的物体上，另一端手拽着绳子，幼儿躺在地上四肢放到绳子上依次拉动绳子前进。 2.家园互动：空中移物。 在2个盘子旁边放上物品，家长和幼儿呈俯卧撑状面对面，左手、右手依次交替拿物品放在盘子内，同一时间，放入盘子内物体多的获胜。		

五、大班第 1 学期教案

表7-79　第1学期第1周幼儿园体育活动设计（大班）

课程名称	勇敢小卫兵——走的基本练习	周 次	第1周
课程目标	1.能听懂口令，掌握正确的队列队形变换方法。 2.能够根据教师口令准确的做出动作，并能按照前面幼儿的运动轨迹进行运动。 3.乐于参与体育游戏，体验合作游戏的乐趣。		
走的动作要领	上体正直，自然挺胸，肩部肌肉放松，目视前方；双臂前后自然、轻松摆动；向前摆臂时，肘关节稍弯曲；向前迈步方向正，双脚落地要轻，步幅大小适宜、均匀；精神饱满，节奏感强。		
所需器械			

	教学过程	器械摆放及队列队形	组次
开始部分 2 min	1.集合整队，师幼问好，幼儿报数。 2.情景导入。 师："小朋友们，你们见过小卫兵是怎么走路的吗？今天我们要像小卫兵一样走路。"		
准备部分 5 min	热身游戏：小小卫兵踏步走。 师："小朋友们和老师一起活动一下身体吧！请大家跟我一起练习原地踏步走。"		练习 2组 每组 2分钟
基本部分 25 min	1.动作示范及练习：2列横队变4列横队。 师："请小朋友排好队，从左至右'1''2''1''2'报数。"由2列横队变4列横队时，数"2"的幼儿左脚向后退一步，右脚向右跨一步站在单数幼儿后面，左脚靠向右脚。 2.预设游戏：小小卫兵分队走。 2列横队变4列横队时，当听到口令"成4列横队走"，数"2"的幼儿左脚向后退1步，右脚向右跨1步站在单数幼儿后面，左脚靠向右脚。当听到口令"成2列横队走"，数"2"的幼儿左脚先向左跨1步，右脚向前跨1步，站回原位置。练3组后，数"1"和数"2"的幼儿交换位置。 3.创意游戏：小小卫兵走迷宫。 师："刚才小朋友学会了变换队形，现在我们要去走螺旋形迷宫。请2人合作将武器运到武器库。小朋友们排好队，一个跟着一个走，走的时候不要太快，和前面小朋友保持距离。直到走到螺旋迷宫终点并依次传递将武器全部放下，全体向后转走回起点。" 师："我们刚才进行了螺旋走，你们还有什么变换队形走的方法？我们一起试一试（如三角形走、'八'字走）。"	图1 队形变换示意图 图2 螺旋形走队形示意图	2列横队变4列横队走及还原练习12组螺旋形队走练习2组
结束部分 3 min	1.放松游戏：小卫兵放电。 师："小朋友们原地站立，双手举高，老师说'手放电，吱'，小朋友们放下手臂；老师说'头放电，吱'，小朋友们低下头；老师说'全身放电，吱'，小朋友们坐在地上。" 2.教师带领幼儿一起整理、回收器械。		
延伸部分	1.延伸游戏：半蹲走、竞走、全蹲走。 2.家园互动：亲子木头人游戏。		

表7-80　第1学期第2周幼儿园体育活动设计（大班）

课程名称	勇敢向前冲——跑的基本练习	周　次	第2周
课程目标	1. 掌握变向跑要领，动作敏捷迅速。 2. 能够按照指定路线跑，并能完成接力物交接。 3. 在合作中体会运动的乐趣，增强幼儿竞争意识。		
变向跑的动作要领	以向右跑变向为向左跑为例：跑动时变向先要减速、屈膝降低重心，而后向准备跑的左方向移动重心，同时右侧脚前脚掌内侧迅速蹬地，左侧脚迅速向左方向跨出，身体转动完成变向；变向跑不能停下来再改变方向，而是在运动中改变方向。		
所需器械	大标志桶16个、沙包4个、布基胶带1卷。		

教学过程	器械摆放及队列队形	组　次
开始部分 **2 min** 1. 集合整队，师幼问好，清点人数。 2. 情景导入。 师："小朋友们，今天我们要举行运动会，运动会都有哪些项目呢？" 幼儿自主回答，教师总结。		
准备部分 **5 min** 热身游戏：跑步。 师："在正式开始之前，小朋友们先跟着老师跑一跑、热热身。"		练习1组
基本部分 **25 min** 1. 动作示范及练习。 教师带领幼儿练习变向跑的基本动作。 2. 预设游戏：变向跑比赛。 师："请小朋友们扮成运动员，排成1队，跑到标志桶前，需要用手触碰标志桶后才可以变向跑。" 器械摆放：标志桶之间横向间距3 m，纵向间距5 m。 3. 创意游戏：接力跑比赛。 师："小朋友们表现得都很好，接下来我们要进行接力跑比赛。" 请第一名幼儿左手拿沙包，跑到终点后从队列的左侧跑回，过线后将沙包传递给下一名幼儿的左手；依次接力完成练习。练习时队列成4路纵队进行接力跑。 器械摆放：在每队前5 m处摆放1个标志桶，而后每间隔3 m摆放1个，共计4个。	 图1 变向跑场地及队列 图2 接力跑练习队列	每种形式练习2组
结束部分 **3 min** 1. 放松游戏：我说你做。 幼儿先自由地甩手、跺脚。当听到教师说"快快地甩手"，幼儿加快速度甩手；当听到教师说"慢慢地跺脚"时，放慢速度跺脚，按教师指令变换肢体。 2. 教师带领幼儿一起整理、回收器械。		
延伸部分 1. 延伸游戏：正向快速跑、进二退一跑、负重跑。 2. 家园互动：进行亲子互动接力赛。		

表7-81　第1学期第3周幼儿园体育活动设计（大班）

课程名称	打地鼠——下蹲动作的基本练习	周 次	第3周
课程目标	1.熟练掌握半蹲、深蹲的动作要领。 2.锻炼快速反应及语言表达能力。 3.体验体育活动的乐趣。		
下蹲的动作要领	双脚并拢或与肩同宽，脚尖向前，自然站立，下蹲时屈膝、屈髋，但头到腰部的躯干始终要保持笔直伸展状态，目视前方，上体略前倾，双手抱于胸前或向前伸展，无论是半蹲还是深蹲，双脚始终全脚掌着地，膝关节始终与脚尖方向一致，膝关节尽量不要超过脚尖。		
所需器械	叠叠杯32个、布基胶带1卷。		

	教学过程	器械摆放及队列队形	组 次
开始部分 2 min	1.集合整队，师幼问好，清点人数。 2.情景导入。 师："今天我们一起去小白兔家做客，小白兔种了很多蔬菜。"		
准备部分 5 min	热身游戏：蔬菜园里有什么。 师："接下来我们玩蔬菜园里有什么的游戏，请小朋友们自由结成4组，每组有1个组长，其他是组员。蔬菜园里有红色的、绿色的、黄色的、白色的蔬菜。当老师说'红色蔬菜有什么？'，红队组长说蔬菜名字，红队组员做下蹲动作（其他颜色依次进行）。"		练习 5组
基本部分 25 min	1.动作示范及练习》 教师进行深蹲、下蹲动作示范，幼儿练习。 2.预设游戏：拔萝卜。 师："兔妈妈要为我们做萝卜美食，现在我们一起帮助兔妈妈拔萝卜吧！" 幼儿自由结成4组，每组第一名幼儿同时出发拔萝卜。每次拔1个萝卜，返回后将萝卜放回筐里，依次进行。 3.创意游戏：打地鼠。 师："兔妈妈发现田里有很多地鼠，会破坏胡萝卜，我们帮她打地鼠吧！" 幼儿从起点出发，每到叠叠杯处，用手拍打一下叠叠杯再进行下一个。返回起点与下一名幼儿击掌方可出发，依次进行游戏。	图1 下蹲练习队列 图2 深蹲翻转叠叠杯练习队列	每种形式练习 8组
结束部分 3 min	1.放松游戏：教师和幼儿一起捡红萝卜，做拉伸动作。 2.教师带领幼儿一起整理、收回器械。		
延伸部分	1.延伸游戏。 师："现在我们一起来玩听力大挑战的游戏，当老师说'1'时，小朋友们下蹲；当老师说'2'时，小朋友们原地转圈。" 2.家园互动：亲子互动进行搬大、小西瓜游戏（大西瓜深蹲、小西瓜半蹲）。		

表7-82　第1学期第4周幼儿园体育活动设计（大班）

课程名称	扫"雷"小勇士——下肢缓冲动作的基本练习	周次	第4周
课程目标	1. 熟练地掌握缓冲的动作要领。 2. 勇敢地完成跳深练习，并能够很好地落地缓冲保护自己。 3. 热爱体育活动，养成良好的运动习惯。		
下肢缓冲的动作要领	落地时，前脚掌先着地，而后过渡到全脚掌，在着地的同时迅速屈膝、屈髋、屈踝完成全身的缓冲，呈半蹲或深蹲姿势。		
所需器械	30 cm和50 cm高跳箱各4个、沙袋、标志桶4个、小旗子4面。		

	教学过程	器械摆放及队列队形	组次
开始部分 2 min	1. 集合整队，师幼问好，幼儿报数。 2. 情景导入。 师："今天我们一起学习扫'雷'的本领，成为扫'雷'小勇士。"		
准备部分 5 min	热身活动：躲避扫"雷"仪。 请幼儿自由结成4组。其中，有1人手持空气棒原地旋转，当空气棒过来时，其他成员快速做下蹲动作躲避扫"雷"仪。 4组各自进行游戏，幼儿可角色互换。		练习 5组
基本部分 25 min	1. 动作示范及练习。 教师进行下肢缓冲的动作示范，幼儿练习。 2. 预设游戏：排"雷"小能手。 师："前方有一片'雷区'，我们需要通过围挡，方可进入'雷区'。特别提醒，跳下时一定要平稳落地。如不小心踩到，会发生爆炸。小朋友们需要将'雷'排出后慢慢护送到防爆区，看哪组小朋友排'雷'最多。" 3. 创意游戏：插旗比赛。 师："小朋友们都很厉害，学会了排'雷'的技能。接下来我们进行插旗比赛，看哪组小朋友最先完成插旗。" 请幼儿自由结成4组，每组第一名幼儿拿旗作为接力物。从起点出发通过围挡后，快速跑到终点与下名幼儿进行接力，依次进行。最后一名幼儿通过围挡完成插旗，第一个返回起点者为胜。	图1排"雷"小能手练习队列 图2插旗比赛练习队列	每种形式练习 4组
结束部分 3 min	1. 放松游戏。 师："我们一起玩包饺子的游戏，小朋友们2人1组依次进行包饺子——洗白菜、切白菜、包饺子、煮饺子、吃饺子。" 2. 教师带领幼儿一起整理、回收器械。		
延伸部分	1. 延伸游戏：教师带幼儿模仿会跳的动物，进行落地缓冲练习。 2. 家园互动：家长带幼儿从一定高度的物体上向下跳，注意做好幼儿落地缓冲保护工作。		

表7-83　第1学期第5周幼儿园体育活动设计（大班）

课程名称	跳跃吧宝贝——跳跃动作的基本练习	周 次	第5周
课程目标	1.掌握双脚连续跳、单脚连续跳的动作要领。 2.熟练掌握立定跳远动作要领，可以轻松跳跃80 cm。 3.能协作整理各种体育器械，体验合作的乐趣。		
立定跳远的 动作要领	由预摆、起跳、腾空、落地环节构成（预摆环节：双脚左右开立与肩同宽，双臂前后摆动，前摆时，双腿伸直，后摆时，屈膝、屈髋下蹲，腰背挺直，目视前方；起跳环节双脚快速用力蹬地，同时双臂由后向前上方摆动，跳起腾空，充分伸展身体；腾空环节：收腹举腿，小腿前伸，同时双臂用力后摆；落地环节：脚落地后屈踝、屈膝、屈髋下蹲）。		
所需器械	直径50 cm敏捷环20个、布基胶带1卷、面条棒或者空气棒。		

教学过程		器械摆放及队列队形	组 次
开始部分 2 min	1.集合整队，师幼问好，清点人数。 2.情景导入。 师："小朋友们，我们都可以怎么跳呢？"		
准备部分 5 min	热身游戏：跳一跳。 师："小朋友们跳得非常棒，今天我们再来跳一跳吧！听音乐进行律动活动。"		练习 2组
基本部分 25 min	1.动作示范及练习。 教师示范立定跳远、单脚连续跳的动作要领，幼儿练习。 2.预设游戏：宝贝跳远。 师："请每排小朋友走到标志线，按动作要求跳。我们看谁跳得远，在跳的过程中要注意安全。" 3.创意游戏：宝贝跳圈。 师："小朋友们好厉害呀！现在请双脚连续跳过圈，然后2人合作骑着空气棒（面条棒）返回。" 器械摆放：在第一排每名幼儿前摆放5个敏捷环，环与环之间间隔10 cm。 师："刚才是双脚连续向前跳，现在我们要进行单脚连续跳，我们左脚跳过去，右脚跳回来。" 教师引导幼儿左脚、右脚交替跳。	图1 立定跳远练习队列 图2 双脚连续跳和单脚连续跳练习队列	每种 形式 练习 4组
结束部分 3 min	1.放松游戏：小手小手真能干。 师："请小朋友们和老师一起用自己的小手做放松整理，捶捶腿、捶捶背、拍拍肩等。" 2.教师带领幼儿一起整理、回收器械。		
延伸部分	1.延伸游戏：花样跳。 教师带领幼儿玩花样跳的游戏，如躲闪跳、转身跳、跳箱。 2.家园互动：亲子开合跳。 家长一方坐到地上，双腿伸直，当腿打开时，幼儿跳到家长的腿中间，当腿合上时，幼儿双腿打开跳到家长腿的两侧。		

表7-84　第1学期第6周幼儿园体育活动设计（大班）

课程名称	寻找许愿沙包——投掷动作的基本练习	周　次	第6周
课程目标	1. 熟练掌握左手、右手上手投掷和下手投掷的动作要领。 2. 培养合作和竞争意识。 3. 喜欢参加体育活动。		
上（下）手投掷的动作要领	以右手投沙包为例（准备：双脚前后开立，左腿在前，后腿膝微屈，前腿伸直稳定支撑，上体稍后仰，左手臂斜向前上伸出，右手持沙包高举向后引（右手持沙包直臂向下后方引），眼看前方；投掷：通过蹬伸右腿、转体、收腹、挥臂、甩腕的连贯动作，快速将球投出，左腿始终伸直稳定支撑，左手臂向左侧摆动；结束：身体保持直立稳定姿势，眼睛观看沙包运动轨迹）。		
所需器械	直径50 cm的敏捷环4个、人手1个小沙包、布基胶带1卷、角锥、障碍杆。		

	教学过程	器械摆放及队列队形	组次
开始部分 2 min	1. 集合整队，师幼问好，清点人数。 2. 情景导入。 师："今天老师带来了很多沙包，跟大家一起玩游戏。"		
准备部分 5 min	热身游戏：寻找许愿沙包。 师："操场上各个位置放了很多沙包，大家听到音乐后开始寻找许愿沙包。每人找到1个许愿沙包后就要回到指定位置。"		练习4组
基本部分 25 min	1. 动作示范及练习。 教师进行上手投和下手投的动作示范，幼儿练习。 2. 预设游戏投掷：许愿沙包。 师："投掷环节现在开始，请小朋友们在听到'开始'后，逐一将许愿沙包投向许愿圈，看谁投得准（圈的大小和投掷距离，可进行调整）。" 3. 创意游戏：打败"巫师"。 师："'巫师'知道咱们的许愿圈后，想通过时光机搞破坏，我们要齐心协力将'巫师'打回去。" 请幼儿分成4组，每组幼儿将沙包依次投向时光机。	图1许愿沙包练习队列 图2打败"巫师"练习队列	每种形式练习20组
结束部分 3 min	1. 放松游戏。 师："'巫师'终于被我们打跑了，让我们拿起许愿沙包许愿吧！当老师说'巫师又来了'，小朋友们快速将沙包藏在身体任何一个部位，依次进行。" 2. 教师带领幼儿一起整理、回收器械。		
延伸部分	1. 延伸游戏：教师组织幼儿进行投篮的动作练习。 2. 家园互动：家长胳膊变成篮球筐，幼儿利用毛绒玩具进行投篮练习。		

表7-85　第1学期第7周幼儿园体育活动设计（大班）

课程名称	足球运动会——踢的基本练习		周次	第7周
课程目标	1.熟练掌握左脚、右脚正脚背、脚内侧踢球的动作要领。 2.基本掌握足球左脚、右脚内侧停球的方法。 3.通过练习发展动作协调能力。			
脚内侧停球 的动作要领	支撑脚正对来球，膝关节微屈，停球腿屈膝外转并前迎，脚尖稍翘起，当脚与球接触前开始后撤，在后撤过程中用脚内侧接触球，缓慢卸力，将球控制在脚下。			
所需器械	2人1个足球、布基胶带1卷、角锥若干。			
	教学过程		器械摆放及队列队形	组次
开始部分 2 min	1.集合整队，师幼问好，清点人数；口令带动，营造气氛。 2.情景导入。 师："小朋友们！今天我们要一起踢足球。你们是足球小选手，都要认真练习。"			
准备部分 5 min	热身游戏：运球。 师："请小朋友们发挥想象，用身体各部位运球，每次运球都要和其他小朋友选择的部位不一样哦！"			练习 1组
基本部分 25 min	1.动作示范及练习。 教师示范停球、正脚背和脚内侧踢球的动作，幼儿练习。 2.预设游戏：同心协力。 教师将幼儿分成红队和蓝队，2人1组互相踢球，要求只让球在地上跑，在这一过程中练习左脚、右脚停球、正脚背和脚内侧踢球。2队之间保持6～8 m，幼儿间的横向间距保持1.5 m。 3.创意游戏：传球接力赛。 2名幼儿为1组，1名幼儿带球绕过障碍物后，对面的幼儿出发绕障碍物踢球。		图1 同心协力练习队列 图2 传球接力赛练习队列	每种 形式 练习 8组
结束部分 3 min	1.放松游戏：抖抖操。 师："小朋友们跟老师一起做抖抖操吧！抖抖手、抖抖腿、踩踩脚。" 2.教师带领幼儿一起整理、回收器械。			
延伸部分	1.延伸部分：你踢我接。 幼儿2人1组，相互踢接球。 2.家园互动：亲子射门。 将椅子放倒，当作球门，幼儿踢球。			

表7-86　第1学期第8周幼儿园体育活动设计（大班）

课程名称	运球大挑战——拍的基本练习	周　次	第8周
课程目标	1. 初步掌握运球的动作要领。 2. 锻炼幼儿上肢肌肉、关节和腿部肌肉的力量及平衡能力。 3. 喜欢参加体育活动，能在游戏中体验成功的快乐。		
运球的动作要领	运球时双脚前后自然开立，双膝微屈，上体稍前倾，头抬起，双目平视；非运球手臂屈肘平抬，用以保护球，脚步的动作幅度和下肢各关节的屈度随运球速度和高度的不同而变化；运球时，五指张开，用手指和指根以上部位及手掌的外缘触球，掌心不触球；拍球时，手应随球上下迎送，尽量延长控制球的时间。		
所需器械	人手1个网球、标志桶。		

	教学过程	器械摆放及队列队形	组　次
开始部分 2 min	1. 集合整队，师幼问好，清点人数。 2. 情景导入。 师："小朋友们都看过篮球比赛吗？篮球运动员是怎么运球的，哪个小朋友来模仿一下？"		
准备部分 5 min	热身游戏：篮球宝贝啦啦操。 播放音乐，师幼一起跳篮球啦啦操。		练习 1组
基本部分 25 min	1. 动作示范及练习。 教师示范运球的动作要领，然后幼儿练习；每名幼儿拿1个篮球，然后分散练习运球，教师进行个别指导。 2. 预设游戏：运球接力赛。 教师将幼儿分成4队，运球到终点，绕过标志桶返回，传给下一名幼儿，看哪组最快。 3. 创意游戏。 （1）运球走"S"弯。 请每队第一名幼儿做好准备，绕过标志桶返回，注意不要踩到绳子。器械摆放：将绳子在地上摆成"S"形。 （2）运球钻山洞。 教师将幼儿分成2组，手拉手并把手举起来，每组从第一名幼儿开始运球，然后绕过所有的山洞。第一名幼儿完成后，把球传递给第二名幼儿，继续钻山洞，比一比哪组先钻完山洞。	 图1 运球接力赛练习队列 图2 拍球走大绳练习队列 图3 运球接力钻山洞练习队列	每种形式练习8组

续　表

教学过程		器械摆放及队列队形	组　次
结束部分 3 min	1. 放松活动：机器人动一动，教师说哪个部位动，哪个部位就进行放松活动。 2. 教师带领幼儿一起整理、回收器械。		
延伸部分	1. 延伸游戏：运球投篮，幼儿分成2队，通过运球至篮下进行投篮。 2. 家园互动：一心二用。 要求幼儿单手拍球，另一只手持标志桶，家长丢出网球，幼儿边拍球边用标志桶扣住网球。		

表7-87　第1学期第9周幼儿园体育活动设计（大班）

课程名称	网球训练营——接的基本练习	周　次	第9周
课程目标	1. 熟练掌握双手胸前接网球的动作要领。 2. 培养互助合作的精神，感受合作的乐趣。 3. 培养空间判断力，锻炼眼手协调能力。		
双手胸前接网球的动作要领	面对来球，调整位置，双臂自然伸出迎球，手指自然分开，两拇指成"八"字形，朝着来球的方向；球下落时，积极伸出双手把球捧接住。		
所需器械	人手1个网球。		

教学过程		器械摆放及队列队形	组　次
开始部分 2 min	1. 集合整队，师幼问好，幼儿报数。 2. 情景导入。 师："小朋友们好，欢迎你们来到网球训练营！你们能完成各种挑战吗？"		
准备部分 5 min	热身游戏：弹球练习。 第一项弹球练习，每名幼儿拿1个网球，分成2队，请幼儿单手用力垂直向下扔球，球触地弹起后用双手接住。教师做示范，幼儿反复练习。2队之间保持3 m距离，横间距1 m。		练习 1组

	教学过程	器械摆放及队列队形	组 次
基本部分 25 min	1. 动作示范及练习。 教师示范弹接球的基本动作，幼儿练习。 2. 预设游戏：弹接球。 第二项弹接球练习，请幼儿分成 2 队，双手打开，保持一臂间距。1 队拿球，拿球的幼儿单手用力将球向 2 队中间地面投出，球触地后弹起，对面的幼儿根据球的飞行路线调整身体位置，双手接球，接球后单手用力向 1 队中间地面投出，对面的幼儿再双手接球，2 人反复投接。2 队之间保持 2.5 m 距离，2 名幼儿间的横间距为 1.5 m。 3. 创意游戏：持物接球。 第三项持物接球练习： （1）单人持物接球练习。请幼儿每人 1 个网球、小龟壳（或叠叠杯），在原地进行自抛自接的练习。 （2）双人持物接球练习。 请幼儿 2 人 1 组，每组 1 个网球，幼儿自选器械进行接物（叠叠杯、网兜、大龟壳）。1 名幼儿抛网球，1 名幼儿利用自选器械接网球，看谁接得准。	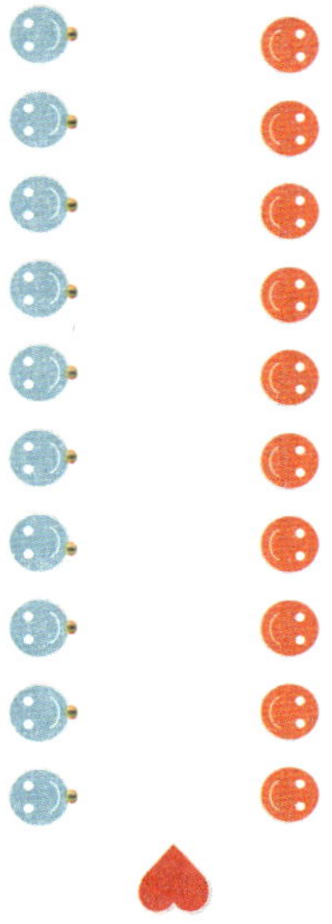 图 1 弹接球练习队列  图 2 持物接球练习队列	每种形式练习20组
结束部分 3 min	1. 放松游戏。 师："播放海草舞，当老师说'大海草'时，小朋友们大幅度抖动身体；当老师说'小海草'时，小朋友们小幅度抖动身体。" 2. 教师带领幼儿一起整理、回收器械。		
延伸部分	1. 延伸游戏：幼儿分 2 组进行丢沙包的游戏，1 组投沙包，2 组躲避沙包，角色可互换。 2. 家园互动：亲子使用一次性纸杯，进行抛接网球的游戏。		

表7-88　第1学期第10周幼儿园体育活动设计（大班）

课程名称	爬行比赛——爬的基本练习	周次	第10周
课程目标	1.熟练掌握跪爬、俯爬、熊爬的动作要领，学习毛毛爬、螃蟹爬的动作要领。 2.培养上肢、下肢的协调能力。 3.培养幼儿合作及竞争意识。		
各种爬行的动作要领	1.毛毛虫爬：站位体前屈，双手落地，双手向前小幅度高频率爬行，同时身体重心下降，爬行至手臂极限时稳定不动，腿部保持伸直，双脚同样以小幅度、高频率向前爬行至极限，而后双手再向前，手脚交替前行。 2.螃蟹爬：双手双脚撑于地面，双膝不着地，向左侧前进时，左侧手和右侧脚同时向左移动5～8 cm着地，而后右侧手和左侧脚同时向左移动5～8 cm着地，反复向左移动；向右侧前进时，异侧手脚配合向右移动。		
所需器械	直线跑道垫1块、环形跑道垫1块、2 m×1.2 m体操垫6块、启智砖若干。		

教学过程		器械摆放及队列队形	组次
开始部分 2 min	1.集合整队，师幼问好，幼儿报数。 2.情景导入。 师："小朋友们好，今天我们要举行爬行比赛，你们都知道哪些爬行方法呢？" 教师鼓励幼儿采用不同的爬行方法通过地垫。		
准备部分 5 min	热身活动：花样爬。 师："请小朋友们站成1队，跟老师一起动起来吧！我们先跪爬通过体操垫，然后熊爬通过环形跑道垫，最后俯爬通过另一侧体操垫；依次完成后，到队列后排队进入下一个循环。"		练习 3组
基本部分 25 min	1.动作示范及练习。 教师示范跪爬、熊爬、俯爬、毛毛虫爬和螃蟹爬的动作，幼儿练习。 2.预设游戏：激情爬行。 教师将幼儿分成2队站立，每块垫子都要用不同的爬行方法通过。注意保持前后的安全距离。 3.创意游戏：爬行大比拼。 教师将幼儿分成4队站立。当教师说"开始"后，每队第一名的幼儿同时出发，先用毛毛虫爬爬过去，然后拿1块启智砖用螃蟹爬的方式运回，最后用启智砖搭建1个城堡。看哪组最先完成创意搭建。	图1 激情爬行练习队列 图2 爬行大比拼练习队列	每种形式练习10组

	教学过程	器械摆放及队列队形	组次
结束部分 3 min	1. 放松游戏：吹泡泡。 师幼手拉手，一起玩大泡泡、小泡泡的游戏。 2. 教师带领幼儿一起整理、回收器械。		
延伸部分	1. 延伸游戏：螃蟹搬运赛。 请幼儿用螃蟹爬的方式将沙包运到指定位置。 2. 家园互动：亲子接力爬。 请家长和幼儿一起进行毛毛爬接力赛。		

表7-89　第1学期第11周幼儿园体育活动设计（大班）

课程名称	轰炸"碉堡"——滚的基本练习	周次	第11周
课程目标	1. 熟练掌握直体侧身滚、双手抱胸直体侧身滚、双臂体侧直体侧身滚、前滚翻的动作要领。 2. 通过体育游戏锻炼幼儿的身体协调能力及方向控制能力。 3. 热爱体育活动，能积极主动参加体育活动。		
各种滚的动作要领	前滚翻：一蹲（双脚与肩同宽、屈膝、屈髋、弯腰下蹲）、二撑（双手比肩略宽，屈臂靠近身体支撑）、三低头（抬臀低头，使头向双腿间靠近）、四蹬腿，向前滚动似圆球（使后脑、肩、背、腰、臀依次着地，当背部着地时，屈膝团身，双手抱小腿，上体迅速跟紧大腿向前滚动呈蹲立姿势）。		
所需器械	敏捷环2个、人手1个沙包、2 m×1.2 m的体操垫4块、布基胶带1卷。		

	教学过程	器械摆放及队列队形	组次
开始部分 2 min	1. 集合整队，师幼问好，幼儿报数；口令带动，营造气氛。 2. 情景导入。 师："今天老师带你们玩炸'碉堡'的游戏，游戏之前先做热身活动。"		
准备部分 5 min	热身游戏：战前准备活动。 教师将幼儿用自己喜欢的方式，一个接一个从垫子上滚过去，折返到队列后排队，进入下一个循环。在垫子上滚动时，幼儿之间的间隔为1.5 m。		练习 3组

教学过程		器械摆放及队列队形	组　次
基本部分 25 min	1. 动作示范及练习。 教师示范前滚翻动作，幼儿练习。 2. 预设游戏：炸"碉堡"。 师："我们的'弹药'已经运到前线，敌人的'碉堡'就在前方。为了躲避敌人的扫射，我们分成2组快速翻滚过去，拿起'手榴弹'，把敌人的'碉堡'炸掉。"教师要注意保护幼儿。 3. 创意游戏：追击战（转换方向连续翻滚）。 师："刚才小朋友们已经把敌人的第一座'碉堡'炸掉了，现在我们要继续追击敌人，炸掉敌人的第二座'碉堡'。"教师将幼儿排成2队，按照垫子的摆放方向变换方向，连续前滚翻，依次进行。	图1 轰炸"碉堡"练习队列 图2 前滚翻练习队列	每种形式练习3组
结束部分 3 min	1. 放松游戏：教师带领幼儿玩充气堡游戏；教师说"漏气啦"，幼儿慢慢下蹲；教师说"充气啦"，幼儿快速直立。 2. 教师带领幼儿一起整理、回收器械。		
延伸部分	1. 延伸游戏：花样翻滚。 教师带领幼儿玩儿听口令做动作的游戏，进行直体侧身滚、双手抱胸直体侧身滚、双臂体侧直体侧身滚、前滚翻的练习。 2. 家园互动：前滚翻。 幼儿在家练习连续前滚翻，家长做好安全保护工作。		

表7-90　第1学期第12周幼儿园体育活动设计（大班）

课程名称	小蛇做客——钻的基本练习	周　次	第12周
课程目标	1. 熟练掌握正面钻和侧面钻的动作要领。 2. 热爱体育活动，能积极主动地参加体育活动。 3. 尝试用不同的钻法进行游戏，提高身体的协调能力。		
各种钻的动作要领	1. 正面钻：要求面向障碍物，屈膝下蹲，低头弯腰，紧缩身体，双脚交替向前移动，从障碍物下钻过。 2. 侧面钻：身体侧对障碍物，屈膝下蹲，一侧腿先从障碍物下伸过，然后低头、弯腰，同时蹬腿，移动重心从障碍物下依次钻过躯干和蹬伸腿。		
所需器械	门洞12个。		

教学过程		器械摆放及队列队形	组　次
开始部分 2 min	1. 集合整队，师幼问好，清点人数。 2. 情景导入。 师："小地鼠邀请小蛇去家里搭建城堡，我们一起帮助它吧！小蛇长什么样呢？蛇又是怎么行动的呢？"		
准备部分 5 min	热身游戏：贪吃蛇。 教师将幼儿分成 2 队手拉手站立，双手高高举起，最后的幼儿从手臂下"S"形钻过，到队尾后与最后的幼儿手拉手举起，后面的幼儿一一跟上，全部幼儿钻完后，倒循环返回。		练习 2 组
基本部分 25 min	1. 动作示范及练习。 教师示范正面钻、侧面钻的动作，幼儿练习。 2. 预设游戏：小蛇过隧道。 师："小蛇马上要到小地鼠家了，前面有 1 条隧道，小蛇要用正面钻、侧面钻的方法穿过隧道才能到达小地鼠家。" 器械摆放：门洞间间隔 1.5 m，2 组间隔 3 m。 3. 创意游戏：合作搭建城堡。 教师将幼儿分成 2 队，先探讨如何搭建城堡，然后依次在体操垫上将身体拱起变成隧道的样子，由第一名幼儿开始，依次钻过隧道后用启智砖进行搭建，然后到队尾用身体搭成隧道，第二名幼儿依次进行。直到全部幼儿钻完。	图 1 小蛇过隧道练习队列 图 2 合作搭建城堡练习队列	每种 形式 练习 6 组
结束部分 3 min	1. 放松游戏。 师："小蛇们的城堡搭成功啦！大家好厉害呀！让我们像不倒翁一样动起来吧！听老师指令前后左右晃动。" 2. 教师带领幼儿一起整理、回收器械。		
延伸部分	1. 延伸游戏：软梯钻钻钻。 将软梯竖放，请幼儿进行钻软梯游戏。 2. 家园互动：钻山洞。 父母面对面、手拉手由高到低逐渐将洞变低，幼儿来回钻山洞。		

表7-91　第1学期第13周幼儿园体育活动设计（大班）

课程名称	士兵突击——攀的基本练习	周　次	第13周
课程目标	1. 熟练掌握攀登跳箱及攀登架的动作要领。 2. 锻炼肢体协调能力及手臂力量。 3. 培养幼儿对体育活动的兴趣。		
攀登的 动作要领	1. 攀登跳箱：双手抓住跳箱上面，手臂用力向上攀爬，下肢一条腿蹬地，另一条腿用力高抬，摆动到跳箱上面支撑住，另一条腿再向上，攀登上跳箱。 2. 攀登攀登架：使身体靠近攀登架，双手交替向上攀爬，双脚交替向上攀登，攀登时双手向上拉，双脚下蹬踩稳，达到最高点时稳定住，骑着攀登架转身向下。		
所需器械	跳箱1套、双杠2套、体操垫2个、沙包。		

	教学过程	器械摆放及队列队形	组次
开始部分 2 min	1. 集合整队，师幼问好，幼儿报数。 2. 情景导入。 师："小朋友们好，今天我们都是小士兵，需要通过途中的障碍，突击敌人的营地。"		
准备部分 5 min	热身游戏：小心电网。 师："敌人设置的第一项障碍是电网，我们需要从电网下方匍匐通过。通过时一定要小心，不要触碰到电网，否则会被敌人发现。" 教师将幼儿分成2组，第一名幼儿匍匐前进，从障碍杆下面爬过去，后面的幼儿依次进行，然后到队列后进入下一个循环。		练习2组
基本部分 25 min	1. 动作示范及练习。 教师示范攀登的基本动作，幼儿练习。 2. 预设游戏：攀登高墙。 师："小朋友们刚才表现得非常出色，接下来继续向前。敌人设置的第二个障碍是高墙，我们需要从高墙上攀登过去。"教师将幼儿分成2组，依次进行攀登跳箱。 3. 创意游戏：突击营地。 师："现在我们来到了敌人的营地，我们需要翻越最后的障碍，用'手榴弹'将敌人的营地炸毁。" 教师将幼儿分成2组，从起点出发翻越障碍（三角板、跳箱），拿出"手榴弹"投掷敌人的营地后返回起点。	图1 攀登高墙练习队列 图2 突击营地练习队列	练习8组
结束部分 3 min	1. 放松游戏：吹响胜利的号角。 教师带领幼儿吹号角进行放松，然后向上跳起欢呼胜利。 2. 教师带领幼儿一起整理、回收器械。		
延伸部分	1. 延伸游戏：教师带领幼儿继续挑战翻越更高的高墙，提高攀登能力。 2. 家园互动：进行亲子跳马游戏。		

表7-92　第1学期第14周幼儿园体育活动设计（大班）

课程名称	魔法豆——转体动作的基本练习	周　次	第14周
课程目标	1. 熟练掌握原地转体的动作要领。 2. 能熟练地听各种口令和信号并做出相应的动作。 3. 能积极主动参与体育游戏活动。		
原地转体的动作要领	原地转体：双脚开立与肩同宽，双脚稳定支撑不动，上体各环节协调向左转或向右转，保持身体平衡。		
所需器械	篮球人手1个、叠叠杯若干、转盘若干。		

教学过程		器械摆放及队列队形	组　次
开始部分 2 min	1. 集合整队，师幼问好，清点人数。 2. 情景导入。 师："小朋友们，你们知道黄豆可以做什么吗？豆浆是怎么做出来的？"		
准备部分 5 min	热身游戏：豆子进筐。 师："今天我们要帮助巨人国的人磨豆浆。现在先让我们一起把魔法豆运到筐里吧！" 幼儿站成1队，从球架上拿1个球，并将球投进球筐，然后到队列后排队进行下一个循环。		练习 2组
基本部分 25 min	1. 动作示范及练习。 教师示范原地转体动作，幼儿练习。 2. 预设游戏：魔法盘转转转。 教师将幼儿自由分成2组，1组幼儿手拿魔法豆，站在魔法盘上左右转体磨豆浆。2组幼儿原地转体磨豆浆，2队幼儿进行交换。 3. 创意游戏：运送豆浆。 师："小朋友们，豆浆已经磨好了，现在让我们一起把豆浆送到巨人国吧！" 幼儿分成2组，每组若干叠叠杯。幼儿手持豆浆(叠叠杯)180°转体式通过魔法圈，到达巨人王国。最后返回起点继续进行游戏，直到所有豆浆送完。器械摆放：将敏捷环排成2列纵队。	图1 魔法盘转转转练习队列 图2 运送豆浆练习队列	每种形式练习4组
结束部分 3 min	1. 放松游戏。 师："下面老师带领大家模仿巨人、矮人。当老师说"巨人跑步"时，小朋友们将身体变成最大巨人跑步；当老师说"矮人走"时，小朋友们将身体变成最小矮人行走。" 2. 教师带领幼儿一起整理、回收器械。		
延伸部分	1. 延伸游戏：教师带领幼儿进行合作并步跑的游戏，将豆浆（叠叠杯）送至前方巨人国再原路返回，依次进行，直到本队豆浆送完。 2. 家园互动：家长和幼儿进行转体传物练习。		

表7-93　第1学期第15周幼儿园体育活动设计（大班）

课程名称	小小挥击手——挥击动作的基本练习	周　次	第15周		
课程目标	1.熟练掌握徒手挥击球的动作要领。 2.能够遵守各项游戏的规则，养成一定的规则意识。 3.积极主动参加体育活动。				
打排球的 动作要领	打排球：击球时要提肩挥臂，手臂充分伸直，挥臂要迅速，加快前臂的挥动速度，并有明显的鞭打动作，猛甩手腕，以全手掌击打球，加大对球的击打力度。				
所需器械	支架2个、横杆6根、气球6个、标志桶12个、风阻软球4个（可用棉花沙包代替）。				
教学过程			器械摆放及队列队形		组　次
开始部分 2 min	1.集合整队，师幼问好，清点人数。 2.情景导入。 师："小朋友们，今天我们玩小球飞得远的游戏。你们想一想用什么方法让小球飞起来呢？"				
准备部分 5 min	**热身游戏：挥击手学本领。** 师："小朋友们，我们现在变成小小挥击手，让我们先练习一下挥击的本领吧！" 教师将幼儿排成4队，4名幼儿为1组。走到标志线前，助跑后跳起，用左手或右手挥击风阻软球，然后到队列后排队进行下一个循环。器械摆放：2个支架固定好横杆，横杆上绑定4个风阻软球。				练习 2组
基本部分 25 min	1.动作示范及练习。 教师示范徒手挥击球的动作，幼儿练习。 2.预设游戏：小小挥击手。 师："小朋友们来展示一下各自的本领吧！" 教师将幼儿4人为1组，两两相对拿1个气球，互相击打，左手、右手都要练习，抱球、持球、球落地都算失败，需要重新发球，发球只能向前上方发。器械摆放：用标志桶和横杆组合成隔网。练习5分钟为1组，1组结束后休息1～2分钟，总结一下，再进行下组练习。 3.创意游戏：挥击传递赛。 教师让5名幼儿为1组，站成圈，用4个气球进行循环挥击传递。传递过程中确保球不掉落，如掉落重新开始，传递完成后5人一起合作将4个球绕标志桶跑1圈，回来后继续围圈传递1次，看哪组最先传递完。		 图1 小小挥击手练习队列 图2 挥击传递赛练习队列		每种 形式 练习 3组
结束部分 3 min	1.放松游戏。 师："小小挥击手们都很棒，现在我们来做甩甩操，甩甩胳膊、甩甩腿、甩甩手。" 2.教师带领幼儿一起整理、回收器械。				

续　表

教学过程		器械摆放及队列队形	组次
延伸部分	1.延伸游戏：6人排球赛。 请6名幼儿为1组。一起合作互相击球，球落到哪边哪组就输。 2.家园互动：亲子传球。 家长和幼儿一起用挥击的方式传递气球。		

表7-94　第1学期第16周幼儿园体育活动设计（大班）

课程名称	小老鼠找食物——躲闪动作的基本练习	周　次	第16周
课程目标	1.熟练掌握躲闪的动作要领。 2.培养动作的灵活性、敏捷性、协调性。 3.热爱体育活动，能积极主动参加体育活动，养成良好的运动习惯。		
躲闪的 动作要领	躲闪动作：面对移动向自己的物体或人，为了避免碰撞，通过移动身体（跑、跳、转体等）或改变身体姿势（下蹲、侧身、低头等）避开物体或人的身体动作；要求注意力集中，观察和判断准确，反应迅速、敏捷。		
所需器械	标志桶10个、小沙包2个、布基胶带1卷。		

教学过程		器械摆放及队列队形	组次
开始部分 2 min	1.集合整队，师幼问好，幼儿报数。 2.情景导入。 师："小朋友们，今天我们来玩猫捉老鼠的游戏。"		
准备部分 5 min	热身活动：猫捉老鼠。 师："小老鼠饿了2天2夜，实在受不了了，要出去找吃的，不能被猫发现。" 教师将幼儿分成2组：1组幼儿手拉手；2组幼儿一部分扮演老鼠在圈里，一部分扮演猫在外面。老鼠出圈后，小猫要立马追捕小老鼠。被逮捕的小老鼠要被淘汰，最后角色进行互换。		练习 4组
基本部分 25 min	1.动作示范及练习。 教师示范躲闪的动作，幼儿练习。 2.预设游戏：小老鼠出洞。 小老鼠没有找到粮食，肚子很饿。于是小老鼠又偷偷爬出洞口，出去找食物吃。幼儿分成2组，第一名幼儿匍匐前进爬出洞口、躲避障碍，后面的幼儿依次进行。 3.创意游戏：躲避机器猫。 师："老鼠到达了粮食区，粮食区门口有1只机器猫。机器猫有长长的大尾巴保护着所有的粮食。看哪组小老鼠拿到的粮食最多，让我们来比一比吧！" 1名教师扮演机器猫，手拿长绳球一圈一圈地抡。教师周围摆放粮食（小布球）。幼儿分成2组扮成小老鼠，在不被砸中的情况，看哪组拿到的粮食最多。	图1 小老鼠出洞练习队列 图2 躲避机器猫练习队列	每种 形式 练习 4组

教学过程		器械摆放及队列队形	组 次
结束部分 3 min	1. 放松游戏：教师带领幼儿一起进行身体放松。 2. 教师带领幼儿一起整理、收回器械。		
延伸部分	1. 延伸游戏：教师带领幼儿玩躲避轮胎的游戏。 2. 家庭互动：亲子进行丢沙包的游戏。		

表7-95　第1学期第17周幼儿园体育活动设计（大班）

课程名称	丹顶鹤本领大——平衡的基本练习	周 次	第17周
课程目标	1. 熟练掌握静态平衡和动态平衡的动作要领。 2. 能熟练地听各种口令和信号并做出相应的动作。 3. 热爱体育活动，能积极主动参加体育活动。		
平衡的 动作要领	1. 单脚站立：单脚（左脚、右脚都可以）支撑身体，膝关节稍弯曲，收腹挺胸，双眼平视，双臂侧举，另一只脚抬起，放于站立腿侧方，呼吸均匀，保持稳定平衡。 2. 过平衡木：上体保持正直，腰腹收紧，目视前方，双臂侧举，脚步稳健，身体稳定。		
所需器械	标志桶16个、人手1个沙包、长300 cm × 宽10 cm × 高30 cm平衡木4个、梯子4组、轮胎8个。		

教学过程		器械摆放及队列队形	组 次
开始部分 2 min	1. 集合整队，师幼问好，清点人数。 2. 情景导入。 师："你们在动物园见过丹顶鹤吗？丹顶鹤喜欢单脚站立。这就需要很强的平衡力。我们今天也来练习一下平衡力吧。"		
准备部分 5 min	热身游戏：头顶沙包曲线走。 师："请小朋友们排成4路横队，将沙包放到头顶，绕标志桶走，在保证沙包不掉落的情况下看哪个小朋友速度快。"		练习 2组
基本部分 25 min	1. 动作示范及练习。 教师示范单脚站立的动作，幼儿练习。 2. 预设游戏：红绿灯。 师："今天，丹顶鹤要过马路。请小朋友们扮成丹顶鹤围成1个圆圈站立。当听到'绿灯'时，小朋友们继续在启智砖上行走；当听到'红灯'时，小朋友们要单脚站立在启智砖上，循环左腿和右腿交替练习，每组练习50 s。" 3. 创意游戏：丹顶鹤盖房子。 师："小朋友们学会了单脚站立的本领，接下来我们去盖房子吧。请分成2组，从第一个小朋友开始头顶砖头从平衡木上走过，再通过梯子，用启智砖进行搭建，看哪组搭建的房子又高又稳。"	图 1　红绿灯练习队列 图 2　平衡梯练习队列	每种 形式 练习 6组

续　表

教学过程		器械摆放及队列队形	组次
结束部分 3 min	1. 放松游戏。 师："小朋友盖的房子很结实，身上沾了很多土，现在我们来拍一拍吧！拍打胳膊、拍打肩膀、拍打腿、踩踩脚进行放松。" 2. 教师带领幼儿一起整理、回收器械。		
延伸部分	1. 延伸游戏：踩椅子。 利用班级幼儿的小椅子拼搭成独木桥，让幼儿依次通过。 2. 家园互动：小脚运沙包。 家长和幼儿一起进行小脚运沙包的比赛，将沙包放到一只脚上，缓慢抬起，来回运送，比一比看谁运得多。		

表7-96　第1学期第18周幼儿园体育活动设计（大班）

课程名称	空中小飞人——悬垂动作的基本练习	周　次	第 18 周
课程目标	1. 熟练掌握爬杠、基本掌握爬绳的动作要领。 2. 能双手抓杠悬空吊起 20 s 左右。 3. 能主动分享经验、器械，并能邀请同伴加入自己的游戏。		
悬垂的 动作要领	1. 爬杠：双手抓住具有一定高度的连续横杠，借助手臂力量使身体悬空吊起，而后一只手抓杠，另一只手抓住前面的横杆，双手交替向前爬行。 2. 爬绳：双手向上伸展抓紧绳索，一条腿绕住绳索，同时手臂上拉，让膝盖向胸移动，而后双脚松开向上移动夹紧绳索向上蹬伸，双手向上抓握，手脚交替向上爬行；向下时，松脚，双手上下握住绳索下滑。		
所需器械	敏捷环 4 个、连续横杠和海绵垫 1 套、爬绳 2 条、布基胶带 1 卷、软梯。		

教学过程		器械摆放及队列队形	组次
开始部分 2 min	1. 集合整队，师幼问好，清点人数。 2. 情景导入。 师："小朋友们，你们玩过空中索道吗？今天在幼儿园我们一起挑战空中索道的游戏，扮成空中小飞人。"		
准备部分 5 min	热身游戏：毅力不倒。 请幼儿自由结成4组，每名幼儿手拿1个棍棒立于地面围成圆圈，听教师口令，当听到"转"时，幼儿依次顺（逆）时针方向转圈，不能让棍棒倒地。		练习 2 组

续　表

教学过程		器械摆放及队列队形	组　次
基本部分 25 min	1.动作示范及练习。 教师示范爬杠、爬绳动作，幼儿练习。 2.预设游戏：蜘蛛侠。 师："接下来我们挑战空中爬杠的游戏，让我们像蜘蛛侠一样快速通过吧。" 教师让幼儿站成1路纵队，双手握住横杠第一杠，利用手臂移动至最后一杠跳下来。 3.创意游戏：空中飞人。 师："我们完成第一项挑战了，接下来我们挑战空中爬绳的游戏，让我们像空中飞人一样，悬挂在爬绳和软梯上。" 教师将幼儿分成2组，从第一名幼儿开始。请幼儿自主选择爬绳或软梯，按照动作要领进行练习。	图1 爬杠的动作 图2 爬绳的动作	每种形式练习3组
结束部分 3 min	1.放松游戏：教师带领幼儿玩西瓜虫的游戏，幼儿将身体蜷缩起来再打开，进行全身放松活动。 2.教师带领幼儿一起整理、回收器械。		
延伸部分	1.延伸游戏：教师带幼儿利用双杠进行臂力悬垂练习，幼儿双腿放到一边的双杠上，双手握住双杠另一边，进行引体向上姿势练习。 2.家园互动：家长带幼儿玩推小车游戏，家长双手握住幼儿的脚腕，幼儿双手撑地向前爬行。		

六、大班第 2 学期教案

表7-97　第2学期第1周幼儿园体育活动设计（大班）

课程名称	2人3足走——走的基本练习	周　次	第1周
课程目标	1.掌握正确的行走方式，能自然调节行走中的速度并保持身体稳定。 2.能够根据教师口令做好走的动作。 3.在活动中互相合作，培养团队协作的意识。		
走的动作要领	上体正直，自然挺胸，肩部肌肉放松，目视前方；双臂前后自然、轻松摆动；向前摆臂时，肘关节稍弯曲；向前迈步时，双脚落地要轻，步幅大小适宜、均匀；精神饱满，节奏感强。		
所需器械	绑带15条、纸球若干。		

教学过程		器械摆放及队列队形	组　次
开始部分 2 min	1.集合整队，师幼问好，幼儿报数；口令带动，营造气氛。 2.情景导入。 师："小朋友们，今天我们要进行2人3足走比赛，比赛之前先练习一下走的动作。"		

续　表

	教学过程	器械摆放及队列队形	组　次
准备部分 **5 min**	热身游戏：走。 师："请小朋友们站成4队，每4个小朋友为1排，我们来练习走。"		练习 1组
基本部分 **25 min**	1.动作示范及练习。 教师带领幼儿练习原地踏步走。 幼儿听好口令（立正、稍息、向右看齐、向前看齐）。当教师说"1"的时候，幼儿抬左腿；当教师说"2"的时候，幼儿抬右腿；一会儿在原地踏步走的时候，幼儿排成4队，每4名幼儿为1排。原地踏步结束后进行齐步走练习。 2.预设游戏：2人3足走。 2名幼儿为1组，2人尝试向前走，并探索最协调的行进方法。比一比哪组走得快。 3.创意游戏：2人3足运球。 2名幼儿合作运球，将纸球从起点运到终点，2人合作时如果有1人倒下，要站起来继续从起点开始运球（由幼儿自主研讨如何运球）。	 图1　原地踏步练习走队列 图2　2人3足走练习队列	每种 形式 练习 2组
结束部分 **3 min**	1.放松游戏。 师："小朋友们今天玩得很开心，现在请2个小朋友为1组，我们玩小小按摩师的游戏吧，相互进行身体各部位的按摩，可以给自己的好朋友捏捏肩、捶捶腿等。" 2.教师带领幼儿一起整理、回收器械。		
延伸部分	1.延伸游戏：倒退走、提踵走。 请幼儿一起进行倒退走和提踵走的游戏。 2.家园互动：家庭3人4足走。 请家长和幼儿一起进行3人4足走的游戏。		

表7-98　第2学期第2周幼儿园体育活动设计（大班）

课程名称	飞人小健将——跑的基本练习	周　次	第2周
课程目标	1.掌握弯道跑的动作要领。 2.能够在上肢、下肢协调配合的情况下完成跨栏跑。 3.热爱体育活动，能积极主动参加体育活动，养成良好的运动习惯。		
跨栏跑的 动作要领	先加速起跑，跑到栏前约0.5 m时，摆动腿（上栏的腿）屈膝高抬，大腿向前上方摆，起跨腿（后过栏的腿）用力蹬离地面后弯曲，膝关节外展，向前上方提拉过栏，同时身体重心前移，上体前倾，起跨腿同侧臂用力前伸，异侧臂用力后摆；过栏后，摆动腿积极下压前脚掌，起跨腿保持大小腿折叠姿势迅速向前，摆动腿用前脚掌着地后，起跨腿向前方迈出过渡到加速跑。		
所需器械	大标志桶10个、23 cm高敏捷栏16个、布基胶带1卷。		

	教学过程	器械摆放及队列队形	组　次
开始部分 2 min	1. 集合整队，师幼问好，清点人数，幼儿报数。 2. 情景导入。 师："小朋友们，今天我们要学习运动员的本领，你们知道我们中国的飞人是谁吗？（刘翔）今天我们学习一下他的本领，接下来看看谁的速度更快吧！"		
准备部分 5 min	热身游戏：跑蜗牛。 教师带领幼儿练习跑的动作。 师："大家先跟老师一起跑一跑锻炼一下吧。一会儿老师先请第一排第一个小朋友跟着我跑，后面的小朋友一一跟上。圈尽可能大些，避免碰撞。最后，我们排成1条长龙进行螺旋形跑，一直跑到操场中心，然后向右后转弯沿队伍中间空隙相反的方向跑出来。"		练习 1组
基本部分 25 min	1. 动作示范及练习。 教师带领幼儿练习弯道跑的基本动作。 师："接下来飞人小健将挑战难高度动作，前面的赛道曲折不平，你们要快速弯道跑。" 弯道跑：身体内倾，外侧手臂由内向外摆动，内侧手臂小幅度摆动；外侧的脚掌内侧着地，内侧脚的脚掌外侧着地。 2. 预设游戏：飞人小健将弯道比赛。 师："接下来我们要分成4组进行弯道赛跑比赛。在练习时队列成1路纵队进行。" 3. 创意游戏：飞人小健将接力赛。 师："飞人小健将要经过各种障碍物快速接力到达终点。老师先来进行动作示范。" 器械摆放：在每队前6 m处摆放1个敏捷栏，然后每间隔5 m摆放1个，共计4个；队列成4路纵队。 师："接下来我们2人一组用自己的方法将空气棒快速运到终点，看哪组速度最快。加油吧！"	图1 弯道跑练习队列 图2 跨栏跑练习队列	每种 形式 练习 4组
结束部分 3 min	1. 放松游戏：吹泡泡糖。 教师带领幼儿进行吹泡泡糖游戏。 2. 教师带领幼儿一起整理、回收器械。		
延伸部分	1. 延伸游戏：前后侧身跑、折返跑。 2. 家园互动：亲子负重跑。		

表7-99　第2学期第3周幼儿园体育活动设计（大班）

课程名称	小蜈蚣走路——下蹲走的基本练习	周　次	第3周
课程目标	1. 熟练掌握下蹲走的动作要领，增强腿部和腰部的力量。 2. 通过游戏提高幼儿辨别方向的能力。 3. 体验游戏过程中的多人同步走的快乐，培养幼儿团队合作的意识。		
下蹲的 动作要领	1. 双脚开立，与肩同宽，脚尖朝前；屈膝、屈髋下蹲（半蹲：大腿与地面呈45°；深蹲：大腿与地面平行），膝关节尽量不要超过脚尖，始终与脚尖方向一致；腰背要挺直略向前倾，目视前方。 2. 双手握拳，小臂提起屈肘贴近身体；向前移动时，上肢摆臂动作与下肢腿部动作协调，步幅大小适宜、均匀；精神饱满，节奏感强。		

所需器械	角锥			
	教学过程		器械摆放及队列队形	组 次
开始部分 2 min	1.集合整队，师幼问好，清点人数。 2.情景导入。 师："小朋友们，老师这儿有1个谜语，请猜一猜是什么？身子分成节，全身长满脚，虽然会伤人，用它能做药。（小蜈蚣）今天我们一起来体验小蜈蚣走路吧！"			
准备部分 5 min	热身游戏：小蜈蚣走路。 师："我们先来模仿一下小蜈蚣走路的样子。当听到'小蜈蚣来啦'，小朋友们原地蹲下模仿，当听到'小蜈蚣走啦'，小朋友们起立站好。"			练习 5 组
基本部分 25 min	1.动作示范及练习。 教师示范下蹲走的基本动作，幼儿练习。 2.预设游戏：小蜈蚣来比赛。 师："刚刚小朋友们模仿了小蜈蚣走路的样子，我们怎样才能变成有很多脚的小蜈蚣呢？" 教师将幼儿分成4组，扮演小蜈蚣参加比赛。幼儿从起点出发，到达终点绕过角锥，原路返回至起点，哪队先到达哪队获胜。 （1）请第一组到达的幼儿说一说快速到达的秘诀，讨论出快速走的方法。 （2）各组按照刚刚讨论出快速走的方法自由练习。 （3）4组幼儿进行第二次比赛。 3.创意游戏：小蜈蚣来挑战。 师："接下来我们所有人一起扮成1只长长的蜈蚣，从起点出发至终点，绕过角锥返回至起点。在行走的过程中，小蜈蚣没有断开，即挑战成功。让我们一起挑战吧。"		图 1 小蜈蚣来比赛练习队列 图 2 小蜈蚣来挑战练习队列	每种 形式 练习 8 组
结束部分 3 min	1.放松游戏。 师："今天我们扮成小蜈蚣进行了一场比赛，大家都很棒，让我们一起坐在地上用小手按摩我们的腿部，进行放松吧。" 2.教师带领幼儿一起整理、回收器械。			
延伸部分	1.延伸游戏：教师利用户外时间可以进行蜈蚣竞赛走的游戏。 2.家园互动：家长和幼儿一起玩小蜈蚣过山洞的游戏。			

表7-100　第2学期第4周幼儿园体育活动设计（大班）

课程名称	极限挑战——下肢缓冲动作的基本练习	周 次	第 4 周
课程目标	1.熟练掌握缓冲的动作要领。 2.勇敢完成跳深练习，并能够在落地时保护自己。 3.热爱体育活动，养成良好的运动习惯。		
下肢缓冲的 动作要领	落地时，前脚掌先着地，而后过渡到全脚掌，在着地的同时迅速屈膝、屈髋、屈踝完成全身的缓冲，呈半蹲或深蹲姿势。		

所需器械	跳箱2组、波波球2个、小布球、大地垫2组。		
教学过程		器械摆放及队列队形	组　次
开始部分 2 min	1.集合整队，师幼问好，幼儿报数。 2.情景导入。 师："小朋友们，今天我们一起来玩极限挑战的游戏，看看谁能平稳落地。"		
准备部分 5 min	热身活动：跳箱游戏（4号黑色跳箱高度）。 师："我们先来进行跳箱游戏。请大家平稳落地并保护好自己的膝盖，我们分成4组依次完成跳深动作。"		练习 5组
基本部分 25 min	1.动作示范及练习。 教师进行下肢缓冲的动作示范，幼儿练习。 2.预设游戏：高度挑战（4号和1号跳箱组合）。 师："刚才小朋友们完成了基础高度挑战，接下来跳箱高度增加，同样要求平稳落地，你们有信心挑战成功吗？" 请幼儿分成2组依次挑战，教师在跳箱旁边做好安全保护工作。 图1　高度挑战练习队列 3.创意游戏：极限挑战（4号和2号跳箱组合）。 师："小朋友们完成了高度挑战游戏，接下来跳箱的高度增加了，挑战升级，你们有没有信心？" 请幼儿分成2组从起点出发，依次通过跳箱，跑至终点拿到小布球后返回起点，幼儿依次挑战，教师在跳箱旁边做好安全保护工作。 图2　极限挑战练习队列		各每 种形 式练 习4组
结束部分 3 min	1.放松游戏。 师："今天小朋友们完成了高度极限挑战，让我们跟着音乐一起玩木头人的游戏放松一下吧！音乐响起后，小朋友们要自由晃动身体，老师说'木头人'时，小朋友们站立不动。" 教师结束要渗透安全教育。 2.教师带领幼儿一起整理、回收器械。		
延伸部分	1.延伸游戏：教师可以利用户外活动组织幼儿进行跳马游戏。 2.家园互动：家长可以和幼儿玩猜拳双脚向前跳的游戏，巩固下肢缓冲。		

表7-101　第2学期第5周幼儿园体育活动设计（大班）

课程名称	小猴跳绳——跳跃动作的基本练习	周　次	第5周
课程目标	1.掌握原地双脚跳绳的动作要领，做到手脚协调连续跳绳。 2.感知上肢有节奏地摇绳、下肢有节奏地跳绳动作。 3.培养幼儿战胜困难的能力，帮助幼儿树立自信心。		

	教学过程	器械摆放及队列队形	组次
原地双脚跳绳的动作要领	双脚并拢直立，双眼目视前方，手握跳绳柄，双臂稍弯曲，自然下垂至两胯处，跳绳置于脚后跟后侧；起跳时两只手腕带动跳绳柄顺时针发力，跳绳经脚后跟跨过头部至脚前方，当绳即将落地的一瞬间双脚跳起，绳从双脚下轮转过去；连续完成以上动作；注意起跳和落地都用前脚掌发力，膝盖微曲，呼吸自然有节奏；停绳的方法：当跳绳由后向前摇转时，一脚向前伸，脚跟着地，脚尖抬起，使跳绳中段停在脚掌下。		
所需器械	人手 1 条跳绳、直径 50cm 敏捷环 20 个、布基胶带 1 卷、标志桶 4 个。		
开始部分 2 min	1. 集合整队，师幼问好，幼儿报数。 2. 情景导入。 师："今天老师带大家看马戏团表演。你们最喜欢看哪个小动物表演节目？"		
准备部分 5 min	热身活动：小猴跳圈。 师："今天我们扮演小猴子。我们要表演的第一个节目是《跳圈》。小猴子的身体可真灵活呀！复习双脚连续跳跃敏捷环。"		练习 2 组
基本部分 25 min	1. 动作示范及练习。 师："现在我们来学习新的本领——跳绳。" 教师带领幼儿练习原地双脚跳绳的基本动作。 2. 预设游戏：原地双脚跳绳。 师："接下来请欣赏小猴子带来的第二个节目——《跳绳》。先找一个空旷的位置站好，注意你的绳不要甩到其他小朋友的身上。双手握好跳绳柄。小朋友们准备好了吗？现在我们先学习摇绳，最后再把摇绳和跳跃结合起来跳，熟练后，再连续起来跳。我们一起来试一试吧！" 3. 创意游戏：跳绳比赛。 教师将幼儿分成 4 组，进行接力跳绳比赛，每组的第一名幼儿连续跳 10 个后快速跑向标志桶并绕回来，与下一名幼儿击掌，依次进行游戏，看哪组幼儿最快完成。	图 1 原地双脚跳绳练习队列 图 2 跳绳比赛练习队列	每种形式练习 8~10 组
结束部分 3 min	1. 放松游戏。 师："请小朋友们和老师一起玩我说你做的游戏吧。当老师说'肩膀'时，小朋友们相互捏捏肩。" 2. 教师带领幼儿一起整理、回收器械。		
延伸部分	1. 延伸游戏：花样跳绳。 请幼儿左右交替跳、花样跳绳、双人跳绳等。 2. 家园互动：亲子跳绳。 请家长和幼儿一起玩亲子跳绳游戏。		

表7-102　第2学期第6周幼儿园体育活动设计（大班）

课程名称	好玩的篮球——投掷动作的基本练习		周次	第6周
课程目标	1. 幼儿掌握双手投掷的动作要领。 2. 培养团结合作意识，提高自信心。 3. 发展幼儿的视觉和投掷能力。			
双手投掷的动作要领	以双手投掷篮球为例：双手五指自然张开，两大拇指成"八"字形，用指根以上部位持球，手心空出；双肘自然下垂，将球置于胸前，目视篮筐，集中精神；双脚前后或左右开立，双膝微曲，重心落在双脚之间；投篮时，先双脚蹬地腰腹伸展，双臂向前上方用力伸出，接着左手腕、右手腕同时外翻，拇指用力压球，食指、中指拨球，将球投向篮筐；球出手后，脚跟提起，身体随投篮出手方向自然伸展。			
所需器械	篮球架2个、人手1个篮球、布基胶带1卷。			
教学过程		器械摆放及队列队形		组 次
开始部分 2 min	1. 集合整队，师幼问好，清点人数。 2. 情景导入。 师："今天老师带来了1个篮球，想一想，可以用篮球做什么游戏呢？"			
准备部分 5 min	热身活动：拍球操。 师："请每个小朋友拿1个篮球，呈体操队形散开，试一试原地双手拍球和左手、右手单手拍球。"		练习 4组	
基本部分 25 min	1. 动作示范及练习。 教师进行双手投篮的动作示范，幼儿练习。 2. 预设游戏：灌篮高手。 师："你们知道哪些篮球运动员呢？请说一说。今天我们也来学习一下投篮的动作吧。" 教师将幼儿分成2队，每名幼儿双手持球在篮球架下完成双手投篮后拿上篮球到队伍后面排队。 3. 创意游戏：小小投篮手（行进运球）。 师："小朋友们刚才学会了投篮，现在我们要加大难度了，运球＋双手投篮。请小朋友运球到篮球架下完成双手投篮动作，最后去队伍后面排队继续游戏。"	图1 双手投篮练习队列 图2 循环投篮练习队列	每种 形式 练习 10组	
结束部分 3 min	1. 放松游戏：甩干机。 当教师说"1挡"，幼儿慢慢抖动；挡数越高速度越快。 2. 教师带领幼儿一起整理、回收器械。			
延伸部分	1. 延伸游戏：教师可将幼儿分成2组，1组行进传球，2组进行投篮动作练习（角色互换进行练习）。 2. 家园互动：家长带领幼儿在家进行行进运球及投篮的动作练习。			

表7-103　第2学期第7周幼儿园体育活动设计（大班）

课程名称	小小足球运动员——踢的基本练习	周　次		第7周
课程目标	1. 熟练掌握足球停球、带球、传球的方法。 2. 熟练掌握左脚、右脚正脚背、脚内侧踢球的动作要领。 3. 在活动中学会合作，培养团队协作的意识。			
足球传球的动作要领	支撑脚足尖与出球方向一致，距球的横向距离10～15 cm，膝关节微屈，双臂自然摆动，维持身体平衡；踢球腿以髋关节为轴由后向前摆动，在前摆过程中，脚迅速外转90°，脚尖稍翘起，脚掌与地面平行，以大腿带动小腿，击球时脚跟前顶，脚踝用力绷紧，以脚内侧部位击球的后中部，将球传出。			
所需器械	足球门2个、标志杆10个、人手1个足球、布基胶带1卷。			

教学过程		器械摆放及队列队形	组次
开始部分 2 min	1. 集合整队，师幼问好，清点人数。 2. 情景导入。 师："小朋友们，你们想不想成为足球运动员？你们要先进行各种考验吗？"		
准备部分 5 min	热身活动：足球射门。 师："请小朋友们带球绕过标志杆后射门，然后带球回队尾，进行下一循环的练习。"		练习 2组
基本部分 25 min	1. 动作示范及练习。 教师示范左脚、右脚停球、带球、传球、射门的动作要领，幼儿练习。 2. 预设游戏：足球运动员。 教师将幼儿分成2队，每队2人为1组，2人用1个球。一边向球门移动，一边相互传球。这一过程中可以练习停球、带球、传球。当球到标志线处，停球射门，射门时可以用不同脚的脚背或脚内侧踢球。射门后捡回球，相互传球进入对面的循环。2队之间间隔3～4 m。 3. 创意游戏：足球比赛。 师："小朋友们学会了停球、带球、停球的方法，现在我们进行足球比赛吧！请在比赛中遵守踢球规则，不要推挤对方，守门员不能随意跑到前场。" 将幼儿分组，进行3对3的比赛，不设置守门员。	图1 足球运动员练习队列 图2 足球比赛练习队列	每种形式练习12组
结束部分 3 min	1. 放松活动：听口令抢球。 将幼儿分成2组，呈对立面爬到地上，教师发出指令，摸脚、摸腿、摸耳朵、摸屁股等。当教师说"抢球"时，幼儿开始抢球。 2. 教师带领幼儿一起整理、回收器械。		
延伸部分	1. 延伸活动：大象鼻子转3圈后踢球、过障碍物同时踢球。 2. 家园互动：利用身边公园、广场进行亲子踢球、一起带球跑的游戏。		

表7-104　第2学期第8周幼儿园体育活动设计（大班）

课程名称	篮球接力赛——拍的基本练习		周次	第8周
课程目标	1.熟练掌握单手拍球及运球的动作要领，动作更加灵活。 2.理解规则，能与同伴协商制定游戏和活动规则。 3.通过创新玩法和合作游戏，培养幼儿勇于挑战自我及团队合作的意识。			
运球的动作要领	运球时，双脚前后自然开立，双膝微屈，上体稍前倾，头抬起，目平视；非运球手臂屈肘平抬，用以保护球，脚步的动作幅度和下肢各关节的屈度随运球速度和高度的不同而变化；五指张开，用手指和指根以上部位及手掌的外缘触球，掌心不触球；拍球时，手应随球上下迎送，尽量延长控制球的时间。			
所需器械	人手1个篮球、标志桶若干。			

	教学过程	器械摆放及队列队形	组次
开始部分 2 min	1.集合整队，师幼问好，清点人数。 2.情景导入。 师："小朋友们，今天我们来进行篮球接力赛。"		
准备部分 5 min	热身游戏：篮球操。 师："我们一起来做篮球韵律操。播放动感音乐，将拍球、运球融到律动操中。"		练习 1组
基本部分 25 min	1.动作示范及练习。 教师示范运球的动作要领，幼儿练习。 2.预设游戏：运球练习赛。 教师将幼儿分成4组，每队的第一名幼儿拿球。当听到"开始"后运球，需要绕过前面6个标志桶，返回至起点，下一名幼儿出发。 3.创意游戏：接力赛。 （1）接力赛1：争分夺秒。 教师将幼儿分成4组，每组幼儿的数量一致，每幼儿单手拍球10次，然后将球传给第二名幼儿，第二名幼儿单手拍球10次，将球传递给第三名幼儿，以此类推，直至整组幼儿全部完成，最先完成的组获胜（中间如果球滚走了要捡回来继续拍）。 （2）接力赛2：运球接力赛。 教师将幼儿分成4组，每组再分成2队，1队站在起点，2队站在终点。当比赛开始后，每队起点的第一名幼儿需运球依次绕过标志桶，至终点后将球交给终点的第一名幼儿，然后由其运球依次绕过标志桶至起点，将球交给起点的第二名幼儿，以此类推，直至所有的幼儿都运完球，比赛结束。最先完成的组获胜。	图1 运球练习赛练习队列 图2 拍球接力赛练习队列 图3 运球接力赛练习队列	每种 形式 练习 20组

续　表

教学过程		器械摆放及队列队形	组　次
结束部分 3 min	1. 放松活动：传电游戏，播放音乐，教师带幼儿手拉手进行放松活动。 2. 教师带领幼儿一起整理、回收器械。	😊😊😊😊😊😊😊😊😊😊 😊😊😊😊😊😊😊😊😊😊 ❤	
延伸部分	1. 延伸游戏：灌篮高手。 教师带领幼儿了解篮球的比赛规则，并尝试进行篮球比赛。 2. 家园互动：家长带领幼儿进行家庭篮球比赛。		

表7-105　第2学期第9周幼儿园体育活动设计（大班）

课程名称	小小搬运工——接的基本练习	周　次	第 9 周
课程目标	1. 基本掌握单手接网球的动作要领。 2. 理解规则，能与同伴协商制定游戏和活动规则。 3. 培养幼儿动作的灵敏性。		
单手接网球的动作要领	面对来球，调整位置，单手主动伸出迎球，五指自然分开，当手掌与球接触后，顺势往回撤，同时另一只手快速上去护球。		
所需器械	人手 1 个网球。		

教学过程		器械摆放及队列队形	组　次
开始部分 2 min	1. 集合整队，师幼问好，清点人数。 2. 情景导入。 师："小朋友们，今天我们玩有关网球的游戏，锻炼大家单手接网球的能力。"	😊😊😊😊😊😊😊😊😊😊 😊😊😊😊😊😊😊😊😊😊 ❤	
准备部分 5 min	热身游戏：看谁接得准。 师："我们先来进行第一个游戏——看谁接得准。2 个小朋友 1 个网球，想一想可以玩哪些抛接游戏。" 鼓励幼儿大胆回答，并进行尝试。		练习 1 组

教学过程		器械摆放及队列队形	组　次
基本部分 25 min	1.动作示范及练习。 教师示范单手接网球动作，然后幼儿练习。 每名幼儿拿1个网球，分成2队，将球单手抛过头顶，并单手接住，左手、右手都要练（2队间保持3 m，幼儿横间距1.5 m）。 2.预设游戏：2人传递。 （1）弹接球游戏。 师："刚才小朋友进行了单手自抛自接球的游戏，现在我们进行单手弹接球的游戏。" 教师将幼儿分成2队，1队拿球，拿球的幼儿单手用力将球向2队中间地面投出（将球向前下方抛出），球触地后弹起，对面的幼儿根据球的飞行路线调整身体位置，单手接球。2队间保持2 m，幼儿间横间距为1.5 m。 （2）抛接球游戏。 接下来难度升级，请幼儿单手将球向前上方抛出，对面的幼儿单手接球，依次反复抛接，左手、右手交替。 3.创意游戏：小小搬运工。 师："小朋友们，刚刚小熊商店采购了很多球，让我们一起帮它把球运到仓库里吧！" （1）传递抛接：幼儿分成2组，每组报数；双数向左跨出3步；1号单手将网球抛向2号，2号单手将网球抛向3号，依次进行折线传递，最后一名幼儿将网球抛向筐中。 （2）快速传递：1号单手将球投向2号方向的地面，网球弹起2号接住；2号传3号，以此类推，折线传递；最后一个小朋友将网球投向筐中，游戏反复进行。	图1 弹接球、抛接球练习队列 图2 传递抛接练习队列	每种形式各练习20组
结束部分 3 min	1.放松活动：播放音乐，教师带领幼儿手拉手进行传电游戏。 2.教师带领幼儿一起整理、回收器械。		
延伸部分	1.延伸游戏：幼儿将球投向地面，弹起落入筐中。 2.家园互动：家长带领幼儿进行单手抛接游戏。		

表7-106　第2学期第10周幼儿园体育活动设计（大班）

课程名称	小蚂蚁搬甜甜圈——爬的基本练习	周次	第10周
课程目标	1.熟练掌握蚂蚁爬、背爬的动作要领。 2.锻炼臂部肌肉力量，加强肌肉动作及身体协调能力。 3.热爱体育活动，能积极主动参加体育活动。		

续　表

	教学过程	器械摆放及队列队形	组　次
各种爬行的动作要领	1. 蚂蚁爬：背部朝向地面，四肢撑地，臀部抬离地面，向脚的方向前进，前进时异侧手脚移动（左手右脚或右手左脚），另外的手和脚支撑身体，运动中要保持身体平衡。 2. 背爬：全身仰卧，手臂放于身体两侧，向头的方向移动，头和上背部微微抬离垫子，左右大幅度摇摆，同时双腿屈膝，双脚交替后蹬，注意与上体协调配合，上体向哪侧摇摆，哪侧腿蹬伸，移动中注意方向。		
所需器械	直线跑道垫 1 块、2 m × 1.2 m 的体操垫 2 块、标志碟、标志杆若干、大呼啦圈若干。		

	教学过程	器械摆放及队列队形	组　次
开始部分 **2 min**	1. 集合整队，师幼问好，幼儿报数。 2. 情景导入。 师："森林里运来了一车甜甜圈，小蚂蚁最喜欢吃甜甜圈了，小蚂蚁一起出发吧！"		
准备部分 **5 min**	热身游戏：爬一爬。 师："去森林前我们先锻炼锻炼身体吧。" 教师让幼儿站成 1 队，先用毛毛虫爬的方式通过跑道垫，左转弯到另一侧体操垫，以螃蟹爬的方式通过，依次到队列后排队进入下一循环。在垫子上通过时幼儿间隔 1.5 m。		练习 5 组
基本部分 **25 min**	1. 动作示范及练习。 教师示范蚂蚁爬、背爬动作，幼儿练习。 2. 预设游戏：蚂蚁本领大。 教师将幼儿分成 2 组，分别用蚂蚁爬和背爬的方式快速通过草地。器械摆放：把跑道垫、体操垫如图 1 所示摆放，间隔 1 m。 3. 创意游戏：小蚂蚁搬甜甜圈。 师："小蚂蚁的本领真大，现在我们离森林越来越近了，请小朋友们用蚂蚁爬和背爬的方式去森林里搬甜甜圈。因为甜甜圈很大，所以需要 2 个小朋友为 1 组，共同将它搬回家。请小朋友们分 2 队站立，一起出发吧。" 器械摆放：把跑道垫、体操垫如图 2 所示摆放，间隔 1 m。把大呼啦圈当作甜甜圈。	图 1 蚂蚁爬、背爬练习队列之一 图 2 蚂蚁爬、背爬练习队列队形之二	练习 10 组

教学过程		器械摆放及队列队形	组　次
结束部分 3 min	1. 放松游戏。 师："小蚂蚁的本领真大，运了好多甜甜圈，让我们一起为自己加油，跳个舞吧。充电舞跳起来吧！小朋友们手拉手围成圈传递电流，当老师说'电流传到胳膊'时，所有人抖动胳膊；当老师说'电流传到肩膀'时，所有人抖动肩膀。" 2. 教师带领幼儿一起整理、回收器械。		
延伸部分	1. 延伸游戏：蚂蚁过障碍。 将启智砖竖摆，幼儿用蚂蚁爬通过启智砖，不能撞倒启智砖。 2. 家园互动：亲子背爬传送带。 将家中的物品放到肚皮上，幼儿用背爬的方式传递给妈妈，妈妈再传递给爸爸。		

表7-107　第2学期第11周幼儿园体育活动设计（大班）

课程名称	穿越火线——滚的基本练习	周　次	第11周
课程目标	1. 熟练掌握直体侧身滚、双手抱胸直体侧身滚、双臂体侧直体侧身滚、前滚翻的动作要领。 2. 锻炼手臂力量和肢体协调能力。 3. 积极参加体育活动，感受翻滚活动带来的乐趣。		
前滚翻的 动作要领	前滚翻：一蹲（双脚与肩同宽，屈膝、屈髋、弯腰下蹲）、二撑（双手比肩略宽，屈臂靠近身体支撑）、三低头（抬臀低头，使头向双腿间靠近）、四蹬腿，向前滚动似圆球（使后脑、肩、背、腰、臀依次着地，当背部着地时，屈膝团身，双手抱小腿，上体迅速跟紧大腿向前滚动呈蹲立姿势）。		
所需器械	敏捷环2个、人手1个沙包、2 m×1.2 m的体操垫8块、布基胶带1卷、空气棒。		

教学过程		器械摆放及队列队形	组　次
开始部分 2 min	1. 集合整队，师幼问好，幼儿报数。 2. 情景导入。 师："勇敢的小士兵们，我们的伤员被敌人抓走了，让我们一起去营救战友吧！"		
准备部分 5 min	热身游戏：快速躲避。 师："敌人设有很多的侦察兵和探照灯，我们要快速躲避，只有'轰炸'侦查塔，才能不被敌人发现。" 请幼儿自主分成2组,利用多种滚的方式"轰炸"侦查塔。		练习 3组

续　表

教学过程		器械摆放及队列队形	组次
基本部分 25 min	1.动作示范及练习。 教师示范前滚翻动作，幼儿练习。 2.预设游戏：穿越火线。 师："敌人在前方设置了障碍，我们要穿过障碍且不被敌人发现。" 幼儿自主分为2组，通过地垫上的障碍物。躲避敌人的视线，不被发现。垫子上放角锥，要求幼儿直线前滚翻。 3.创意游戏：营救伤员。 师："接下来小士兵们要推着伤员车拯救伤员。在拯救的路上一定要保护好伤员。" 教师将幼儿分成2队，2人为1组。1人推车，1人灭火。从起点推至第二个垫子，互换角色到达终点。2人合作将伤员营救至起点。伤员可用空气棒或花生球代替。	图1 穿越火线练习队列 图2 营救伤员练习队列	每种形式练习8组
结束部分 3 min	1.放松游戏。 师："小士兵们很棒，成功解救了伤员。现在老师带领你们进行身体拉伸动作，放松放松。" 2.教师带领幼儿一起整理、回收器械。		
延伸部分	1.延伸游戏：听口令做动作。 教师带领幼儿听口令，复习各种滚的练习。 2.家园互动：推小车。 幼儿在家进行推车游戏，幼儿扮演小车，家长负责双手握住幼儿脚腕向前推。		

表7-108　第2学期第12周幼儿园体育活动设计（大班）

课程名称	小蚂蚁搬家——钻的基本练习	周次	第12周
课程目标	1.熟练掌握俯身钻的动作要领，进一步提高钻爬能力，熟练掌握侧身钻、屈伸钻等动作，速度快而灵活。 2.提高身体的协调性、灵活性以及锻炼四肢肌肉力量。 3.热爱体育活动，能积极主动参加体育活动。		
俯身钻的动作要领	俯身钻：全身俯卧，屈肘，爬行时左臂前伸，五指张开全掌按地，右腿屈膝前移，用左手的前臂和右脚的膝内侧、脚掌内侧同时支撑，使胸、腹稍抬离地面，同时右脚前蹬伸直，使躯干向前移动，注意臀部不要抬得太高，以免触碰障碍物。		

续　表

所需器械	标志桶 12 个，横杆 6 根、门洞 8 个、2 m×1.2 m 的体操垫 4 块、小布包若干。		
	教学过程	器械摆放及队列队形	组　次
开始部分 2 min	1. 集合整队，师幼问好，幼儿报数，营造气氛。 2. 情景导入。 师："小蚂蚁遇到雨天时要怎么办呢？（鼓励幼儿大胆讨论。）今天一起帮小蚂蚁把粮食搬进洞里吧。帮小蚂蚁运粮食需要经过很多洞，你们是怎么钻的呢？"		
准备部分 5 min	热身活动。 幼儿站成 1 队，排队到垫子后，用不一样的方法钻出洞口；然后到队列后排队进入下一循环。器械摆放：把体操垫 2 个竖摆对接，上面用标志桶两两搭成洞。		练习 3 组
基本部分 25 min	1. 动作示范及练习。 教师示范俯身钻动作，幼儿练习。 2. 预设游戏：小蚂蚁过洞。 幼儿站成 1 队，依次用俯身钻、侧面钻、俯身钻、正面钻的动作钻过前面的洞。注意安全。 3. 创意游戏：小蚂蚁运粮食。 师："马上就要下雨啦，我们要加快速度帮小蚂蚁运粮食。"如果遇到的洞比较低，幼儿可以用俯身爬的方式钻过；如果遇到的洞比较高，幼儿可以用正面钻或侧面钻的方式通过。请幼儿分成 2 组，看哪组最先将粮食运回小蚂蚁家。	图 1 小蚂蚁过洞练习队列 图 2 小蚂蚁运粮食练习队列	每种 形式 练习 6 组
结束部分 3 min	1. 放松游戏。 师："小朋友们用最快的速度帮小蚂蚁运回了粮食。接下来大家和小蚂蚁玩大猩猩的放松游戏吧。" 每名幼儿手拿小布球，双脚与肩同宽站立，身体稍前倾，双臂自然左右晃动。 2. 教师带领幼儿一起整理、回收器械。		

续　表

教学过程		器械摆放及队列队形	组　次
延伸部分	1. 延伸游戏：一钻到底。 幼儿双手依次搭在前面幼儿的肩上，从第一个依次钻过，然后到队尾将手搭在前面幼儿的肩上，以此类推。 2. 家园互动：亲子钻山洞接龙。 请爸爸、妈妈用身体摆出山洞形状，幼儿从爸爸、妈妈身体下钻过，依次到后面，爸爸钻、妈妈钻、幼儿钻。		

表7-109　第2学期第13周幼儿园体育活动设计（大班）

课程名称	森林探险——攀的基本练习	周　次	第13周
课程目标	1. 熟练掌握攀登的动作要领。 2. 通过体育游戏锻炼幼儿的手臂力量。 3. 热爱体育活动，能积极主动参加体育活动。		
攀登攀登架的动作要领	攀登攀登架：使身体靠近攀登架，双手交替向上攀爬，双脚交替向上攀登，攀登时双手向上拉、双脚下蹬踩稳；达到最高点时，稳定住，骑着攀登架转身向下。		
所需器械	攀登架2套、体操垫4块、双杠2组。		

教学过程		器械摆放及队列队形	组　次
开始部分 2 min	1. 集合整队，师幼问好，清点人数。 2. 情景导入。 师："小朋友们，今天我们要去森林里探险。森林里会遇到很多危险，我们要敢于挑战，不怕困难。"		
准备部分 5 min	热身游戏：森林迷宫。 师："森林里有很多大小高低不同的树木，我们要小心穿过不能被扎到，让我们一起出发吧！" 教师将幼儿分成2组，1组的幼儿手拉手排成1条线，幼儿握住的手一高一低。2组的幼儿依次通过，高处钻过去，低处跨过去。本组幼儿钻完为一个循环再返回。		练习 2组
基本部分 25 min	1. 动作示范及练习。 教师示范攀登攀登架的动作，幼儿练习。 2. 预设游戏：小心鳄鱼（双杠）。 师："我们穿过了森林迷宫，来到了小河边。河里有鳄鱼，小朋友们渡过时要小心，千万不要被鳄鱼'吃掉'。" 幼儿排成1队，可循环进行游戏。 3. 创意游戏：激情陡坡。 师："我们来到老虎谷，下面全是老虎。小朋友们想一想，怎样才能通过老虎谷呢？（幼儿大胆发言，并进行尝试）在通过时一定注意安全，不要掉下去。" 教师将幼儿分成2组，利用梯子、轮胎、双杠、跳箱等器械进行组合，并顺利通过老虎谷。	图1 小心鳄鱼练习队列 图2 激情陡坡练习队列	每种形式练习4组

教学过程		器械摆放及队列队形	组　次
结束部分 3 min	1.放松游戏：教师带领幼儿做呼吸放松，进行 3 ~ 5 次。 2.教师带领幼儿一起整理、回收器械。	● ● ● ● ● ● ● ● ● ● ● ● ● ● ● ● ● ● ♥	
延伸部分	1.延伸游戏：教师可以组织幼儿进行攀登架下的活动，如攀登架下侧爬。 2.家园互动：进行人体攀登架的亲子互动练习。		

表7-110　第2学期第14周幼儿园体育活动设计（大班）

课程名称	好玩的绳子——转体动作的基本练习	周　次	第 14 周
课程目标	1.熟练掌握向左转、向右转、向后转的动作要领。 2.能够快速区分左右，并听指令做出动作。 3.锻炼身体平衡能力。		
转身的 动作要领	1.向左（右）转：以左（右）脚跟为轴，左（右）脚跟和右（左）脚掌前部同时用力，使身体向左（右）转90°，体重落在左（右）脚，右（左）脚迅速向左（右）脚靠拢，呈立正姿势；转动和靠脚时，双腿挺直，上体保持立正姿势。 2.向后转：以右脚跟为轴，右脚跟和左脚掌前部同时用力，使身体向右转180°，体重落在右脚，左脚迅速向右脚靠拢，呈立正姿势；转动和靠脚时，双腿挺直，上体保持立正姿势。		
所需器械	长杆 1 根、小短绳若干。		

教学过程		器械摆放及队列队形	组　次
开始部分 2 min	1.集合整队，师幼问好，幼儿报数。 2.情景导入。 师："小朋友们，你们知道这个器械的名字吗？（小短绳）你们之前用它玩过什么游戏？今天老师带你们玩不一样的绳子游戏。"	● ● ● ● ● ● ● ● ● ● ● ● ● ● ● ● ● ● ♥	
准备部分 5 min	热身活动：灵敏考验。 师："老师这里有根长长的绳子，让我来测试下你们的身体灵敏性。" 幼儿围成 1 个圆圈顺（逆）时针慢跑，教师拿 1 根长麻绳在幼儿上、下顺（逆）时针慢慢旋转。长绳在上面，幼儿低头钻过去；长绳在下面，幼儿跃过去。看哪名幼儿反应最灵敏。		练习 2组 每组 2分 钟
基本部分 25 min	1.动作示范及练习。 教师示范向后转动作，幼儿练习。 2.预设游戏：我和绳子做游戏。 师："接下来老师带着你们和小短绳一起做游戏。" 教师将幼儿分成 2 组，每组 2 名幼儿背靠背间隔 30 cm。第一名幼儿双脚不动将所有小短绳通过转体传给下一名幼儿，直到本组所有短绳传递完毕。 3.创意游戏：绳子变变变。 师："请小朋友们想一想我们还可以用小短绳玩儿什么游戏呢？"（幼儿自由发言，进行游戏尝试；教师引导幼儿多进行转体游戏练习）"如果将小短绳变成水管可以干什么？"（浇花、喝水等）"如果着火了怎么办？""高楼着火了怎么灭火呢？"（所有幼儿将小短绳接起来）		练习 8 组

续　表

教学过程		器械摆放及队列队形	组　次
结束部分 3 min	1. 放松游戏：飞机起飞。 幼儿下蹲，手放膝盖，当听到教师发出"1、2、3"口令时，幼儿用力跳起，放松身体。 2. 教师带领幼儿一起整理、回收器械。		
延伸部分	1. 延伸游戏：风车转转转。 1 名幼儿在中间，其余 4 名幼儿在周围转动，停止后中间幼儿说出前面是谁、后面是谁、左边是谁、右边是谁。 2. 家园互动：在家进行军队角色扮演，练习队列方向及转体。		

表7-111　第2学期第15周幼儿园体育活动设计（大班）

课程名称	挥击训练营——挥击动作的基本练习	周　次	第 15 周
课程目标	1. 基本掌握打定点垒球的动作要领。 2. 初步了解各项活动的要求。 3. 通过游戏培养幼儿的合作精神。		
打定点垒球 的动作要领	眼睛盯住球，挥棒时髋关节的转动必须先于挥棒动作，手腕和前臂动作要爆发式发力，挥动路线尽可能控制在水平方向上，全身用力要协调一致；在触球瞬间，手腕要稍向前压，以增加击球的力量。		
所需器械	支架 2 个、横杆 1 根、风阻软球 4 个、垒球套装 6 套、网球若干、垫子 4 个、标志桶 4 个、气球 4 个。		

教学过程		器械摆放及队列队形	组　次
开始部分 2 min	1. 集合整队，师幼问好，清点人数。 2. 情景导入。 师："小朋友们，我们一起去参加挥击训练营吧！"		
准备部分 5 min	热身游戏：挥一挥。 师："小朋友们，我们现在变成小小击球手，让我们先练习一下挥击的本领吧。" 幼儿排成 4 路纵队，4 名幼儿为 1 组，走到标志线前，助跑 2～3 步跳起，先用右手挥击风阻软球，再用左手挥击风阻软球。 器械摆放：用 2 个支架固定好横杆，横杆上绑定 4 个风阻软球。		练习 2 组

教学过程		器械摆放及队列队形	组　次
基本部分 25 min	1.动作示范及练习。 教师示范打定点垒球动作，然后幼儿练习。 2.预设游戏：小小击球手。 教师将幼儿排成6路纵队，6名幼儿为1组，双手持垒球棒，按照教师口令挥出球棒击球；每名幼儿练习3次后去捡球，然后到队列后排队进入下一个循环。下一组进行挥击球练习，如此往复练习。 3.创意游戏：行进挥击。 教师将幼儿分成4队，每队第一名幼儿同时匍匐前进，到达挥击点拿1个气球，挥着气球向前跑到标志桶处挥着气球再回到挥击点。依次进行。	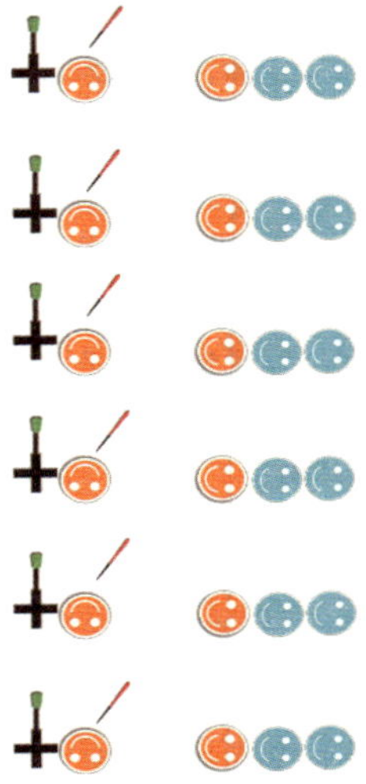 图1 小小击球手练习队列  图2 行进挥击练习队列	每种形式练习4~5组
结束部分 3 min	1.放松游戏。 师：“现在和老师玩电流传递的游戏吧。请大家手拉手围成圆圈，当老师说'胳膊'时，小朋友们抖动胳膊，当老师说'肩膀'时，小朋友们抖动肩膀，以此类推。” 2.教师带领幼儿一起整理、回收器械。	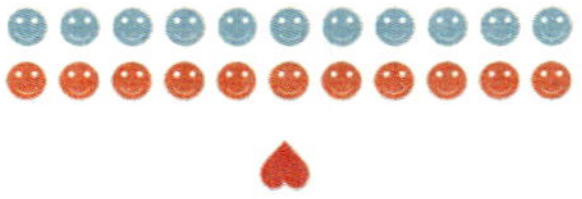	
延伸部分	1.延伸游戏：你抛我挥。 2名幼儿面对面站立，1名幼儿向对面幼儿抛气球，对面幼儿挥击气球。 2.家园互动：击掌游戏。 请家长与幼儿面对面，家长伸出双手并晃动双手，请幼儿跟随家长手掌晃动并进行击掌练习。		

表7-112　第2学期第16周幼儿园体育活动设计（大班）

课程名称	趣味躲闪——躲闪动作的基本练习	周　次	第16周
课程目标	1.熟练掌握躲闪的动作要领。 2.通过游戏锻炼幼儿的躲闪能力。 3.热爱体育活动，能积极主动参加体育活动。		
躲闪的 动作要领	躲闪：面对移动的物体或人，为了避免碰撞，通过移动身体（跑、跳、转体等）或改变身体姿势（下蹲、侧身、低头等）避开物体或人的身体动作；要求注意力集中，观察和判断准确，反应迅速、敏捷。		
所需器械	标志桶8个、彩带2人1条、布基胶带1卷。		

	教学过程	器械摆放及队列队形	组　次
开始部分 2 min	1.集合整队，师幼问好，清点人数。 2.情景导入。 师：“小朋友们，今天我们通过游戏看看哪位小朋友的躲闪动作最快。”		
准备部分 5 min	热身游戏：网鱼。 教师将幼儿分成2组，男生扮作渔网，女生扮作小鱼。游戏开始，渔网需要立即捕捉小鱼，小鱼需要在指定的区域内躲避，被渔网捕到的小鱼转变角色变成渔网，继续捕捉其他小鱼。		练习 2~3组
基本部分 25 min	1.动作示范及练习。 教师示范躲闪动作，幼儿练习。 2.预设游戏：躲避“炸弹”。 师：“接下来我们一起来玩躲避‘炸弹’的游戏，‘炸弹’会从上方、下方、左边、右边袭击大家，小朋友们需要躲避‘炸弹’的袭击。” 教师将幼儿分成2组，1组负责扔“炸弹”（小布球/海洋球），另一组根据“炸弹”来袭的方向进行躲避。被“炸弹”袭击到的幼儿会被淘汰。能坚持到最后的幼儿获胜。 3.创意游戏：传统游戏丢沙包。 幼儿自由分组，进行丢沙包游戏（游戏中教师应确保幼儿安全）。	图1 躲避“炸弹”练习队列 图2 传统游戏丢沙包练习队列	每种 形式 练习 4组
结束部分 3 min	1.放松游戏。 师：“小朋友们的躲闪能力很强。接下来让我们一起听音乐做放松活动吧。” 2.教师带领幼儿一起整理、回收器械。		
延伸部分	1.延伸游戏：教师可以带领幼儿玩老鹰捉小鸡的游戏。 2.家园互动：家长可以和幼儿一起玩捞鱼的游戏。		

表7-113　第2学期第17周幼儿园体育活动设计（大班）

课程名称	大灰狼和小白兔——平衡动作的基本练习	周次	第17周
课程目标	1.熟练掌握静态平衡和动态平衡的动作要领。 2.锻炼幼儿的平衡能力及协调能力。 3.培养幼儿团结合作的精神。		
瑜伽砖上行走的动作要领	拿7～12块瑜伽砖纵向直线排开，每两块之间间隔5～10 cm，让幼儿1步1块在上面行走，单块上只能放1只脚，要求幼儿上体保持正直，腰腹收紧，目视前下方，双臂侧举，脚步稳健，身体稳定。		
所需器械	人手1块瑜伽砖、布基胶带1卷、小布球若干。		

	教学过程	器械摆放及队列队形	组次
开始部分 2 min	1.集合整队，师幼问好，幼儿报数。 2.情景导入。 师："小朋友们好，你们听过大灰狼和小白兔的故事吗？今天就让我们一起看看聪明的小白兔是怎么战胜大灰狼的吧！"		
准备部分 5 min	热身活动：小白兔单脚站立。 师："请大家排成2列横队站立，进行单脚站立练习。左腿、右腿交替练习，每组练习50 s。"		练习4组
基本部分 25 min	1.动作示范及练习。 教师示范单脚站石头、踩着石头过河的动作，幼儿练习。 2.预设游戏：大灰狼来了。 请幼儿扮成小白兔，请每只小白兔拿1块瑜伽砖当作石头。当听到口令"大灰狼来了"时，幼儿快速单脚稳稳地踩在石头上保持平衡；当听到"大灰狼走了"时，幼儿就可以从石头上下来。每组练习50 s，而后换脚练习。 3.创意游戏：小白兔送蘑菇。 师："小白兔成功躲避了大灰狼，现在小白兔要把蘑菇带回家，回家的路上会经过小河。" 请幼儿分成2组，讨论如何用石头搭建小桥。搭好后，每队的第一名幼儿同时出发，依次从小桥上通过，再钻过树洞，看哪队运的蘑菇最多。1个循环为1组。12块瑜伽砖间距10 cm摆放。	图1 大灰狼来了练习队列 图2 小白兔送蘑菇练习队列	每种形式练习6～8组
结束部分 3 min	1.放松游戏。 师："小朋友们今天玩得特别开心，我们用小屁股画图形放松一下吧！" 分别画圆形、三角形、正方形等。 2.教师带领幼儿一起整理、回收器械。		
延伸部分	1.延伸游戏：单脚踢球。 在地上摆放5个圈，圈内放沙包，幼儿单脚站立，依次从第一个圈到第五个圈将沙包踢出。 2.家园互动：单脚站立比赛。 请家长和幼儿进行单脚站立比赛，看谁坚持的时间长。		

表7-114 第2学期第18周幼儿园体育活动设计（大班）

课程名称	臂力大比拼——悬垂动作的基本练习	周 次	第18周
课程目标	1.熟练掌握爬绳的动作要领。 2.锻炼臂力，促进上肢力量的提升。 3.热爱体育活动，能积极主动参加体育活动。		
爬绳的动作要领	双手向上伸展抓紧绳索，1条腿绕住绳索，同时手臂上拉，让膝盖向胸移动，而后，双脚松开向上移动夹紧绳索向上蹬伸，双手向上抓握，手脚交替向上爬行；向下时，松脚，双手上下握住绳索下滑。		
所需器械	标志桶4个、爬绳4条、布基胶带1卷、沙包若干。		

教学过程		器械摆放及队列队形	组 次
开始部分 2 min	1.集合整队，师生问好，清点人数。 2.情景导入。 师："小朋友们，今天咱们班进行臂力大比拼的游戏，看看谁是班里的臂力大王。"		
准备部分 5 min	热身游戏：掰手腕。 师："我们先来进行第一项游戏——掰手腕。" 教师将幼儿排成4队，2人1组进行掰手腕对抗。游戏开始后2队开始掰手腕，赢了的幼儿跑到最前方绕过标志桶拿1个沙包。哪队沙包最多哪队获胜。		练习2组
基本部分 25 min	1.动作示范及练习。 教师示范爬绳的动作，幼儿练习。 2.预设游戏：勇者胜。 师："接下来进行第二项游戏——勇者胜，只要成功爬到顶峰摸到旗子就是勇者。" 教师将幼儿分成2组，第一名幼儿顺着绳子向上爬，爬到最高处摸到旗子，再下来与下一名幼儿接力进行。 3.创意游戏：大比拼、臂力展示。 师："我们是勇敢的孩子，接下来让我们一起展示勇者的实力吧！" 请幼儿分成2组，第一名幼儿在第一条爬绳上晃动身体，借力用手握住第二条爬绳。幼儿依次进行展示。教师要做好安全防护工作。		每种形式练习5组
结束部分 3 min	1.放松活动。 师："大家的展示赢得了称赞。让我们将掌声送给自己吧！拍胳膊、身体、腿等部位。" 2.教师带领幼儿一起整理、回收器械。		
延伸部分	1.延伸游戏：教师带领幼儿进行大型器械的创新游戏。 2.家园互动：进行亲子"贴饼子"游戏，家长要做好幼儿的安全保护工作。		

第八章 幼儿体智能发展水平评估方法及标准

第一节 幼儿身体形态评估方法及标准

身体形态是指人体外部的形态和特征，反映外部形态特征的指标包括身高、体重、坐高、头围、胸围、腰围、臀围、上臂围（紧张围与放松围）、前臂围、腕围、大腿围、小腿围、膝围、踝围、上肢长、上臂长、前臂长、中指间距、下肢长、大腿长、小腿长、足长、肩宽、骨盆宽、胸廓横径、胸廓前后径、肱骨径、股骨径。幼儿主要评价身高、体重两项指标。

一、身高、体重的评估方法

身高：采取站立位，枕部、臀部、脚后跟紧贴测量尺，通过测量尺刻度准确测量身高，单位为厘米（cm），准确到 0.1 cm，如图 8-1 所示。体重：采用体重秤称重，单位为千克（kg），精确到 0.1 kg，如图 8-2 所示。

图 8-1 身高测量　　　　　　图 8-2 体重测量

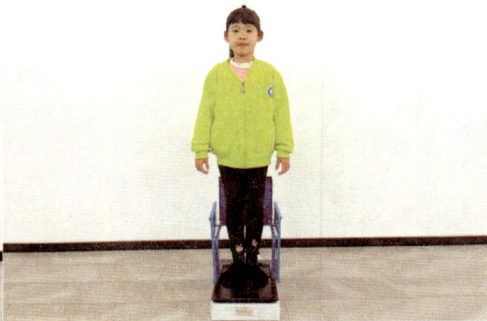

二、身高、体重的评估标准

身高是反映人体骨骼生长发育的重要指标；体重能够反映人体骨骼肌、肌肉、脂肪及内脏器官重量的综合情况和肌肉发育程度。幼儿各年龄段身高、体重标准范围如表 8-1 所示。

表8-1　幼儿各年龄段身高体重评估标准

指　标	性　别	3～4岁	4～5岁	5～6岁
身　高/cm	男	94.9～111.7	100.7～119.2	106.1～125.8
	女	94.1～111.3	99.9～118.9	104.9～125.4
体　重/kg	男	12.7～21.2	14.1～24.2	15.9～27.1
	女	12.3～21.5	13.7～24.9	15.3～27.8

第二节　幼儿身体姿态评估方法及标准

一、身体姿态

在日常生活中，经常听到长辈训斥孩子："你这孩子，坐没坐相，站没站相！"他们眼中小孩子的这种状态其实就是身体姿态。但是，他们没有想到的是，孩子的不良身体姿态，会随着其年龄的增加给身体的生长发育和健康问题带来严重影响。身体姿态是先天遗传变异和后天生活习惯共同作用所表现出来的身体外部相对稳定的特征。它是指全身各肌肉和关节在任何一种动作上的结构性联结，是身体各个部位与关节的相对位置的外部表现。从一定意义上说，先天的遗传对身体姿态起着决定性的作用。但是先天的身体形态条件好，只能称作体形好，如果一个人的姿态不正确，总是弯腰驼背，那么他（她）的身体姿态也是不好的。因此，后天的生活习惯及科学的训练对身体姿态的影响是至关重要的。不良的身体习惯不仅影响美观，严重的还会对身体健康造成一定的威胁。

二、标准的身体姿态

标准的身体姿态是指正面观、背面观、侧面观身体各个部位和关节够处在正确的骨骼排列位置（图 8-3）。

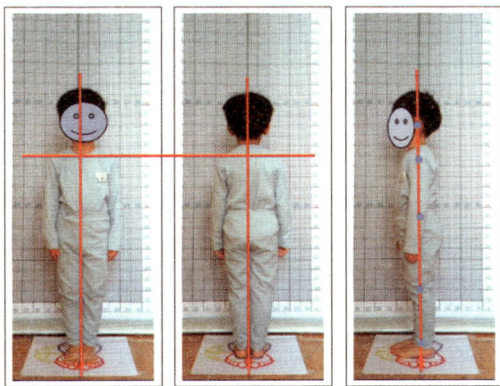

图 8-3 标准身体姿态参考图

从正面看：头部处于正中位，身体两侧的双耳、双肩、胸廓下部、髂嵴、膝和踝骨应该处于水平位上。评估时，中垂线穿过脸的中间，由前额、鼻子到下巴，向下穿过依次骨柄、胸骨、剑突、肚脐、两侧大腿、小腿、足踝中央。

从背面看：身体两侧的肩、肩胛骨、髂嵴、臀横纹和膝横纹应该处于水平位上，肩胛骨应平贴着上背部，身体不侧倾。评估时，要观察两个耳朵和肩的距离是否相等，如果两侧的距离不相等，表示头有侧倾。肩部处于水平位既不耸肩也不塌肩，两边肩应在同一水平面上，如果两侧高度不一致，表示有高低肩。胸腰椎成一条直线，如果胸腰椎不成一条直线，可见"C"形和"S"形改变。骨盆应保持中立位，两侧髂后上棘呈水平位，处于同一水平面上，如果两侧髂后上棘不在同一水平面上，表示骨盆侧倾。

从侧面看：头部不前倾或后仰，颈椎保持正常曲度，轻微前曲，不能过直，身体的节段排列（耳垂、肩峰、躯干中间、髂嵴、膝关节中央、腓骨外踝）应该穿过重力线，也就是竖直排列位置。评估要求眉骨下方（眼睛上延）和耳朵上延在一条水平线上。当眉骨下方低于耳朵线时，表示头前倾；当眉骨下方高于耳朵线时，表示头后仰。颈椎保持正常曲度，轻微前曲，不能过直，评估要求耳垂与肩峰突应在一条垂直线上。当耳垂位于肩峰突前面时，表示头部前倾。肩胛骨应平贴着上背部，外翻越严重，说明圆肩越厉害。骨盆应保持中立位，髂前上棘和耻骨联合处于同一垂直平面上。评估时，当髂前上棘超过耻骨垂直面时，表示骨盆前倾；当耻骨超过髂前上棘垂直面时，表示骨盆后倾。

标准的体态结构不会形成任何软组织的压力，肌肉也不需要额外发力去调整体态。但是如果偏离这个标准体态，身体便会增加韧带上的压力，肌肉也需要进行调整，并且这样的调整不仅会影响该关节直接连接的部分，还会影响上方和下方的其他关节。如果关节对位不良一直持续，那么这样的位置偏移可能会造成结构性的变化。当关节处于标准体态时，韧带会帮助保持关节的稳定性，避免关节做屈伸运动；当没有韧带保护时，肌肉会主动发力对抗任何形式的关节移动，肌肉只有在关节过于向前或向后偏离中轴线（重力线）时才会增加能量消耗。

三、身体姿态评估方法

幼儿身体姿态评估采用人体静态形体状况评估方法进行，具体方法如下。

第一，选择一个光线良好的室内场地，在场地一端固定体态评估板，如图8-4所示，使其与地面垂直。在体态评估板的前面放置测试足型垫，如图8-5所示，测试足型垫的中轴线对准体态评估板的中轴线，在体态评估板对面3 m处固定三脚架及单反相机，相机的中轴对准体态评估板的中轴线，高度设定在80 cm，如图8-6所示。

单位：cm

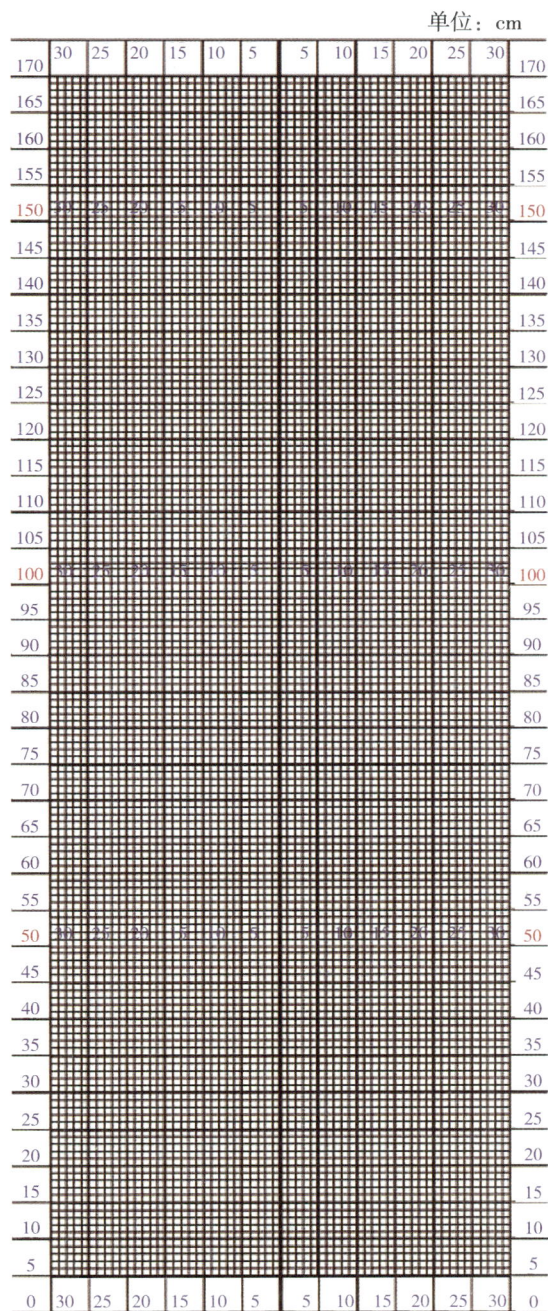

图 8-4　体态评估板

图 8-5　足型垫

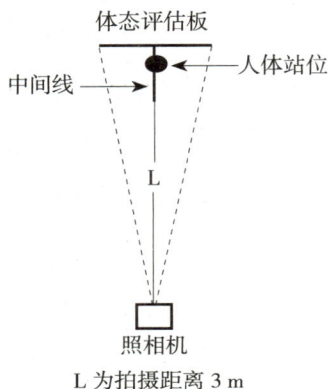

图 8-6　评估场地布置

　　第二，组织进行评估，要求被评估者只穿着贴身内衣，赤足，以自然放松的状态面向照相机，在体态评估板前的足型垫上按照红色脚丫的中轴线位置正面站立，如果双脚无法并拢，双脚内侧与测试垫的中轴线保持相同距离即可，目视前方，双手自然下垂于体侧，站姿稳定后，测试人员拍摄第一张照片。而后，要求被评估者向右转 90°，按照黄色脚丫的中轴线位置侧面站立，双脚腓骨外踝正对足型垫的中轴线，自然放松站立，目视前方，双手自然下垂，站姿稳定后，测试人员拍摄第二张照片。最后，要求被评估者再向右转 90°，背对照相机，双脚在足型垫上按照蓝色脚丫的中轴线位置并拢。如果双脚无法并拢，双脚内侧与测试垫的中轴线保持相同距离即可，自然放松站立，目视前方的体态评估板，双手自然下垂，站姿稳定后，测试人员拍摄第三张照片。至此，一个被评估者的静态身体姿态图像采集完毕；其他被评估者依次按照以上程序一一采集。

　　第三，把采集的照片传输至电脑，评估者依据体态评估板的背景中轴线、纵向定位线、横向定位线对被评估者进行体态状况分析评估，具体包括如下步骤：①将被评估者的三张照片按正面、背面、侧面放到体态评估报告单的对应位置，调整照片，使人体足够清晰；②在体态评估报告单上填写被评估者的个人信息，包括姓名、性别、年龄、测试时间；③依据评估程序进行评估。

四、身体姿态评估标准

依据评估程序进行评估，如表 8-2 所示。

表8-2　对被评估者体态提出的问题

姿　态	内　容	问　题
正面	头	中垂线是否由前额、鼻梁到下巴穿过脸部中间。
	肩	两肩是否等高。
	上肢	两手臂是否与身体等距。
		两侧手肘、手腕是否等高。
	胸	中垂线是否穿过胸骨柄、胸骨、剑突。
	腹	中垂线是否穿过肚脐。
	骨盆	两侧髂嵴是否等高。
		两侧髂嵴是否与中垂线等距。
	大腿	中垂线是否与两侧大腿等距。
	膝关节	中垂线是否与两膝关节股骨内侧髁等距。
		两膝能否并拢。
	小腿	中垂线是否与两侧小腿等距。
		小腿是否有弯曲变形。
背面	头	中垂线是否穿过颅骨正中线。
		两侧耳垂是否等高。
	颈	中垂线是否穿过所有颈椎的中线。
	肩	中垂线是否与两侧肩胛骨内侧缘等距。
		两肩是否等高。
		两侧肩胛骨有无前倾。
		两侧肩胛骨下角是否等高。
	上肢	两手臂是否与身体等距。
		两侧手肘、手腕是否等高。
	胸	中垂线是否穿过所有胸椎的中线。
	腰	中垂线是否穿过所有腰椎中线。
	骨盆	两侧髂嵴是否等高。
		两侧髂嵴是否与中垂线等距。
	膝关节	中垂线是否穿过两膝正中间。
		两膝能否并拢。
	小腿	两腿与中垂线是否等距。
		小腿是否有弯曲变形。
	足	两足能否并拢。
		足是否存在内翻或外翻。

姿　态	内　容	问　题
侧面	头	中垂线是否穿过耳垂。
		头是否在胸椎上方，下巴有无前伸或后缩。
	颈	中垂线是否穿过颈椎的椎体。
	肩	中垂线是否穿过肩峰。
		肩部有无内旋或外旋。
	胸	中垂线是否穿过躯干中间。
		胸椎曲线是否过大或变平。
	腰	中垂线是否穿过腰椎椎体。
		腰椎曲线是否过大或变平。
	骨盆	中垂线是否穿过髂嵴。
		骨盆是否有前倾或后倾。
	膝关节	中垂线是否穿过膝关节中央。
		膝关节有无屈膝或过伸。
	小腿	小腿是否有弯曲变形。
	踝	中垂线是否穿过腓骨外踝。

　　首先看正面照片，先看被评估者的鼻梁是否在体态评估板的中轴线上。如果在体态评估板的中轴线上，说明体态标准；如果偏向一侧，再结合背面照片来判定。如果背面照片后脑中线通过体态评估板中轴线，也说明体态标准；如果背面照片后脑中线与正面照片偏向的是同一侧，则存在身体侧倾问题，偏离体态评估板的中轴线0～2 cm为轻度身体侧倾，偏离体态评估板的中轴线2～4 cm为中度身体侧倾，偏离体态评估板的中轴线4 cm以上为重度身体侧倾。而后，在体态评估板上找到一条最接近被评估者双肩的平行线，看两肩肩峰距离与平行线的距离是否相等。如果正面照片和背面照片两肩峰均相等，或其中一张照片两肩峰相等，说明体态标准；如果正面照片和背面照片两肩峰距离均不等，并且偏向同侧，说明存在高低肩问题，高度差0～2 cm为轻度高低肩，高度差2～4 cm为中度高低肩，高度差4 cm以上为重度高低肩。随后，看双腿，在双足并拢的前提下，如果大腿、膝关节、小腿均有区域能够接触，说明体态标准；如果大腿、膝关节、小腿中间均有明显缝隙，则判定为O型腿，膝部的缝隙宽度0～3 cm为轻度O型腿，3～5 cm为中度O型腿，5 cm以上为重度O型腿。如果两大腿、膝关节有接触，只有小腿区域中间均有明显缝隙，则判定为XO型腿，小腿的最大缝隙宽度0～3 cm为轻度XO型腿，3～5 cm为中度XO型腿，5 cm以上为重度XO型腿。如果在两大腿有接触的情况下，双足无法并拢，则判定为X型腿，幼儿双足间的宽度0～3 cm为轻度X型腿，3～5 cm为中度X型腿，5 cm以上为重度X型腿。然后，评估者看侧面照片，标准的体态是由上至下耳垂、肩峰、髂嵴、膝关节侧中线、腓骨外踝在一条垂直线上，5个标志点均与体态评估板的中轴线重合。以肩峰为参照点，前提

是不存在圆肩，圆肩表现为肩部前旋，肩胛后凸外翻，如果耳垂与肩峰不在一条垂直线上，发生了前移，则判定为颈椎过度前曲，偏离肩峰 0～3 cm 为轻度颈椎过度前曲，偏离肩峰 3～5 cm 为中度颈椎过度前曲，偏离肩峰 5 cm 以上为重度颈椎过度前曲。肩部前旋，带动肩胛后凸外翻，则为圆肩，圆肩一般会伴有驼背，即胸椎后凸，驼背程度用量角器进行测量，以胸椎后面最突出的椎体顶端为原点，分别向耳垂、髂嵴引线，正常胸凸形成的夹角为 220°，如图 8-7 所示。当驼背的程度大于 220° 时，0°～10° 为轻度，10°～20° 为中度，大于等于 20° 为重度，如图 8-8 所示。髂嵴出现前旋为骨盆前倾，后旋为骨盆后倾，偏离中轴线 0～3 cm 为轻度骨盆前倾或后倾，偏离 3～5 cm 为中度盆前倾或后倾，偏离 5 cm 以上为重度盆前倾或后倾。标准的体态膝关节大小腿从侧面看应该是 180°，如果膝关节后侧超过 180°，即为膝关节超伸，当大于 180° 时，0°～10° 为轻度，10°～20° 为中度，大于等于 20° 为重度，如图 8-9 所示。

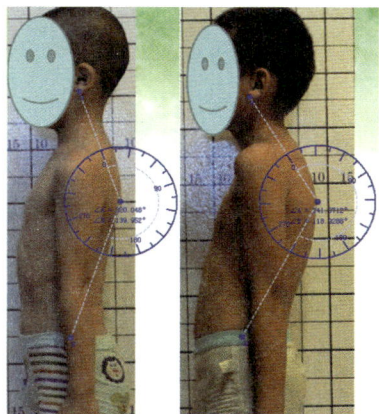

图 8-7　正常　　图 8-8　重度驼背　　　　图 8-9　膝超伸

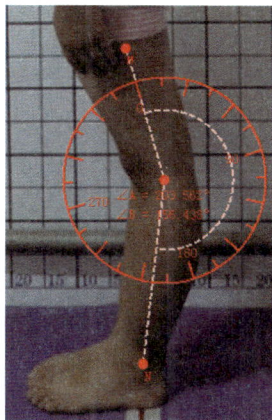

　　在评估时，我们需要从整体角度看待被评估者的体态问题，从而发现那些导致或影响他们体态的根本因素。使被评估者感到疼痛、不舒服或功能受限的地方并不一定是问题的源头，如果我们过分关注被评估者的局部问题，就有可能忽视整体的问题。例如，被评估者有显著的头部前倾问题，但很有可能是由体态代偿造成的，如果身体其他相关部位的不平衡没有得到改善，将无法解决颈部的问题。明显的头部前倾常伴有胸椎后凸（驼背），为了代偿，颈椎不得不增加前凸的角度，否则眼睛只能看地板。所以如果胸椎后凸（驼背）的情况没有得到矫正，无论体态的矫正如何进行，颈椎过度前曲的问题都无法得到根本解决。

　　最后，根据评估标准，将测评结果填写至体态评估报告单，如图 8-10 所示。

体态评估报告

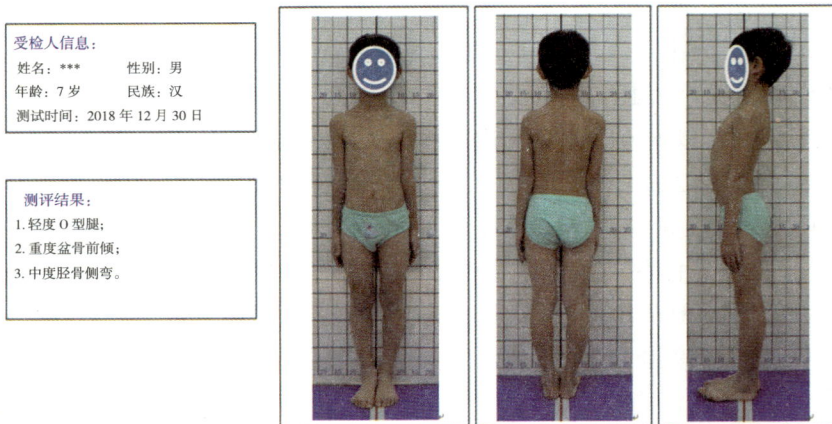

受检人信息：
姓名：***   性别：男
年龄：7 岁   民族：汉
测试时间：2018 年 12 月 30 日

测评结果：
1. 轻度 O 型腿；
2. 重度盆骨前倾；
3. 中度胫骨侧弯。

图 8-10　体态评估报告单

五、身体姿态的重要性

正面观标准体态，两肩峰连线是平行的，偏离越多，说明身高低肩越严重。高低肩是脊柱两侧肩部和颈部肌肉力量不均衡导致的，单肩背书包、坐姿不正确等都会导致肩部形态的改变。

侧面观头部的不良姿态主要有两种，即前倾和后仰。这两种不良姿态的形成都与颈部肌肉的紧张度有关。当深层颈屈肌力量不足，肌肉松弛的时候头部就会表现出后仰的姿态；当深层颈屈肌力量过强时，就会出现前倾的姿态。另外，颈椎的过度前弓也会导致头后仰的姿态，而颈椎曲度僵直则会导致头前倾的姿态。正常的颈椎形态是微微前凸，当头的位置越来越向前移动时，颈椎就会出现过度前曲，而头的位置每向前移动 1 mm，对颈椎的压力就会成倍地增加，会导致患颈椎病的概率成倍增加，出现头晕、头痛、脑部缺血缺氧等危害极大的症状。因此，保持正确的颈椎姿态是非常重要的。

肩胛骨如果前引就会形成圆肩的不良姿态，长期的圆肩可能导致胸椎后凸加剧，形成驼背。通过对肩脚骨位置的观察，我们可以判断该幼儿是否有圆肩的不良姿态。

骨盆的姿态与腰椎的状态有密切的关系。骨盆姿态的不正确分两种情况，即前倾和后倾。前倾会导致腰椎过度前凸，而后倾则会导致腰椎曲度变直，二者都会影响腰椎的正常功能。当骨盆位置发生变化离开中立位时，作为脊柱的末端，骨盆会逆向影响整个脊柱的正常生理弯曲。骨盆后倾的形成也与久坐有关。长期坐姿导致背部肌肉拉长、变得松弛，腘绳肌僵硬，导致骨盆产生后倾的问题。

背面观的评估能反映出脊柱两侧核心部位力量发展是否均衡。头侧倾主要是由于颈部两侧肌肉力量不平衡所致，需要进行针对性的伸展练习和力量练习，使两侧肌肉达到平衡。

脊柱侧弯分为结构性脊椎侧弯和非结构性脊椎侧弯。结构性脊椎侧弯是脊椎不可逆的侧弯合并椎体旋转，由先天性结构缺陷和遗传因素所致。非结构性脊椎侧弯又称功能性脊椎侧弯或姿势性脊椎侧弯，是一种可逆性的脊椎侧弯，长期姿态不良、扁平足、长短脚、书包长期侧背都会导致侧弯的发生。研究表明，由于女性的韧带及肌肉系统一般而言较男性弱，因此更容易出现脊柱侧弯。主要症状：轻者颈背酸痛、腰疼无力，重者心肺受制，功能失常，并可能有自主神经功能失调之现象。

骨盆的侧倾和脊柱侧弯有一定的关系，而腰部肌肉力量的不平衡也会导致脊柱侧弯发生，严重时会出现长短腿的情况，使本来长度几乎相同的两条腿在视觉上变成了长短腿，这种情况是可以通过训练改善的。

第三节　幼儿身体成分评估方法及标准

一、身体成分

身体成分是指人体内蛋白质（骨骼肌）、无机盐（骨骼）、体脂、水分等构成的比例。人体健康与组成成分有很大的关系，身体成分不均衡，可能导致肥胖、营养不良、骨质疏松、生长发育受限等多种问题。蛋白质是生命的物质基础，是人体细胞的重要组成部分，是人体组织更新和修补的主要原料。蛋白质含量的多少是反映人体营养状况、身体发育和健康程度的主要指标。无机盐是人体内无机物的总称，无机盐作为"建筑材料"，构成人体组织，维持人体正常的生理功能，对人体的作用几乎涵盖肌体所需的各个方面。无机盐和维生素一样，是人体必需的元素，无机盐无法自身产生、合成，主要从膳食物中获取。人体对无机盐的需求量虽然很少，但其对人体的生长发育起着重要的作用，如幼儿时期钙摄入不足，会导致生长发育迟缓、新骨结构异常、骨钙化不良、骨骼变形；锰摄入不足，会造成软骨和骨组织生长障碍，儿童发育停滞；锌摄入不足，会造成生长停滞、第二性征发育不全；铜可以有效促进骨骼强度，脑发育，免疫功能提升；锶可以有效地强壮骨骼，防治心血管病，促进新陈代谢；碘可以有效地促进蛋白合成，活化多种酶，加速生长发育；钒参与造血，促进生长发育；砷能改善造血功能，促进组织细胞生长；氟是形成坚硬骨骼和牙齿必不可少的元素。体脂是人体强大的能量储备库，参与人体能量代谢，脂肪还可以保护内脏，维持体温；身体必需的一些不能溶解于水、只能溶解于脂肪的维生素，还需借助脂肪，才能被身体吸收，身体内许多的代谢过程没有脂肪的参加也不能进行。所以，身体内的脂肪是必不可少的，但过多的脂肪会影响机体的代谢活动，产生许多疾病。体内多余的脂肪就是"死的体重"，是一种负担，它不仅会增加运动过程中的耗氧量，降低运动能力，还会大大增加患糖尿病、冠心病、高血压、胆囊疾病及某些癌症的风险。特别是内脏脂肪含量对人体健康的影响尤为明显。人体脂肪主要分布于皮下或内脏。内脏脂肪堆积过多会严重影响内脏器官的正常功能，进而诱发高血压、高血脂、脂肪肝等疾病。所以，内脏脂肪含量比皮下脂肪含量对人体健康的影响更大。体育活动可以有效增加参与者的肌肉含量、降低脂肪含量。机体运动时，交感神经兴奋和血浆中抗胰岛素激素，如儿茶酚胺、胰高血糖素、生长激素、糖皮质激素的浓度升高，抑制了胰岛素分泌。因此，随着运动强度的增大及运动时间的延长，血浆胰岛素浓度趋于下降，而运动引起儿茶酚胺和肾上腺皮质激素分泌增加，胰岛素分泌减少，促使脂肪水解过程的限速酶、甘油三a酶、细胞色素C氧化酶及柠檬酸合成酶活性增加。这些酶与脂肪的摄取、活化和动用有关，酶活性的提高会加速脂肪的水解。所以，运动能有效促进脂肪分解。人体水分含量与机体的新陈代谢及机能能力有着密切的关系，水分主要储存于骨骼肌当中，健康骨骼肌水分含量占73.3%，水分含量与体内骨骼肌含量成正比，与脂肪含量成反比，脂肪组织含水量很少。

二、幼儿身体成分的评估方法

身体成分的评估采用生物电阻抗分析仪进行，常用的为韩国产InBody系列人体成分分析仪。它采用8点接触式电极，通过6个不同的频率（1 kHz、5 kHz、50 kHz、250 kHz、500 kHz、1 000 kHz）分别在身份5个段部分（左肢位右上肢、躯干、左下肢、右下肢）进行30个阻抗测量，测量人体各部分的不同频率产生不同的阻抗得出相应体成分数据，如图8-11所示；并生成体成分数据报告，如图8-12所示。输出指标主要包括身体总水分、蛋白质、无机盐、体脂肪、体重、骨骼肌、身体质量指数（BMI）、体脂百分比、身高所处同龄区间、体重所处同龄区间、成长分数、体重控制、营养评估、肥胖评估、身体均衡评估、儿童肥胖度、基础代谢率。

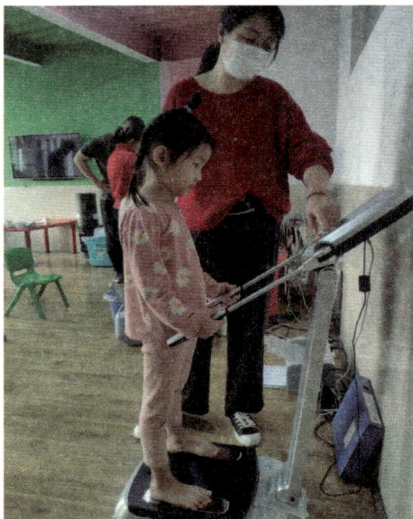

图8-11　身体成分评估

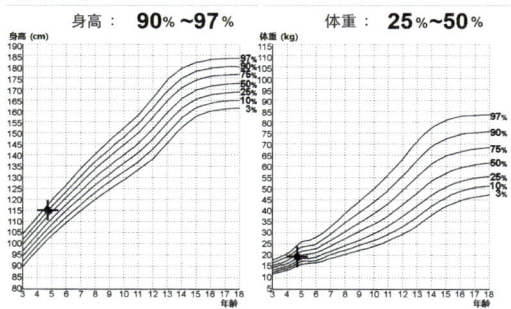

图 8-12　体态评估报告单

三、幼儿身体成分的评估标准

InBody 系列人体成分分析仪会根据被评估人的年龄、性别、身高、体重给出各指标相应的标准范围。由于不同年龄、性别、身高之间的标准范围各不相同，这里不再一一列举。

第四节　幼儿身体素质评估方法及标准

此项评估方法及标准参考《国民体质测定标准手册》（幼儿部分）制定。

一、适用对象的分组与测试指标

（一）适用对象的分组

1.分组和年龄范围

《国民体质测定标准手册》（幼儿部分）的适用对象为 3～6 周岁的中国幼儿。按年龄、性别分组，3～5 岁的幼儿每间隔半岁为一组；6 岁为一组。男女共计 14 组。

2.年龄计算方法

（1）3～5 岁，测试时已过当年生日且超过 6 个月：年龄＝测试年－出生年＋0.5；测试时已过当年生日且不满 6 个月：年龄＝测试年－出生年；测试时未过当年生日且距生日 6 个月以内：年龄＝测试年－出生年－0.5；测试时未过当年生日且距生日 6 个月以上：年龄＝测试年－出生年－1。

（2）6 岁，测试时已过当年生日：年龄＝测试年－出生年；测试时未过当年生日：年龄＝测试年－出生年－1。

（二）测试指标

测试指标包括 10 m 往返跑、立定跳远、网球掷远、双脚连续跳、坐位体前屈、走平衡木。

二、评估方法与评分标准

（一）测试方法

受试者在测试前应保持安静状态，不要从事剧烈的体力活动，穿着运动服和运动鞋参加测试。

1.10 m 折返跑

折返跑可反映人体的灵敏度，使用秒表测试。在平坦的地面上画长 10 m、宽 1.22 m 的直线跑道若干条，在每条跑道折返线处设一手触物体（如木箱），在跑道起终点线外 3 m 处画一条目标线，如图 8-13 所示。

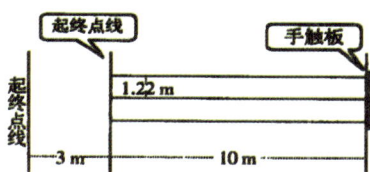

图 8-13　10 m 折返跑场地图

　　测试时，受试者至少两人一组进行测试，以站立式起跑姿势站在起跑线前，当听到"跑"的口令后，全力跑向折返线，测试员在看到旗动时开表计时。受试者跑到折返处，用手触摸物体后转身跑向目标线，当受试者的躯干到达终点线的垂直面时，测试员停表，如图 8-14 所示。记录以秒（s）为单位，保留小数点后一位。小数点后第二位数按"非零进一"的原则进位，如 10.11 s 被记录为 10.2 s。

图 8-14　10 m 折返跑测试

　　注意事项：受试者应全速跑，途中不得串道，接近终点时不要减速。在起终点处和目标线处不得站人，以免妨碍测试。

　　2.立定跳远

　　立定跳远可反映人体的爆发力，使用沙坑（距沙坑边缘 20 cm 处设立起跳线）或软地面、卷尺和三角板测试。测试时，受试者双脚自然分开，站立在起跳线后，摆动双臂，双脚蹬地尽力向前跳，测量起跳线距最近脚跟之间的直线距离，如图 8-15 所示。测试两次，取最大值，记录以厘米（cm）为单位，不计小数。

图 8-15　立定跳远测试

注意事项：受试者起跳时，不能有垫跳动作。

3. 网球掷远

网球掷远反映人体手臂和腰腹肌肉力量，使用网球和卷尺测试。在平坦地面上画一个长 2 m、宽 6 m 的长方形，在长方形内每隔 0.5 m 画一条横线，如图 8-16 所示，以一侧端线为投掷线。

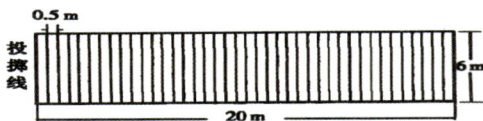

图 8-16　网球掷远测试场地

测试时，受试者身体面向投掷方向，双脚前后分开，站在投掷线后约一步距离，单手持球举过头顶，尽力向前掷出（图 8-17）。球掷出后，后脚可以向前迈出一步，但不能踩在或越过投掷线，有效成绩为投掷线至球着地点之间的直线距离。如果球的着地点在横线上，则记录该线所标示的数值；如果球的着地点在两条横线之间，则记录靠近投掷线的横线所标示的数值；如果球的着地点超过 20 m 长的测试场地，可用卷尺丈量；如果球的着地点超出场地的宽度，则重新投掷。测试两次，取最大值，记录以米（m）为单位。

图 8-17　网球掷远测试

注意事项：测试时，严禁幼儿进入投掷区，避免出现安全事故。

4. 脚连续跳

双脚连续跳可反映人体协调性和下肢肌肉力量，使用卷尺和秒表测试。在平坦地面上每隔 50 cm 画一条横线，共画 10 条，每条横线上横置一块软方包（长 10 cm、宽 5 cm、高 5 cm），在距离第一块软方包 20 cm 处设立起跑线，如图 8-18 所示。

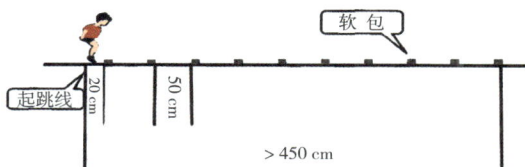

图 8-18　双脚连续跳测试场地

测试时，受试者双脚并拢站在起跳线上，当听到"开始"口令后，双脚同时起跳，双脚一次或两次跳过一块软方包，连续跳过 10 块软方包。测试员在受试者旗动时开表计时，当受试者跳过第十个软方包双脚落地时，测试员停表，如图 8-19 所示。测试两次，取最好成绩，记录以秒（s）为单位，保留小数点后一位，小数点后第二位数按"非零进一"的原则进位，如 10.1 s 被记录为 10.2 s。

图 8-19　双脚连续跳测试

5. 坐位体前屈

坐位体前屈可反映人体柔韧性，使用坐位体前屈测试仪测试。测试时，受试者坐在垫子上，双脚伸直，脚跟并拢，脚尖自然分开，全脚掌蹬在测试仪平板上；掌心向下，双臂并拢平伸，上体前屈，用双手中指指尖推动游标平滑前移，直至不能移动为止，如图 8-20 所示。测试两次，取最大值，记录以厘米（cm）为单位，保留小数点后一位。

图 8-20　坐位体前屈测试

209

注意事项：测试前，受试者应做准备活动，以防肌肉拉伤；测试时，膝关节不得弯曲，不得有突然前振的动作；记录时，正确填写正负号。

6.走平衡木

走平衡木可反映人体平衡能力，使用平衡木（长300 cm、宽10 cm、高30 cm；平衡木的两端为起点线和终点线，两端外各加一块长20 cm、宽20 cm、高30 cm的平台），如图8-21所示）和秒表测试。

图8-21　平衡木测试器材

测试时，受试者站在平台上，面向平衡木，双臂侧平举，当听到"开始"口令后前进。测试员在受试者旗动时开表计时，如图8-22所示，当受试者任意一个脚尖超过终点线时，测试员停表。测试两次，取最好成绩，记录以秒（s）为单位，保留小数点后一位，小数点后第二位数按"非零进一"的原则进位，如10.11 s被记录为10.2 s。

图8-22　走平衡木测试

注意事项：测试时，受试者如中途落地须重试。安排人员须对受试者进行保护。

（二）评分标准

采用单项评分和综合评级进行评定。

1.单项评分标准

各年龄段幼儿体能测试的项目包括10 m折返跑、立定跳远、网球掷远、双脚连续跳、坐位体前屈、走平衡木单项指标评分，采用5分制，如表8-3、表8-4、表8-5、表8-6、表8-7、表8-8、表8-9所示。

表8-3 3岁幼儿其他单项指标评分表

测试指标	1分	2分	3分	4分	5分
	男				
10 m 折返跑的时间 /s	15.8～12.9	12.8～10.3	10.2～9.1	8～9	<8
立定跳远的距离 /cm	21～29	30～42	43～58	59～76	>76
网球掷远的距离 /m	1.5	2～2.5	3～3.5	4～5.5	>5.5
双脚连续跳的时间 /s	25～19.7	19.6～13.1	13～9.2	9.1～6.6	<6.6
坐位体前屈的距离 /cm	2.9～4.8	4.9～8.5	8.6～11.6	11.7～14.9	>14.9
走平衡木的时间 /s	48.5～30.1	30～16.9	16.8～10.6	10.5～6.6	<6.6
测试指标	1分	2分	3分	4分	5分
	女				
10 m 折返跑的时间 /s	16.8～13.5	13.4～10.6	10.5～9.4	9.3～8.2	<8.2
立定跳远的距离 /cm	21～28	29～39	40～54	55～71	>71
网球掷远的距离 /m	1	1.5～2	2.5～3	3.5～5	>5
双脚连续跳的时间 /s	25.9～20.1	20～13.5	13.4～9.8	7.1～9.7	<7.1
坐位体前屈的距离 /cm	3.2～6.2	9.9～6.3	12.9～10	13～15.9	>15.9
走平衡木的时间 /s	49.8～32.5	32.4～17.4	17.3～10.8	6.9～10.7	<6.9

表8-4 3.5岁幼儿其他单项指标评分表

测试指标	1分	2分	3分	4分	5分
	男				
10 m 折返跑的时间 /s	14～11.4	11.3～9.5	9.4～8.4	8.3～7.5	< 7.5
立定跳远的距离 /cm	27～34	35～52	53～69	70～84	>84
网球掷远的距离 /m	1.5	2～2.5	3～4	4.5～5.5	> 5.5
双脚连续跳的时间 /s	21.8～17	16.9～11.2	11.1～8.3	8.2～6.1	< 6.1
坐位体前屈的距离 /cm	2.7～4.6	4.7～8.4	8.5～11.5	11.6～14.9	> 14.9
走平衡木的时间 /s	41.1～27.1	27～15.1	15～9.4	9.3～5.9	<5.9
	女				
10 m 折返跑的时间 /s	12.1～14.9	12～9.8	9.7～8.7	8.6～7.7	<7.7
立定跳远的距离 /cm	25～33	34～49	50～64	65～81	>81
网球掷远的距离 /m	1.5	2～2.5	3～3.5	4～5	> 5
双脚连续跳的时间 /s	17.1～21.9	11.3～17	8.5～11.2	6.2～8.4	<6.2
坐位体前屈的距离 /cm	3.5～6.2	6.3～9.9	10～12.9	13～15.9	>15.9
走平衡木的时间 /s	27.5～40.4	15.1～27.4	9.7～15	6.1～9.6	< 6.1

表8-5 4岁幼儿其他单项指标评分表

测试指标	1分	2分	3分	4分	5分
	男				
10 m折返跑的时间 /s	12.4～10.2	10.1～8.6	8.5～7.7	7.6～6.9	<6.9
立定跳远的距离 /cm	35～46	47～64	65～79	80～95	>95
网球掷远的距离 /m	2～2.5	3～3.5	4～4.5	5～6	>6
双脚连续跳的时间 /s	17～13.2	13.1～9.2	9.1～7.1	7～5.6	<5.6
坐位体前屈的距离 /cm	2.4～4.4	4.5～8.4	8.5～11.4	11.5～14.9	>14.9
走平衡木的时间 /s	33.2～21.6	21.5～11.6	11.5～7.4	7.3～4.9	<4.9
	女				
10 m折返跑的时间 /s	13.2～10.9	10.8～9.1	9～8.1	8～7.2	<7.2
立定跳远的距离 /cm	32～43	44～59	60～73	74～89	>89
网球掷远的距离 /m	2	2.5～3	3.5～4	4.5～5	>5
双脚连续跳的时间 /s	17.2～13.5	13.4～9.6	9.5～7.4	7.3～5.9	<5.9
坐位体前屈的距离 /cm	3.4～5.9	6～9.9	10～12.9	13～15.9	>15.9
走平衡木的时间 /s	32.2～22.6	22.5～12.3	12.2～8.2	8.1～5.3	<5.3

表8-6 4.5岁幼儿其他单项指标评分表

测试指标	1分	2分	3分	4分	5分
	男				
10 m折返跑的时间 /s	11.8～9.8	9.7～8.1	8～7.3	7.2～6.7	<6.7
立定跳远的距离 /cm	40～54	55～72	73～88	89～102	>102
网球掷远的距离 /m	2.5	3～4	4.5～6	6.5～8	>8
双脚连续跳的时间 /s	14.5～11.3	11.2～8.2	8.1～6.5	6.4～5.3	<5.3
坐位体前屈的距离 /cm	1.8～4.1	4.2～7.9	8～10.9	11～14.4	>14.4
走平衡木的时间 /s	28.4～17.9	17.8～9.7	9.6～6.3	6.2～4.3	<4.3
	女				
10 m折返跑的时间 /s	12.4～10.3	10.2～8.6	8.5～7.7	7.6～7	<7
立定跳远的距离 /cm	40～49	50～67	68～80	81～96	>96
网球掷远的距离 /m	2	2.5～3	3.5～4	4.5～5.5	>5.5
双脚连续跳的时间 /s	14.9～12	11.9～8.6	8.5～6.8	6.7～5.5	<5.5
坐位体前屈的距离 /cm	3～5.9	6～9.9	10～12.9	13～16	>16
走平衡木的时间 /s	26.5～18.7	18.6～10.2	10.1～7	6.9～4.7	<4.7

表8-7　5岁幼儿其他单项指标评分表

测试指标	1分	2分	3分	4分	5分
	男				
10 m 折返跑的时间 /s	10.3 ～ 9	8.9 ～ 7.7	7.6 ～ 7	6.9 ～ 6.4	<6.4
立定跳远的距离 /cm	50 ～ 64	65 ～ 79	80 ～ 95	95 ～ 110	>110
网球掷远的距离 /m	3 ～ 3.5	4 ～ 5	5.5 ～ 7	7.5 ～ 9	> 9
双脚连续跳的时间 /s	12.5 ～ 9.9	9.8 ～ 7.3	7.2 ～ 6	5.9 ～ 5.1	< 5.1
坐位体前屈的距离 /cm	1.1 ～ 3.4	3.5 ～ 7.5	7.6 ～ 10.9	11 ～ 14.4	> 14.4
走平衡木的时间 /s	22.2 ～ 14.1	14 ～ 7.9	7.8 ～ 5.3	5.2 ～ 3.7	<3.7
	女				
10 m 折返跑的时间 /s	11.2 ～ 9.7	9.6 ～ 8.1	8 ～ 7.3	7.2 ～ 6.7	< 6.7
立定跳远的距离 /cm	50 ～ 59	60 ～ 74	75 ～ 88	89 ～ 102	>102
网球掷远的距离 /m	2.5 ～ 3	3.5 ～ 4	4.5 ～ 6	6.5 ～ 8.5	> 8.5
双脚连续跳的时间 /s	12.7 ～ 10.1	10 ～ 7.6	7.5 ～ 6.2	6.1 ～ 5.2	< 5.2
坐位体前屈的距离 /cm	3 ～ 5.4	5.5 ～ 9.6	9.7 ～ 13.1	13.2 ～ 16.6	>16.6
走平衡木的时间 /s	23.7 ～ 14.1	14 ～ 8.3	8.2 ～ 5.8	5.7 ～ 4.1	< 4.1

表8-8　5.5岁幼儿其他单项指标评分表

测试指标	1分	2分	3分	4分	5分
	男				
10 m 折返跑的时间 /s	10 ～ 8.6	8.5 ～ 7.4	7.3 ～ 6.8	6.7 ～ 6.2	<6.2
立定跳远的距离 /cm	56 ～ 69	70 ～ 89	90 ～ 102	103 ～ 119	>119
网球掷远的距离 /m	3 ～ 3.5	4 ～ 5.5	6 ～ 7.5	8 ～ 10.0	> 10
双脚连续跳的时间 /s	11.9 ～ 9.4	9.3 ～ 6.9	6.8 ～ 5.7	5.6 ～ 4.9	< 4.9
坐位体前屈的距离 /cm	1 ～ 3.2	3.3 ～ 7.5	7.6 ～ 10.9	11 ～ 14.4	>14.4
走平衡木的时间 /s	19.2 ～ 12.1	12 ～ 6.8	6.7 ～ 4.6	4.5 ～ 3.3	< 3.3
	女				
10 m 折返跑的时间 /s	10.5 ～ 9.1	9 ～ 7.7	7.6 ～ 7	6.9 ～ 6.4	<6.4
立定跳远的距离 /cm	54 ～ 65	66 ～ 81	82 ～ 95	96 ～ 109	>109
网球掷远的距离 /m	3	3.5 ～ 4.5	5 ～ 6	6.5 ～ 8.5	>8.5
双脚连续跳的时间 /s	11.5 ～ 9.3	9.2 ～ 7	6.9 ～ 5.8	5.7 ～ 4.9	< 4.9
坐位体前屈的距离 /cm	3 ～ 5.4	5.5 ～ 9.6	9.7 ～ 12.9	13 ～ 16.7	>16.7
走平衡木的时间 /s	20.1 ～ 12.6	12.5 ～ 75	7.4 ～ 5.1	5 ～ 3.6	< 3.6

表8-9　6岁幼儿其他单项指标评分表

测试指标	1分	2分	3分	4分	5分
	男				
10 m 折返跑的时间 /s	9.4～8	7.9～6.9	6.8～6.3	6.2～5.8	<5.8
立定跳远的距离 /cm	61～78	79～94	95～110	111～127	>127
网球掷远的距离 /m	3.5～4	4.5～6.5	7～9	9.5～12	>12
双脚连续跳的时间 /s	10.4～8.3	8.2～6.2	6.1～5.2	5.1～4.4	<4.4
坐位体前屈的距离 /cm	1～3.1	3.2～7	7.1～10.4	10.5～14.4	>14.4
走平衡木的时间 /s	16～9.4	9.3～5.4	5.3～3.8	3.7～2.7	<2.7
	女				
10 m 折返跑的时间 /s	10.2～8.6	8.5～7.3	7.2～6.6	6.5～6.1	<6.1
立定跳远的距离 /cm	60～70	71～86	87～100	101～116	>116
网球掷远的距离 /m	3	3.5～4.5	5～6	6.5～8	>8
双脚连续跳的时间 /s	10.5～8.4	8.3～6.3	6.2～5.3	5.2～4.6	<4.6
坐位体前屈的距离 /cm	3～5.3	5.4～9.5	9.6～12.9	13～16.7	>16.7
走平衡木的时间 /s	17～10.8	10.7～6.2	6.1～4.3	4.2～3	<3

2.综合评级标准

综合评级，根据受试者各单项得分之和确定，共分四个等级：一级（优秀）、二级（良好）、三级（合格）、四级（不合格）。任意一项指标无分者，不进行综合评级，如表8-10所示。

表8-10　综合评级标准

等　级	评　分
一级（优秀）	>31 分
二级（良好）	28～31 分
三级（合格）	20～27 分
四级（不合格）	<20 分

第五节　幼儿感觉统合系统评估方法及标准

幼儿感觉统合能力可以有效地反应幼儿大脑、智力发展水平，所以幼儿的感觉统合能力评估非常重要。研究中常常用"儿童感觉统合能力发展评定量表"对幼儿感觉统合能力进行评估，但在实际的使用过程中发现两个问题：一是同一个孩子让父母同一时间背对背填写量表，最后的评估结果差异很大；二是量表问题较多，必须由幼儿家长填写，不便于教师及时了解孩子的感觉统合能力。经过研究发现，前庭觉发展水平与幼儿平衡能力高度相关，本体觉发展水平与幼儿动作协调性高度相关，触觉发展水平与幼儿身体敏感性高度相关。为了快速、便捷地评估幼儿的感觉综合能力的发展水平，有针对性地解决幼儿生长发育中的问题，本研究团队依据幼儿动作发展规律，创建了"儿童感觉统合能力发展评定动作"。具体方法有如下两种。

一、问卷评估方法与评分标准

（一）问卷评估方法

幼儿感觉统合系统评估方法长期以来一直使用"儿童感觉统合能力发展评定量表"进行评价，如表 8-11 所示。该量表共 47 道选择题，从前庭功能、触觉防御、本体感觉三个维度出发对儿童的感觉统合能力进行评价。该量表由儿童的监护人填写，以儿童近一个月的情况为判断依据。

表8-11 儿童感觉统合能力发展评定量表

综合能力	题号	内 容	选项说明				
			从不	很少	有时	常常	总是
前庭功能	1	特别爱玩会旋转的凳椅或游乐设施，且不会晕。	5	4	3	2	1
	2	喜欢旋转或绕圈子跑，且不晕不累。	5	4	3	2	1
	3	即使看到了还是会经常碰撞到桌椅、旁人、柱子、门墙。	5	4	3	2	1
	4	行动、吃饭、敲鼓、画画时双手不协调，两边难以同步进行。	5	4	3	2	1
	5	手脚笨拙，容易跌倒，拉他时仍显得笨重。	5	4	3	2	1
	6	俯卧地板和床上时，头、颈、胸无法抬高。	5	4	3	2	1
	7	喜欢爬上爬下、跑进跑出，不听劝阻。	5	4	3	2	1
	8	经常不安地乱动，东摸西扯，不听劝阻，处罚无效。	5	4	3	2	1
	9	喜欢惹人、捣蛋、恶作剧。	5	4	3	2	1
	10	经常自言自语，重复别人的话，并且喜欢背诵广告语言。	5	4	3	2	1
	11	表面左撇子，其实左手、右手都用，而且无固定使用哪只手。	5	4	3	2	1
	12	分不清左、右方向，鞋子、衣服常常穿反。	5	4	3	2	1
	13	不敢坐陌生地方的电梯，或很难适应。	5	4	3	2	1
	14	组织力不佳，经常弄乱东西，不喜欢整理自己的环境。	5	4	3	2	1
	15	对亲人特别暴躁，强词夺理，到陌生环境则害怕。	5	4	3	2	1
	16	害怕到新场合，常常不久就要求离开。	5	4	3	2	1
	17	偏食、挑食，不吃青菜或软皮。	5	4	3	2	1

综合能力	题号	内　容	选项说明				
			从不	很少	有时	常常	总是
前庭功能	18	害羞不安，喜欢孤独，不爱和别人玩。	5	4	3	2	1
	19	容易粘妈妈或固定某个人，不喜欢陌生环境。	5	4	3	2	1
触觉防御	20	看电视或听故事，容易大受感动，大叫或大笑，害怕恐怖镜头。	5	4	3	2	1
	21	严重怕黑，不喜欢一个人待在屋子里，到处要人陪。	5	4	3	2	1
	22	早上赖床，晚上睡不着，上学前常拒绝到校，放学后不想回家。	5	4	3	2	1
	23	容易生小病，生病后不想上学，常常没有原因就拒绝上学。	5	4	3	2	1
	24	常吸吮手指或咬指甲，不喜欢别人帮忙剪指甲。	5	4	3	2	1
	25	换床睡不着，不能换被子或睡衣，外出常担心睡眠问题。	5	4	3	2	1
	26	独占性强，别人碰他的东西，他常会无缘无故地发脾气。	5	4	3	2	1
	27	不喜欢和别人聊天，不喜欢和别人玩触碰游戏，不喜欢洗脸和洗澡。	5	4	3	2	1
	28	过分保护自己的东西，尤其讨厌别人从后面接近他。	5	4	3	2	1
	29	怕玩沙土、水，有洁癖倾向。	5	4	3	2	1
	30	不喜欢直接视觉接触，常必须用手来表达其所需。	5	4	3	2	1
	31	对危险和疼痛反应迟钝或反应过于激烈。	5	4	3	2	1
	32	听而不见，过分安静，表情冷漠又常无故嬉笑。	5	4	3	2	1
	33	过度安静或坚持奇怪玩法。	5	4	3	2	1
	34	喜欢咬人，并且常咬固定的友伴，无故碰坏东西。	5	4	3	2	1
	35	内向、软弱、爱哭，又常会触摸生殖器官。	5	4	3	2	1
本体感觉	36	穿脱衣裤、扣纽扣、拉拉链等动作缓慢、笨拙。	5	4	3	2	1
	37	顽固、偏执、不合群、孤僻。	5	4	3	2	1
	38	吃饭时常掉饭粒，口水控制不住。	5	4	3	2	1
	39	语言不清，发音不佳，语言能力发展缓慢。	5	4	3	2	1
	40	懒惰，动作慢，做事没有效率。	5	4	3	2	1
	41	不喜欢翻跟头、打滚、爬高。	5	4	3	2	1
	42	上幼儿园不会洗手、擦脸、剪纸及自己擦屁股。	5	4	3	2	1
	43	上幼儿园中、大班仍无法使用筷子，不会拿笔，不敢攀爬或荡秋千。	5	4	3	2	1
	44	对小伤特别敏感，过度依赖他人照料。	5	4	3	2	1
	45	不善于玩积木、组合东西、排队、投球。	5	4	3	2	1
	46	怕爬高，拒走平衡木。	5	4	3	2	1
	47	到陌生环境很容易迷失方向。	5	4	3	2	1

（二）评分标准

"儿童感觉统合能力发展评定量表"各题按"从不、很少、有时、常常、总是"1~5级评分，最低为1分，最高为5分，评定结束后将各项原始分数转换成标准分数，转换方法如表8-12所示。各项标准分 > 40分为正常，30 < 任一单项标准分 ≤ 40分为轻度失调，20 < 任一单项标准分 ≤ 30分为中度失调，≤ 20分为重度失调。三个维度中只要有一项异常者即判定为感觉统合失调；若多项失调，并且严重程度不一样，以最重失调程度的项目作为综合评价结果。

表8-12　幼儿感觉统合能力发展评定量表原始分与标准分转换表

标准分	3 岁组原始分			4 岁组原始分			5 岁组原始分			6 岁组原始分		
	前庭	触觉	本体	前庭	触觉	本体	前庭	触觉	本体	前庭	触觉	本体
10	29	44	23	27	45	26	29	50	24	30	51	31
11	29	45	24	28	45	27	30	51	25	30	52	31
12	30	46	24	29	46	28	30	52	26	31	53	32
13	30	47	25	29	47	28	31	52	27	32	54	32
14	31	48	26	30	48	29	32	53	27	33	55	33
15	32	49	27	31	49	29	32	54	28	34	56	33
16	33	50	27	31	50	30	33	55	28	34	57	34
17	33	51	28	32	51	30	34	56	28	35	58	34
18	34	52	28	32	52	31	34	56	29	35	58	35
19	34	53	29	33	53	31	35	57	30	36	59	35
20	35	54	30	33	54	32	36	58	31	37	60	36
21	36	55	30	34	55	32	36	59	32	37	61	36
22	36	56	31	34	56	33	37	60	33	38	62	37
23	37	57	32	34	57	33	38	61	33	38	63	37
24	37	58	33	36	58	34	39	62	34	39	64	38
25	38	59	33	36	59	34	39	63	34	40	65	38
26	39	60	34	37	60	35	40	63	35	40	66	39
27	39	61	35	37	61	35	40	64	36	41	67	39
28	40	62	35	38	62	36	41	65	37	42	68	40
29	40	63	36	39	63	36	42	65	37	42	69	40
30	41	64	37	39	64	37	42	67	38	43	70	41
31	42	65	37	40	65	38	43	67	38	44	71	41
32	42	66	38	40	66	39	43	68	39	45	72	42
33	43	67	38	41	67	39	44	69	39	45	73	42

标准分	3 岁组原始分			4 岁组原始分			5 岁组原始分			6 岁组原始分		
	前庭	触觉	本体	前庭	触觉	本体	前庭	触觉	本体	前庭	触觉	本体
34	43	68	39	42	68	40	44	70	40	46	74	43
35	44	69	40	43	69	41	45	71	41	47	75	43
36	44	70	41	43	69	41	46	72	42	48	76	44
37	45	71	41	44	70	42	46	73	43	49	78	44
38	46	72	42	45	71	42	47	73	43	49	79	45
39	46	73	43	45	72	43	47	74	44	50	80	45
40	47	74	43	46	73	43	48	74	44	50	81	46
41	47	75	44	47	74	44	49	75	45	50	81	46
42	48	76	44	48	75	44	49	76	45	51	82	47
43	49	77	45	48	76	45	50	77	46	52	83	47
44	49	78	46	49	77	46	51	78	47	53	84	48
45	50	79	46	49	78	46	51	79	47	54	85	49
46	50	80	47	49	78	47	52	80	48	55	86	50
47	51	82	47	50	79	47	53	81	48	55	87	50
48	52	83	48	51	80	48	53	82	49	56	88	51
49	52	84	49	52	80	49	54	83	49	56	88	51
50	53	85	50	52	81	49	54	84	50	57	89	52
51	54	86	50	53	82	50	55	85	51	58	90	52
52	54	87	51	53	83	51	56	86	52	59	90	53
53	55	88	52	54	84	51	57	87	53	59	91	53
54	55	89	53	54	85	52	57	88	53	60	92	54
55	56	90	53	55	86	52	58	89	54	60	93	54
56	56	91	54	55	87	53	58	89	54	61	94	55
57	57	92	54	56	88	53	59	90	55	62	95	55
58	57	93	55	57	89	54	59	91	56	62	96	56
59	58	94	56	57	90	54	60	92	56	63	97	57
60	59	95	56	58	91	55	61	93	57	64	98	57
61	59	96	57	59	92	56	62	93	57	64	99	57
62	60	97	58	59	93	56	62	94	58	65	100	58
63	61	98	58	60	94	57	63	95	59	65	101	58
64	62	99	59	60	95	57	64	96	59	66	102	59
65	62	100	60	61	96	58	64	97	60	67	103	59

续 表

标准分	3 岁组原始分			4 岁组原始分			5 岁组原始分			6 岁组原始分		
	前庭	触觉	本体	前庭	触觉	本体	前庭	触觉	本体	前庭	触觉	本体
66	63	101	60	62	97	58	65	97		68	104	60
67	63	102		63	97	59	65	98		69	105	
68	64	103		64	98	60	66	99		69	105	
69	64	104		65	99		66	100		70		
70	65	105		65	100		67	101				

二、动作评估方法与评分标准

"儿童感觉统合能力发展评定动作"是基于幼儿的动作发展规律和感觉统合与动作之间的相关性设计的一套简单、易操作，直接对幼儿进行感统评估的方法。

（一）前庭觉评估方法与评分标准

1.静态前庭觉评估方法与评分标准（3～6岁）

评估方法：幼儿面向墙，左腿单腿支撑，右腿屈膝抬起，双手侧平举，保持平衡，如图 8-23 所示。教师在幼儿右腿抬起后开始计时，右脚落地停止计时，保持 50 s 即可停止，每个幼儿测试 2 次，取最好成绩。

图 8-23 静态前庭觉评估

评估标准：保持 1 s，记 2 分，保持平衡 50 s，记 100 分。

2.动态前庭觉评估方法与评分标准（3～6岁）

评估方法：将 10 块瑜伽砖竖着摆放在一条直线上，每块间隔 10 cm，要求幼儿一步一块连续从瑜伽砖上走过，如图 8-24 所示。每个幼儿测试 2 次，取最好成绩。

图 8-24　动态前庭觉评估

评估标准：一步一块连续平稳地通过记满分 100 分，掉下 1 次扣 10 分，中间停顿 1 次扣 5 分，累计扣分；没有办法一步一块地通过记 0 分。

（二）触觉评估方法与评分标准

评估方法：触觉的评估是在前庭觉和本体觉的评估过程中通过观察幼儿的表现来完成的，主要通过观察幼儿对评估的适应性、手脚是否有多余动作、胆量、语言表达等。

评估标准：测试人员在让幼儿立正，询问其姓名时，幼儿可以与测试人员对视并大声、清晰地说出自己的名字，幼儿双脚稳定站立、双手放于身体两侧没有多余动作记 100 分；幼儿拘谨、胆怯，不敢与测试人员对视扣 20 分；幼儿回答自己姓名时声音很小，连续几次都听不清楚扣 20 分；在询问幼儿姓名时，幼儿过于安静，手拉扯自己的衣角，双脚或双腿相互磨蹭扣 20 分；幼儿对评估环境反应过于激烈、胆怯、哭泣、不愿意、不配合记 0 分。

评估结束后，测试人员根据幼儿各项得分生成评估报告，如图 8-25、图 8-26 所示。各项得分相加后除以测试项数为综合得分，综合得分 ≥ 90 为优秀，75 ≤ 综合得分 < 90 分为良好，60 ≤ 综合得分 < 75 分为中等，综合得分 < 60 分为差。

图 8-25　3 岁幼儿感觉统合系统评估报告

---

① 4 岁以下幼儿不测上肢。

图 8-26　5 岁幼儿感觉统合系统评估报告

（三）本体觉评估方法与评分标准

1.下肢本体觉评估方法与评分标准（3～4 岁）

评估方法：幼儿双脚并拢，连续跳过 5 个 30 cm 的方格，双脚同时离地和落地，如图 8-27 所示。每个幼儿测试 2 次，取最好的成绩。

图 8-27　3～4 岁下肢本体觉评估

评估标准：幼儿双脚并拢连续跳过 5 个方格，做到双脚同时离地和落地，不出格、不踩线记 100 分，出格踩线 1 次扣 20 分，中间停顿 1 次扣 10 分，双脚分开 1 次扣 10 分，累计扣分，双脚无法做到同时离地或落地记 0 分。

2.下肢本体觉评估方法与评分标准（5～6 岁）

评估方法：双脚并拢站于"1"字上，按顺序连续跳跃 5 个循环，中间不能停顿，不能转向，顺序不能出错，双脚不能分开，要做到双脚同时起跳、同时落地，如图 8-28 所示。每个幼儿测试 2 次，取最好的成绩。

图 8-28　5～6 岁下肢本体觉评估

评估标准：幼儿能够做到双脚不分开，同时起跳，同时落地，不转向，不踩线，按顺序连续完成 5 个循环记 100 分，踩线 1 次扣 20 分，停顿 1 次扣 10 分，双脚分开 1 次扣 10 分，累计扣分，双脚无法做到同时离地或落地记 0 分，按顺序 1 次都无法完成记 0 分。

3. 上肢本体觉评估方法与评分标准（5～6 岁）

上肢本体觉只评估 5～6 岁的幼儿，这是因为 3～4 岁的幼儿的视力发展还不够完善，只是成人水平的一半，在进行较为精细的眼手配合操作时还不能胜任，所以 3～4 岁幼儿不测试上肢本体觉。

评估方法：幼儿双脚开立，双手持沙包至胸前，垂直上抛 1 m，沙包落下时，双手接住，反复循环 5 次，如图 8-29 所示。每个幼儿测试 2 次，取最好的成绩。

图 8-29　5～6 岁上肢本体觉评估

评估标准：双脚稳定不移动，抛起高度约 1 m，双手稳稳接住连续完成 5 次记 100 分，双手未接住 1 次扣 20 分，双手接住但脚有移动扣 10 分，双手未接住同时脚有移动扣 20 分，靠胸把沙包抱住扣 5 分，累计扣分，评估中上抛高度不够不计分。

参考文献

[1] Bertenthal B, Boker S, Steven M. New Paradigms and New Issues: A Comment on Emerging Themes in the Study of Motor Development[J].*Monographs of the Society for Research in Child Development*, 1997, *62* (3) : 141–151.

[2] Cairney J, Veldhuizen S, Szatmari P. Motor Coordination and Emotional-Behavioral Problems in Children[J].*Current Opinion in Psychiatry*, 2010, 23: 324–329.

[3] Clark J E, Withal J. What Is Motor Development: The Lessons of History[J].*Quest*, 1990, 41: 183–202.

[4] Fisher A, Reilly J J, Kelly L A, et al. Fundamental Movement Skills and Habitual Physical Activity in Young Children[J].*Medicine & Science in Sports & Exercise*, 2005, *37*(4) : 684–688.

[5] Goodway J D, Crowe H, Ward P. Effects of Motor Skill Instruction on Fundamental Motor Skill Development [J].*Adapted Physical Activity Quarterly*, 2003(20): 298–314.

[6] Greg P, Larry D I. *Human Motor Development: A Lifespan Approach*[M].NewYork: Mc Graw-Hill, 2012.

[7] Jan Piek J P, Dawson L, Smith L M, et al. The Role of Early Fine and Gross Motor Development on Later Motor and Cognitive Ability[J].*Human Movement Science*, 2007, *27*(5) : 668–681.

[8] Rigoli D, Piek J P, Kane R. Motor Skills and Psychosocial Correlates in a Normal Adolescent Sample[J]. *Pediatrics*, 2012, 10: 892–900.

[9] Russell D, Palisano R, Walter S, et al. Evaluation Motor Function in Children with Down Syndrome: Alidity of the GMFM[J].*Developmental Medicine & Child Neurology*, 1998, *40*(10) : 693–701.

[10] Schulz J, Henderson S E, Sugden D A, et al. Structural Validity of the Movement ABC-2 Test: Factor Structure Comparisons Across Three Age Groups[J].*Research in Developmental Disabilities*, 2011, *32*(4) : 1361–1369.

[11] 董奇 , 陶沙 . 动作与心理发展 [M]. 北京 : 北京师范大学出版社 , 2004.

[12] 韩赛妮 . 气排球游戏对 5 ～ 6 岁幼儿粗大动作发展的影响 [D]. 杭州 : 浙江大学 , 2017.

[13] 胡水清 , 王欢 , 李一辰 . 北京市 3 ～ 6 岁儿童国民体质测试成绩与粗大动作技能发展的关

系 [J]. 中国体育科技 , 2018, 54(5) : 32–37.

[14] 纪仲秋 , 龚摇睿 , 葛红燕 , 等 . 足球教学对儿童动作发展的影响 [J]. 成都体育学院学报 ,
2015, 46(6) : 115–121.

[15] 李静 , 刁玉翠 . 3 ～ 10 岁儿童基本动作技能发展比较研究 [J]. 中国体育科技 , 2013, (49) 3:
129–132.

[16] 李静 , 刁玉翠 , 孙梦梦 , 等 . 3 ～ 5 岁幼儿基本动作技能与体能的关系研究 [J]. 中国体育科技 ,
2019, 55(6) : 52–58.

[17] 李亚梦 , 孙李 , 姜稳 , 等 . 3 ～ 5 岁幼儿大肌肉动作发展与体适能水平的相关性 [J]. 中国学
校卫生 , 2019, 40(8) : 1194–1199.

[18] 李阳 . 幼儿基本动作的发展干预研究 [D]. 北京 : 北京体育大学 , 2020.

[19] 林崇德 . 教育与发展 [M]. 北京 : 北京师范大学出版社 , 2013.

[20] 刘涛 . 粗大动作练习对学龄前儿童身体素质发展的实验研究 [D]. 北京 : 北京体育大学 , 2017.

[21] 宁科 , 沈信生 , 邵晓军 . 3 ～ 6 岁幼儿移动性动作发展与感知身体能力关系的实证研究 [J].
北京体育大学学报 , 2016, 39(12) : 74–81.

[22] 任园春 , 赵琳琳 , 王芳 , 等 . 不同大肌肉动作发展水平儿童体质、行为及认知功能特点 [J].
北京体育大学学报 , 2013, 36(3) : 79–84.

[23] 苏亚斌 . 北京市 3 ～ 6 岁幼儿粗大动作发展现状研究 [D]. 北京 : 首都体育学院 , 2018.

[24] 孙启成 , 刘金富 , 朱小烽 . 动作发展视域下幼儿足球促进粗大动作发展水平研究 [J]. 浙江
体育科学 , 2020, 42(3) : 57–63.

[25] 唐怡 . 幼儿教师体育活动中对幼儿基本动作指导的研究 [D]. 成都 : 四川师范大学 , 2017.

[26] 陶宏 . 幼儿体育教学活动实践手册 [M]. 上海 : 华东师范大学出版社 , 2017.

[27] 王军朝 . 动作发展视角下 3 ～ 6 岁幼儿体育教学模式的研究 [D]. 长春 : 吉林体育学院 ,
2017.

[28] 王兴泽 . 人类动作发展视野下的体育与健康课程标准研究 [M]. 北京 : 北京体育大学出版社 ,
2017.

[29] 王雪芹 , 杨涛 , 陈士强 , 等 . 多元体育活动模块促进 4 ～ 5 岁幼儿粗大动作发展的实证研
究 [J]. 西安体育学院学报 , 2020(4) : 480–487.

[30] 吴升扣 , 姜桂萍 , 龚睿 , 等 . 3 ～ 6 岁幼儿本体感觉能力和粗大动作发展水平的特征及相关
性研究 [J]. 体育学刊 , 2016, 23(1) : 131–135.

[31] 吴升扣 , 张首文 , 邢新菊 . 动作发展视角下幼儿体育与健康领域学习目标的国际比较研究
[J]. 成都体育学院学报 , 2014, 40(5) : 75–80.

[32] 吴升扣 , 姜桂萍 , 张首文 , 等 . 3 ～ 6 岁幼儿静态平衡能力特征及粗大动作发展水平研究 [J].
中国运动医学杂志 , 2014, 33(7) : 651–657.

[33] 熊雷欣，夏巍，卢清．南充市 3 ～ 6 岁幼儿精细动作发展水平调查 [J]．陕西学前师范学院学报，2015, 31(5)：22–25.

[34] 许慧敏．动作技能发展视角下幼儿体育游戏实施效果的实证研究 [D]．北京：北京体育大学，2017.

[35] 杨清轩．动作发展视域下学前儿童大肌肉动作发展的实验干预 [J]．西安体育学院学报，2017, 34(3)：341–347.

[36] 姚雨杰．小学生精细动作协调能力与身体素质间的关系研究 [D]．苏州：苏州大学，2017.

[37] 张莹．动作发展视角下的幼儿体育活动内容实证研究 [J]．北京体育大学报，2012, 35(3)：133–140.

[38] 张英波．动作学习与控制 [M]．北京：北京体育大学出版社，2012.

[39] 中共中央，国务院．中共中央国务院印发《"健康中国 2030"规划纲要 (2016–10–25) [2022–04–20]. http://www.gov.cn/xinwen/2016–10/25/content_5124174.htm. 袁振国．当代教育学 [M]．北京：教育科学出版社，2005.

[40] 中华人民共和国教育部．教育部关于印发《3 ～ 6 岁幼儿学习与发展指南》的通知 [EB/OL].(2012–10–09) [2022–03–15].http://www.moe.gov.cn/srcsite/A06/s3327/201210/t20121009_143254.html.

[41] 中华人民共和国教育部．3 ～ 6 岁儿童学习与发展指南 [M]．北京：首都师范大学出版社，2012.

[42] 中华人民共和国教育部．幼儿园工作规程 [EB/OL].(2016–03–01) [2022–03–12]. http://www.moe.gov.cn/srcsite/A02/s5911/moe_621/201602/t20160229_231184.html.

[43] 支运朋．3 ～ 6 岁儿童基本动作技能发展与静态平衡能力的相关性研究 [D]．济南：山东师范大学，2017.

[44] 祝大鹏．儿童动作发展的理论、方法、测评与发展趋势 [J]．南京体育学院学报（自然科学版），2015, 14(4)：15–21.